Lutz Hübner und Sarah Nemitz – Theaterstücke

Lutz Hübner und Sarah Nemitz

Theaterstücke

Willkommen | Wunschkinder
Abend über Potsdam | Phantom (Ein Spiel)

Mit einem Nachwort von Alexander Leiffheidt

Theater der Zeit

Impressum

Lutz Hübner und Sarah Nemitz
Theaterstücke
Willkommen | Wunschkinder | Abend über Potsdam | Phantom (Ein Spiel)

Alle Aufführungs- und Abdruckrechte bei
Hartmann & Stauffacher GmbH,
Verlag für Bühne, Film, Funk und Fernsehen
Bismarckstr. 36, 50672 Köln
www.hsverlag.com

Verlag Theater der Zeit
Verlagsleitung Harald Müller
Winsstraße 72 | 10405 Berlin | Germany
www.theaterderzeit.de

Lektorat: Erik Zielke
Gestaltung: Sibyll Wahrig
Printed in Germany

ISBN 978-3-95749-100-8

Inhalt

Willkommen

أهْلاً و سَهْلاً

PERSONEN

SOPHIE Photographin, Hauptmieterin
DORO Verwaltungsangestellte
ANNA Studentin der Sozialpädagogik
BENNY Anglistikdozent
JONAS Betriebswirt bei einer Bank
ACHMED Mitarbeiter einer Fahrradwerkstatt in Essen

ORT

Die große Wohnküche einer Wohngemeinschaft (Altbau, Parkett, Flügeltüren. 220 qm, fünf Zimmer). Ein großer Holztisch, Vitrastühle, Einbauküche, alte Filmplakate, auf eine gemütliche Art leicht unordentlich.

ZEIT

Ein warmer Frühlingsabend. Gegenwart.

Wohnküche, früher Abend, man hat zusammen gegessen, der Tisch steht voller Geschirr, eine fast geleerte Weinflasche, Kerzen, aus einer Boombox tönt Acid Jazz. Doro stellt ein paar Teller zusammen.

SOPHIE Wer will jetzt alles Tiramisu?
BENNY Ich kann nicht mehr.
SOPHIE Und sonst? Wer will?
JONAS Stell es einfach auf den Tisch, das geht schon weg.
DORO Jetzt trinken wir aber erst mal auf den Koch. Prost, Benny! Moment, hat jeder noch?
ANNA Ich bleibe bei Wasser.
Benny hält die Flasche hoch.
BENNY Wer will den Rest? Lasst mich nicht hängen.
Doro hält ihm ihr Glas hin.
DORO Wir machen aber noch eine auf, oder? Es ist gerade mal halb neun.
SOPHIE Ich merk das jetzt schon.
BENNY Dafür trinken wir ja.
JONAS Mir tun alle Leute leid, die nicht trinken. Sie wachen morgens auf und es wird den ganzen Tag nicht besser.
Lachen, zuprosten, trinken.
Leider nicht von mir.
DORO Gib mal die Schüsseln rüber, ich räum das schnell in die Maschine.
ANNA Ist doch gemütlich so.
DORO Nichts da, wir sind schließlich keine Studenten-WG.
SOPHIE Aber Anna ist Studentin.
DORO Das war ein Witz, Schätzchen.
Benny öffnet noch eine Flasche Wein, Doro räumt weg, andere helfen.
BENNY Wer kocht denn nächsten Monat das WG-Dinner?
JONAS Ich.
DORO Da müssen wir durch.
JONAS Keine Sorge, ich koche nicht, ich mach nur Sachen warm.
Das Tiramisu kommt auf den Tisch, Schüsseln werden verteilt. Allgemeines Aufräumen.
SOPHIE Shit, das ist ja gar nicht vegan, tut mir leid, Anna.
ANNA Ich bin jetzt wieder Vegetarierin, ich brauch einfach mehr Energie.
SOPHIE Ich dachte, du hast eine Laktoseintoleranz.
ANNA Geht schon wieder.
JONAS Den Unterschied habe ich bis heute nicht begriffen.

ANNA Vegan und Vegetarier?

JONAS Das Prinzip schon. Aber geht es darum, dass man den Kälbern nicht die Milch wegtrinkt? Oder ist Milch ungesund? Die wurde früher sogar in Grundschulen ausgeschenkt.

DORO Bevor wir das klären – kannst du irgendwas auflegen, was wie Musik klingt?

Jonas tippt auf seinem iPhone, die Musik wechselt zu Lounge Jazz.

SOPHIE Also, sollen wir anfangen?

DORO Gibt es überhaupt irgendwas zu besprechen?

Alle setzen sich wieder an den Tisch.

DORO Ich hab nichts, alles gut. Höchstens, dass auch mal jemand anderes die Pfandflaschen zum Büdchen bringen könnte.

JONAS Ich hab auch nichts.

BENNY Aber ich.

SOPHIE Sag an.

DORO Jonas, machst du mal die Musik aus?

Jonas schnaubt und macht die Musik aus.

BENNY Ich habe die Gastdozentur an der NYU bekommen, ab September bin ich für ein Jahr in New York. Und diesmal ist es sicher.

Kurze Stille.

JONAS Wow.

SOPHIE Das ist ja irre, Benny, ich freue mich so für dich.

Sophie umarmt Benny, gibt ihm einen Kuss, dann gratulieren ihm die anderen.

DORO Wie lange weißt du es denn schon?

BENNY Seit Montag. Aber ich wollte es euch allen gleichzeitig sagen.

JONAS Ich könnte heulen vor Neid.

BENNY Und das Beste ist: Ich kann bei David wohnen, er hat mit seinem Vermieter gesprochen und es ist okay für ihn.

SOPHIE Ist das schön.

ANNA Wo wohnt er denn?

BENNY South Slope.

ANNA Ist das noch in New York?

BENNY Das ist im Süden von Brooklyn.

SOPHIE Ich freue mich so für euch.

BENNY Wir werden das erste Mal, seit wir uns kennen, einen Alltag miteinander haben.

SOPHIE Das wird super, ganz sicher. Ihr passt so gut zusammen.

DORO Ich würde sagen, das ist ein klarer Fall für den Notfallschampus.

Doro geht zum Kühlschrank, holt eine Flasche Champagner heraus und gibt sie Jonas, der sie öffnet. Dann verteilt sie Sektgläser, Anna lehnt ab.

ANNA Nicht für mich. Ich hab es mit dem Magen.

JONAS Komm schon, zum Anstoßen.

Anna nimmt widerstrebend das Glas, alle stoßen an, Sophie wischt sich eine Träne weg, dann umarmt sie noch einmal Benny.

BENNY Aber Finchen, warum weinst du denn?

SOPHIE Ich weiß auch nicht. Ich freue mich für David und dich und ich bin traurig, dass du ein Jahr weg sein wirst.

DORO Jetzt aber hoch die Tassen.

Man trinkt.

JONAS Du Mistkerl, du hast nur deshalb so lecker gekocht, damit wir dich noch mehr vermissen.

BENNY Ihr werdet mir auch fehlen.

JONAS Mit wem soll ich denn jetzt Tischtennis spielen. Mit den Mädchen etwa?

Lachen, dann eine kurze Stille.

SOPHIE Aber du kommst wieder, oder?

BENNY Klar, es ist nur ein Jahr.

ANNA Das weiß man vorher nie.

BENNY Okay, wenn ich schwanger werde, höre ich natürlich auf, heirate David und mache jeden Tag Pancakes mit Ahornsirup für ihn. Nein, im Ernst, das Stipendium kann nicht verlängert werden.

SOPHIE Im August bist du weg.

BENNY Ja.

Stille, Doro trinkt Annas Glas aus.

ANNA Ich weiß nicht, ob das jetzt irgendwie unsensibel ist oder so, aber was machst du mit deinem Zimmer? Willst du das untervermieten?

BENNY Da habe ich mir was überlegt und auch deswegen wollte ich bis heute Abend warten. Wie erkläre ich das am besten: Es ändert sich so viel und das betrifft uns alle und deshalb muss auch jeder Position beziehen: Wir sind nicht mehr in der Beobachterposition, was die Welt betrifft, sondern Teil einer großen Entwicklung, die der Staat alleine nicht steuern kann, sondern nur die Gesellschaft, also wir, besser gesagt, jeder Einzelne, der Gestaltungsmöglichkeiten hat, und die haben wir, also wir hier konkret. Wisst ihr, was ich meine?

ANNA Ich wollte eigentlich nur wissen, was du mit dem Zimmer machst.

DORO Was erwartest du, wenn du einem Dozenten eine Frage stellst.

BENNY Okay, also, aber ist wirklich nur ein Vorschlag, ihr entscheidet. Ich hab ja die letzten Wochen in dem Flüchtlingsheim am Bismarckplatz mitgeholfen in der Essensausgabe und das hat mich verändert. Hat meinen Blick verändert. Wenn du die Schicksale mitkriegst und hörst, was die Leute durchgemacht haben, ich will da jetzt gar nicht ins Detail gehen ...

SOPHIE Erzähl ruhig, wenn es dir hilft.

BENNY Nein, darum geht es nicht, es ist ... man fühlt sich so machtlos ... da sind Leute, die haben ihre ganze Familie noch in Homs oder Raqqa, manchmal haben die überhaupt keinen Kontakt mehr zu denen oder nur sporadisch, die fragen sich jeden Abend, ob ihre Leute dort unten noch leben, und ich hab in einer Schicht auch miterlebt, wie Menschen dort Todesnachrichten erhalten haben. Oh Mann. Ich kann das gar nicht beschreiben. Das ist hier um die Ecke, das muss man sich mal klarmachen.

JONAS Syrien jetzt, oder ...?

BENNY Nein, das Flüchtlingsheim, diese Leute, die da auf zwei Quadratmetern hausen, die sitzen da rum, kleine Kinder, die in die Schule wollen, Männer, die arbeiten wollen, Frauen, die dringend jemanden bräuchten, mit dem sie den ganzen Horror verarbeiten können, und die sind da abgeschnitten von allem, oft schon seit Monaten, ohne Privatsphäre, ohne irgendwelche Aufgaben ... Wenn du diese Leute erlebst, dann kriegst du so eine Scheißwut auf alle, die gegen Ausländer hetzen oder die wegschicken wollen. Was die auf sich genommen haben, um herzukommen, weil sie ihre Kinder retten wollen und weil sie hoffen, dass so ein reiches Land wie Deutschland ihnen hilft.

SOPHIE Puh, das ist so ...

Sophie hat Tränen in den Augen, dann umarmt sie Benny.

DORO Du bist heute aber anlehnungsbedürftig, Sophie.

SOPHIE Mir geht das so derart an die Nieren.

BENNY Tut mir leid ...

SOPHIE Nein, ist okay.

BENNY Ich wollte auch nicht die Stimmung versauen. Ich wollte damit nur sagen ... ich würde mein Zimmer gern für das Jahr Flüchtlingen zur Verfügung stellen. Ich kann sonst nicht viel tun, weil ich wenig Kohle habe, aber das würde ich gern machen.

Kurze Stille.

JONAS Wow.

BENNY Aber ich mach das selbstverständlich nur, wenn alle einverstanden sind. Sowas geht nur einstimmig. Wenn einer sagt, dass er das nicht will, und dafür habe ich auch Verständnis, dann geht das normal an die Mitwohnzentrale. Oder was ihr für gut haltet. Ihr müsst das auch nicht heute Abend entscheiden und ich kann, wenn ihr mehr wissen wollt, auch arrangieren, dass ihr euch am Bismarckplatz mit ein paar Leuten unterhalten könnt, wenn ihr Fragen habt. Aber ich fänd es super, wenn ich wüsste, dass in dem Jahr, in dem ich weg bin, hier Menschen wohnen, die dadurch eine Chance bekommen, ein bisschen in dieser Gesellschaft anzukommen. Und ich glaube, es kann auch für euch eine tolle Erfahrung sein. Es gibt schon ein paar ähnliche Wohnmodelle, da könnte ich euch einen Kontakt vermitteln, wenn euch das interessiert.

ANNA Ich finde es super, dass du da was machen willst.

SOPHIE Total.

BENNY Persönliche Sachen, Platten, Bücher und so weiter, würde ich in den Keller stellen, den Rest lasse ich drin, damit die sich hier wohlfühlen, die sollen hier einfach wie normale Menschen wohnen können. Und den Eggchair vielleicht, falls den keiner von euch will. Also wenn das okay ist, dass ich euch den Keller vollstelle. Oder wenn du den willst, Jonas?

JONAS Klar, gerne.

SOPHIE Wieso willst du den Eggchair nicht drin lassen?

BENNY Na ja, der helle Bezug ist ein bisschen empfindlich und wenn da was draufkommt ... aber sonst lasse ich alles so. Das Sofa ist ein Schlafsofa und wenn mehrere Kinder dabei sein sollten, besorge ich ein Zusatzbett bei Oxfam, ihr müsst euch um nichts kümmern. Okay, also das ist mein Vorschlag.

Stille.

DORO Kann ich noch einen Schluck Schampus haben?

Benny schenkt Doro nach.

JONAS Ist das nicht ein bisschen eng für eine ganze Familie?

BENNY Du solltest mal sehen, wie die jetzt leben müssen.

JONAS Ja, schon klar, aber wenn da eine Familie mit Kindern wohnt ...

SOPHIE Benny hat dreißig Quadratmeter.

JONAS ... ich meine, das wird vielleicht ein bisschen unruhig, oder? Ich bin bis Oktober in der Probezeit und ich kann noch nicht abschätzen, ob das danach weitergeht für mich.

BENNY Wenn dir das zu viel ist, vergessen wir das.

JONAS Nein, um Gottes Willen, das will ich damit nicht sagen.

SOPHIE Gerade die Kinder brauchen geschützte Räume.

JONAS Aber die müssen auch spielen und toben können.

SOPHIE Hallo? Wir haben über zweihundert Quadratmeter. Und das Dach.

JONAS Weiß ich. Aber ich darf es nicht versauen bei der Bank und ich weiß nicht, wenn das traumatisierte Kinder sind, dann schreien die sicher auch im Schlaf, oder?

SOPHIE Was ist das denn für ein Quatsch!

BENNY Es ist noch gar nicht raus, dass da eine Familie mit kleinen Kindern reinkommt.

SOPHIE Und traumatisierte Kinder sagen oft gar nichts mehr. Das ist ja das Schlimme.

DORO Woher willst du das denn wissen?

SOPHIE Das ist wie ein Schock, oder? So eine Art Schockstarre. Anna, hast du da im Praktikum Erfahrungen gesammelt?

ANNA Das war eine Inklusionskita.

JONAS Eine was?

ANNA Mit behinderten Kindern. Die schreien auch, aber nicht alle.

DORO Kinder schreien sowieso immer.

SOPHIE Darum geht es jetzt wirklich nicht.

ANNA Das Dach ist übrigens nicht kindersicher.

JONAS Ich habe nichts gegen Kinder, ehrlich nicht. Aber ein älteres Ehepaar wäre vielleicht passender.

DORO Die schreien manchmal auch. Aber hallo.

JONAS Ich will nur sagen, dass ich meinen Schlaf brauche, solange die Probezeit läuft. Ich will jetzt echt nicht spießig rüberkommen, ich halte das auch für eine tolle Idee, ich muss nur irgendwie sehen, dass ich die Probezeit überstehe.

DORO Dann kannst du im Büro schlafen.

JONAS Genau.

SOPHIE Nehmt das bitte ernst, das ist ein unglaublich guter Vorschlag.

JONAS Entschuldigung. Klar. Aber für dich als Freiberuflerin ist das vielleicht nicht so nachvollziehbar ...

SOPHIE Glaubst du, ich kann als Photographin ausschlafen. Weißt du, wie früh ich manchmal raus muss, wenn ich ein bestimmtes Licht brauche?

JONAS Ja, schon klar, aber du musst nicht um acht im Büro sein und um neun Kundengespräche mit misstrauischen Rentnern führen, die alles besser wissen. Das steht man nur ausgeschlafen durch.

SOPHIE Ich muss auch fit sein, um kreativ arbeiten zu können. Vielleicht sogar fitter als du!

DORO Mein Gott, Sophie, du weißt genau, was er meint. Außerdem betrifft diese Entscheidung schließlich uns alle.

SOPHIE Ja, aber warum sieht denn keiner die Chancen? Wir können konkret etwas tun und wir werden davon profitieren, da bin ich mir sicher. Wir bekommen neue Impulse ...

JONAS Das ist ja genau meine Befürchtung. Sorry. War ein blöder Witz.

SOPHIE Darf ich das bitte kurz ausführen, bevor ihr euch darüber lustig macht?

JONAS Klar.

SOPHIE Es geht nicht nur darum, Menschen zu helfen, sondern um den Austausch, um einen anderen Blick auf die Welt. Dass man von außen gespiegelt bekommt, wie wir leben, wie Menschen, die aus völlig anderen Zusammenhängen kommen, uns erleben. Das ist sicher nicht immer einfach, aber immer eine Bereicherung. Das bekommt man nicht mit, wenn man nur zur Kleiderkammer latscht, um seine alten Winterstiefel abzugeben.

DORO Ich habe auch Geld gespendet. Einen größeren Betrag.

SOPHIE Ja, aber das ist abstrakt. Wir müssen diese Menschen kennenlernen, weil wir mit ihnen zusammenleben. Das Land verändert sich und wird sich weiter verändern, da sind wir uns hoffentlich alle einig. Das sind jetzt unsere Mitbürger und ich weiß nicht, warum ihr sofort denkt, dass da eine lärmige Großfamilie einzieht. Da sind gebildete Leute dabei, jede Menge, das sind oft Menschen wie wir, die da unterwegs sind, das sind Leute, die dort unten unser Leben geführt haben, macht euch das bitte klar.

DORO Aber nicht nur.

SOPHIE Schon klar. Aber selbst, wenn sie ein konservatives Weltbild haben, kann sich das nur durch ein gemeinsames Leben ändern und deswegen ist es wichtig, dass man zusammenlebt. Anna ist ja auch katholisch sozialisiert und kommt aus Westfalen …

ANNA Verstehe ich jetzt nicht, ich bin aus der Kirche ausgetreten.

SOPHIE Ja, aber erst hier und nicht in Lippstadt, oder?

ANNA Trotzdem, was hat das denn mit mir zu tun?

BENNY Mach mal ohne Beispiele, Sophie.

SOPHIE Ich meine nur, man geht einen Weg zusammen und wir haben den Platz, wir können es uns leisten, großzügig zu sein. Wir sind die Leute, die Türen öffnen können. Wer, wenn nicht wir?

JONAS Es geht mir nicht um den Platz, ehrlich.

SOPHIE Ich weiß. Aber als Leandra noch hier gewohnt hat, war es hier auch lauter. Damit sind wir doch auch klargekommen.

DORO Okay, sie war anstrengend, das sind 18-jährige Mädchen immer. Aber du willst jetzt nicht behaupten, dass meine Tochter so viel Lärm gemacht hat wie eine arabische Großfamilie, oder?

BENNY Na ja.

SOPHIE Vergiss es, ich lass die Beispiele. Ich will nur sagen, dass wir das Positive sehen sollten. Wir bestimmen, wie viel wir zusammen machen und wie viel Nähe wir wollen. Ist schließlich jetzt nicht anders. Wir essen einmal im Monat zusammen, um alles zu besprechen und sonst führt jeder sein Leben. Jeder kann selbst bestimmen, wie sehr er sich öffnet. Ich könnte mir zum Beispiel gut vorstellen, ein Projekt mit denen zu machen, als Langzeitdokumentation, das Ankommen begleiten, das Zusammenleben, die Annäherung ... und ich bin mir sicher, dass jeder etwas finden kann, was ihn bereichert. Jeder bestimmt, wie stark er sich einbringen will. Und selbst wenn es ein bisschen hektisch wird: Wir sind kein Altersheim. Ruhe kann nicht das erste Gebot dieser Wohngemeinschaft sein. Ich meine, selbst wenn es nur eine neue Küche ist, die man kennenlernt, es kann ein Geben und Nehmen sein.

BENNY Die syrische Küche ist übrigens total lecker.

SOPHIE Versteht ihr, was ich meine?

JONAS Ja, schon klar.

Stille.

SOPHIE Wollt ihr nicht auch mal was sagen? Anna? Doro?

Anna und Doro sehen sich kurz an.

ANNA Sag du zuerst. Ich muss noch nachdenken.

DORO Benny, du hast gesagt, wenn einer dagegen ist, ziehst du den Vorschlag zurück, oder?

BENNY Ja, habe ich gesagt.

DORO Und da sind wir uns auch einig?

SOPHIE Ja.

DORO Okay. Ich bin dagegen.

SOPHIE Und warum?

DORO Niemand hat gesagt, dass ich das begründen muss. Ich gehe jetzt eine rauchen, dann könnt ihr euch über mich aufregen und danach das Thema wechseln. Jonas, sei ein Schatz und gib mir noch ein Bier aus dem Kühlschrank.

Jonas gibt ihr ein Bier, die anderen sehen Doro ratlos an.

BENNY Natürlich musst du das nicht begründen, aber schöner wäre es schon.

DORO Schöner wär's, wenn's schöner wär'.

Doro ab.

SOPHIE Was gibt das denn?

ANNA Ist das Thema jetzt vom Tisch?

BENNY Nein. Also so geht es nun auch nicht.

SOPHIE Willst du mal nach ihr sehen, Jonas?

JONAS Wieso denn ich?

SOPHIE Ihr seid doch so dicke.

JONAS Nein. Ich habe nur vermittelt, als sie diesen Riesenkrach mit Leandra hatte, ich bin nicht „dicke" mit ihr.

ANNA Sie kommt gleich wieder. Oder? Sie kommt doch wieder? Oder ist irgendwas?

BENNY Wenn sie was getrunken hat, wird sie ein bisschen ... impulsiv.

ANNA Aber sie hat einfach nur gesagt, dass ...

SOPHIE Wir kennen sie schon ein bisschen länger als du, Anna.

BENNY Vorsicht, sie kommt.

Doro kommt zurück.

SOPHIE Das ging aber schnell.

DORO Ist ja nicht viel dran an einer Zigarette. So, können wir jetzt überlegen, was wir mit Bennys Zimmer machen?

SOPHIE Sorry, Doro, aber so geht das nicht.

DORO Okay, du bist die Hauptmieterin, du kannst bestimmen. Aber dann müssen wir auch nicht diskutieren.

SOPHIE Sei nicht so feindselig, natürlich diskutieren wir.

DORO Okay, aber dann offen, ohne Wertung, dann will ich, dass mein Standpunkt akzeptiert wird.

BENNY Selbstverständlich.

Doro trinkt ihr Bier aus.

DORO Okay, ich bin dagegen, weil ich arabische Männer nicht ausstehen kann. Ich bin immer bereit, Flüchtlingen zu helfen, ich habe gespendet und ich finde, jeder Mensch hat das Recht zu fliehen, wenn sein Leben bedroht ist. Aber ich will mit arabischen Männern nichts zu tun haben. Wisst ihr, wie die meine Tochter anschauen, wenn wir auf der Straße an denen vorbeigehen? Das sind eiskalte, verächtliche Blicke und das hat auch nichts mit mediterranem Savoir-vivre zu tun. Das ist pure, reine Frauenverachtung, ich habe jedes Mal Lust, Ohrfeigen zu verteilen. Und diese Typen schwafeln von Respekt und Ehre, da könnte ich kotzen!

SOPHIE Du meinst jetzt diese Jugendlichen, die ...

DORO Nein, ich rede nicht von der Ellerstraße oder der Kölner Domplatte. Ich rede von dem ganz alltäglichen Scheißgefühl in der Straßenbahn oder der Altstadtkneipe. Ich rede noch nicht mal von dem, was Leandra von der Bar in Köln erzählt, in der sie arbeitet: was sie sich da anhören muss und wogegen sie sich ständig zu wehren hat. Das nervt, und zwar gewaltig. Ich habe die Faxen dicke von diesem muffigen Familienbegriff, von dem ganzen Schlampending und das fängt für diese Macker übrigens schon an, wenn man geschieden oder alleinerziehend ist. Oder alleine in eine Bar geht. Oder alleine bei Dunkelheit die Straße runterläuft.

Oder raucht. Oder einfach nur existiert, ohne sich hinter dunklen Schleiern zu verstecken. Ich hasse diese Selbstgefälligkeit, die Überzeugung, etwas Besseres zu sein, bloß weil da was zwischen den Beinen baumelt. Ich hasse es, dass die auf der Straße nie ausweichen. Ich mag die Sprache nicht, die immer klingt, als ob sie einem gerade den Krieg erklären. Ich mag keine Männer mit Schnauzer, ich habe keine Lust, auf religiöse Gefühle Rücksicht zu nehmen, weil Religion nichts für erwachsene Menschen ist, und ich hasse jede Form von Intoleranz.

BENNY Aber was du da gerade machst ...

DORO Hast du mir nicht zugehört? Das ist etwas, das du als Mann einfach nicht mitkriegst. Das alles würde ich da draußen auch nie laut sagen, da bin ich tolerant und vernunftgesteuert. Hier rede ich gerade über Gefühle. Weil ich hier zuhause bin, weil das meine Privatsphäre ist und diese Typen da draußen sind. Und da sollen sie auch bleiben. Ich möchte hier im Sommer im Bademantel durch den Flur marschieren können, um auf dem Dach ein Sonnenbad zu nehmen. Nackt. Ich möchte hier mit allen Männern frühstücken, die bei mir über Nacht geblieben sind, wenn mir danach ist. Ich möchte nicht darüber nachdenken, ob das für irgendjemanden ein moralisches Problem sein könnte. Ich möchte nicht mit Leuten zusammenleben, bei denen man ständig Angst haben muss, dass sie beleidigt sein könnten, weil Beleidigtsein ein arabischer Volkssport ist. Und ich rede hier gerade nur von meiner Selbstzensur, von dem, was ich denke, wenn mich hier einer von denen angewidert oder entsetzt anstarrt. Der müsste noch nicht mal was sagen. Ich will mir in dieser Wohnung darüber keinen Kopf machen. Da draußen kann sich ändern, was will, damit werde ich fertig. Aber hier in dieser Wohnung bleiben alle Errungenschaften des Grundgesetzes, des Feminismus, der Popkultur und der rheinischen Lebensart in Kraft. Helau, das war's.

Stille.

BENNY Soll ich dir einen Espresso machen?

DORO Spar dir deine blöden Anspielungen, ich bin vollkommen klar.

ANNA Damit ist das Thema vom Tisch, oder?

BENNY Anna, frag bitte nicht ständig, ob das Thema vom Tisch ist. Was soll das denn?

ANNA Entschuldigung.

Doro bemerkt, dass Sophie mit ihrem iPhone beschäftigt ist.

DORO Sag mal, hast du das mitgeschnitten?

SOPHIE Ich habe euch gesagt, dass ich ein Projekt machen will.

DORO Drehst du jetzt vollkommen durch? Da hast du mich vorher zu fragen!

SOPHIE Ich werde das nicht veröffentlichen. Und wenn ich das verwende, frage ich dich rechtzeitig, keine Angst.

DORO Ich habe keine Angst, hier geht es um Privatsphäre!

SOPHIE Vergiss das jetzt einfach. Reden wir über deinen Hass.

DORO Nein, du löschst das jetzt. Sofort!

SOPHIE Du kannst mir nicht vorschreiben, wie ich meine Ideen entwickle!

DORO Ja, leider nicht!

Kurze Stille, dann geht Sophie türenschlagend.

BENNY Volltreffer.

JONAS War das jetzt nötig?

DORO Sie kann nicht einfach Gespräche mitschneiden.

JONAS Schon klar, aber du weißt, wie verdammt empfindlich sie ist, wenn es um ihre Projekte geht. Sie fühlt sich da nicht ernst genommen von uns.

DORO Von mir weiß sie wenigstens, dass ich mit ihren Arbeiten nichts anfangen kann. Ihr drückt euch immer nur. Habt ihr ihre Ausstellung gesehen? Nein. Also.

BENNY Ich hab eben viel um die Ohren.

JONAS Geht mir ähnlich.

DORO Feiglinge.

ANNA Ich habe die gesehen.

DORO Echt?

JONAS Wer bei drei nicht auf den Bäumen ist ...

BENNY Die mit den Hunden?

ANNA Nein, Schaufenster, also leere Schaufenster in Duisburg. In schwarz-weiß.

JONAS Sollte man sicher früh hin, damit die Schlange nicht so lang ist.

ANNA Das ist in einem Café, da kannst du einfach reingehen, kein Problem.

JONAS Genial.

BENNY Sei nicht so gemein, Jonas. Sieh lieber nach ihr.

JONAS Wieso denn ich?

BENNY Wenn ich jetzt zu ihr gehe, wird sie wahrscheinlich erst richtig emotional.

DORO Sag ich doch. Feigling. Können wir jetzt das Thema wechseln?

Stille.

BENNY Übrigens kann man natürlich aussuchen. Es ist nicht so, dass man ein Zimmer anmeldet und dann bekommt man fünf minderjährige tunesische Crackdealer zugeteilt.

DORO Das weiß ich auch.

ANNA Hast du nur was gegen Araber oder auch gegen Türken?

JONAS Wir könnten anmelden, dass wir gern ein christliches älteres Ehepaar hätten. Oder Jesiden. Wie sieht es mit Schwarzafrikanern aus? Kannst du mit denen, Doro?

BENNY Was hast du denn immer mit deinem älteren Ehepaar? Glaubst du die ertragen deine Musik? Die hört man nämlich ganz deutlich in meinem Zimmer und das ist nicht immer die reine Freude.

JONAS Das ist nur ein Beispiel mit dem älteren Ehepaar. Zwei Schwestern wären doch auch gut. Überhaupt Frauen? Oder Schwule?

BENNY Oder Transgender? Oder ein afghanischer Zwerg, der auf den Händen laufen kann?

JONAS Ich meine nur, weil die in den Heimen ziemlich diskriminiert werden, was man so hört. Vielleicht geht man einfach mal dahin und sieht ...

BENNY Jonas, wie stellst du dir das vor? Wir gehen ins Heim und die ersten, die freundlich auf uns zurobben, nehmen wir mit? Wir wollen keine Dackelwelpen kaufen, sondern Menschen bei uns aufnehmen.

DORO Du willst das. Und du wirst nicht da sein, sondern wir! Und wenn du da wärst, hättest du wahrscheinlich ziemliche Probleme, wenn die mitkriegen, dass du schwul bist. Schwule sind nicht so richtig beliebt in der arabischen Welt.

BENNY Ich bin bei der Arbeit im Heim deswegen nie diskriminiert worden. Du hast ein völlig falsches Bild!

DORO Hast du es denen gesagt?

BENNY Nein, warum auch.

DORO Dann haben sie es einfach nicht gemerkt. Weil sie Schwule nicht kennen. Die sitzen bei denen nämlich alle im Knast oder wurden gesteinigt.

BENNY Du bist rassistisch.

DORO Na endlich ist es raus.

BENNY Entschuldigung.

DORO Schon gut. Gibst du mir noch ein Bier, Jonas?

BENNY Mir auch. Du auch Anna?

Anna schüttelt den Kopf. Jonas bringt Bier.

JONAS Was ist denn mit dir, Anna, du trinkst nichts, du sagst nichts ... Was meinst du denn so?

ANNA Ich finde es wahnsinnig schwierig. Also für mich jetzt speziell.

Kurze Stille.

BENNY Okay. Willst du darüber sprechen?

ANNA Ich bin gerade in einer ... ich wollte das nicht sagen, aber vielleicht macht es das für mich so schwierig, weil ich ... ich fange vielleicht anders an. Ich habe jemanden kennengelernt und jetzt ist es passiert und ich weiß nicht.

Okay, es ist so, dass ich schwanger bin, das weiß ich jetzt seit einer Woche und ich weiß nicht, das ändert alles, weil ich bald Examen habe und ich bin jetzt in der siebten Woche, da ist also noch alles möglich und ich habe es ihm auch gesagt und er ist total begeistert und das finde ich total süß, aber es macht mir auch Angst, also nicht nur wegen dem Examen, sondern weil wir uns noch nicht so lange kennen und auf einmal, also mit Kind, das hatte ich echt nicht auf dem Schirm, aber noch ist Zeit und einerseits kann ich mir das total gut vorstellen, andererseits habe ich einen totalen Horror und vielleicht ist das normal, keine Ahnung und wenn ich jetzt sagen würde, okay, dann, weil, das ist meine Entscheidung und er sagt, das packen wir, klar, das kann man packen und ob das jetzt hier oder bei ihm und vielleicht ist das auch überflüssig, weil richtig wichtig ist es erst später, wenn das Kind da ist, also wenn das Kind da ist und in der siebten Woche, da kann ja noch alles passieren, manchmal stößt der Körper das ab, aber das ist nicht meine Angst und wenn wir sagen würden, okay, wir machen das, aber ich kenne ihn einfach noch nicht so gut und dann wäre es besser zusammen, aber nicht bei mir zusammen, in dem kleinen Zimmer, das kann nicht gut gehen, aber in der Nähe, also dass jeder für sich, aber nicht so aufeinander. Scheiße.

Anna bricht in Tränen aus. Doro nimmt sie in den Arm. Jonas und Benny wirken sehr ratlos.

DORO Alles gut, Liebchen. Reg dich nicht auf. Wir gehen mal einen Moment an die frische Luft, ja?

Anna steht auf, Doro stützt sie, klaubt sich ihre Zigarettenschachtel vom Tisch und geht mit Anna nach draußen. Kurze Stille.

JONAS Hast du das kapiert?

BENNY Sie ist schwanger.

JONAS Das ja, aber den Rest?

BENNY Nicht so richtig.

Jonas holt sich noch ein Bier, macht Musik an. Sie trinken.

Ich mach mal was an, was zu Biertrinken passt.

Benny tippt in sein iPhone, Chicago Blues.

JONAS Sollen wir mal nach Sophie gucken?

BENNY Gleich.

JONAS Das ist hart für sie, dass du jetzt ein Jahr mit David zusammen sein wirst.

BENNY Glaubst du?

JONAS Komm, Benny, du weißt, dass es so ist. Die ist noch nicht drüber weg.

BENNY Hat sie was gesagt?

JONAS Ne, aber das spürt man.

BENNY Das ist drei Jahre her. Und sie wusste immer, dass ich bi bin.

JONAS Ja, aber long distance ist was anderes, das zählt nicht wirklich. Außerdem war bei ihr seither nicht so viel los in der Hinsicht.

BENNY Verstehe ich auch nicht.

JONAS Kann doch nicht so schwer sein, jemanden zu finden, der mehr hermacht als du.

BENNY Blödmann.

Sie trinken.

Willst du wirklich mit drei Frauen und einem älteren syrischen Ehepaar zusammenwohnen?

JONAS Eigentlich nicht.

BENNY Mit Annas Baby. Das wird hart.

JONAS Andere müssen für ein Jahr nach New York, das ist auch hart.

BENNY Weiß ich, ob es mit David klappt, wenn wir uns täglich sehen? Das kann alles schiefgehen.

JONAS Dann bist du immer noch attraktiv, schwul und in New York.

BENNY Das wird schon klappen.

JONAS Und wenn es richtig gut klappt, kommst du auch nicht wieder.

BENNY Nicht drüber nachdenken, keine falschen Erwartungen aufbauen. Das bringt Unglück.

JONAS Egal, wenn ich durch die Probezeit bin, werde ich mir auch was Eigenes suchen.

BENNY Du kannst nicht abhauen, in einem Jahr bin ich wieder da.

JONAS Warten wir es ab.

Sie trinken.

Klang nicht so, als ob ihr komischer Andreas der Vater ist.

BENNY Ist der überhaupt noch aktuell?

JONAS Sie will in den Semesterferien nach Lippstadt. Und sie telefoniert noch regelmäßig mit ihm.

BENNY Woher weißt du das?

JONAS Sie brüllt immer so am Telefon.

BENNY Meinst du, er weiß, was die hier so abzieht?

JONAS Der hat keine Ahnung.

BENNY Vielleicht besser so.

JONAS Was für ein Langweiler.

BENNY Da sind sie doch ein schönes Paar.

JONAS Sollen wir jetzt nach denen sehen?

BENNY Erst austrinken. Meinst du, sie weiß, wer der Vater ist?

JONAS Ist das eine Anspielung?

BENNY Nein. Oder ...

JONAS Nein.

BENNY Ich frage mich, wie jemand, der derartig bräsig ist, so viele Männer ins Bett kriegen kann.

JONAS Sie sieht ganz nett aus.

BENNY Und sexy wie Broccoli. Es müssen jede Menge notgeiler Männer da draußen rumlaufen.

JONAS Danke.

BENNY Okay, sorry, dann eben betrunkene.

JONAS Es hat sich einfach so ergeben, okay? Außerdem kannte ich sie noch nicht richtig.

BENNY Weiß ich alles.

JONAS Du hast das aber für dich behalten, oder?

BENNY Ja. Reg dich nicht auf. Das interessiert hier niemanden weiter. Zumal du schließlich nur der Auftakt warst.

JONAS Sehr witzig.

BENNY Hat sie dich je darauf angesprochen?

JONAS Kein Wort. Als wäre es nie passiert.

BENNY Vielleicht ist sie dabei eingeschlafen und hat es gar nicht mitgekriegt?

JONAS Vielleicht ist sie einfach diskret?

BENNY Auf jeden Fall unvorsichtig. Na ja, vielleicht ist das Kondom gerissen. Sowas kommt vor.

Sie trinken.

JONAS Oh Gott, wenn ich mir vorstelle, ich wäre der Vater. Wenn Frauen, mit denen man im Bett war, Kinder kriegen ... so wie jetzt Anna ... plötzlich, Bäng, hängt man drin.

BENNY Das ist wie ein Flugzeugsabsturz: Da hätte man drinsitzen können.

JONAS Ja, etwa so.

BENNY Du bist echt schräg.

JONAS Und du bist fein raus.

BENNY Wohne du mal drei Jahre mit deiner Ex zusammen.

JONAS Sophie ist eine ganz andere Liga.

BENNY Die können uns aber nicht hören, oder?

Jonas dreht die Musik lauter.

JONAS Eine Runde Tischtennis? Was meinst du?

BENNY Wir können jetzt nicht abhauen.

JONAS Vielleicht wollen die Frauen das mit dem Baby unter sich besprechen.

BENNY Vergiss es. Außerdem muss ich heute Abend für Sophie da sein. Scheiße, du hast Recht, ich hätte es ihr vorher sagen sollen, das war nicht fair.

JONAS Klär es jetzt mit ihr, dann spielen wir später eine Runde.

BENNY Ist jetzt nicht so gut.

JONAS Die telefoniert wahrscheinlich mit ihrem Vater.

BENNY Das macht sie nur, wenn richtig Stress ist. So schlimm ist es auch wieder nicht.

JONAS Egal was ist, es ist deine Schuld, nur deine. Du bist der Schuldige. Du.

BENNY Mach mich nicht fertig, du Blödmann.

Sie lachen, Sophie kommt herein, die Männer hören sofort auf zu lachen. Sophie wirkt sehr wütend, nimmt sich einen Teller Tiramisu und isst.

BENNY Ich wollte gerade nach dir sehen.

SOPHIE Echt? Danke! Super von dir! Kannst du bitte diesen Krach ausmachen, Jonas. Davon kriege ich Kopfschmerzen.

JONAS Das ist seine Musik.

SOPHIE Dann mach sie wenigstens leiser.

BENNY Schon gut.

Benny macht die Musik leiser.

SOPHIE Okay, ich weiß, dass keiner von euch meine Arbeit respektiert, aber ich will nicht dafür beleidigt werden, dass ich versuche, Ideen zu entwickeln.

BENNY So ist das nicht, Sophie.

SOPHIE Ist okay, ich will darüber nicht diskutieren. Aber dass niemand Doro widersprochen hat, wenn ich versuche, deine Idee, Benny, zu verteidigen, dass man mich hängenlässt, dass niemand sich darum kümmert, wie es mir geht, wenn Doro so etwas raushaut ... ich bin wirklich entsetzt. Und unglaublich traurig.

JONAS Natürlich geht das nicht, aber ...

SOPHIE Ist Doro gegangen? War das Bier alle? Ist das Thema durch? Und wo ist Anna?

BENNY Das Ding ist ...

SOPHIE Ich fühle mich gerade einfach verdammt alleine, alleine gelassen, und das ist ein echtes Scheißgefühl. Und da musst du auch nichts erklären, Benny.

BENNY Wollte ich gar nicht.

SOPHIE Okay, auch gut.

JONAS Das Gespräch hat sich anders entwickelt, als du draußen warst ...

SOPHIE Warum wartet ihr nicht, bis ich wieder da bin? Warum redet ihr weiter? Habe ich nichts dazu zu sagen? Bin ich jetzt draußen? Will man keine Gutmenschen dabei haben, die blöde Projekte machen?

BENNY Sophie! Ist gut jetzt! Anna ist schwanger, das ist gerade das Thema.

Stille.

SOPHIE Oh. Ach so. Okay. Aber das hat überhaupt nichts mit der Flüchtlingsfrage zu tun.

JONAS Anscheinend irgendwie doch und es hat wohl auch was mit dem Vater des Kindes zu tun.

BENNY Und sie will das Kind nicht. Oder vielleicht doch. Das ist komplett unklar.

SOPHIE Warum habt ihr nicht einfach nachgefragt?

JONAS Macht Doro gerade.

SOPHIE Warum erzählt sie sowas Doro? Die haben praktisch nichts miteinander zu tun. Ich bin ihr viel näher.

JONAS Na ja, das ist sicher so ein Mütterding, da kennt sich Doro einfach aus.

BENNY Der Punkt ist, dass du nicht da warst.

SOPHIE Da hätte man mich doch holen können!

BENNY Es war nicht so eine feierliche Ankündigung, wie du vielleicht denkst.

SOPHIE Meint ihr, ich müsste nach ihr sehen?

BENNY Die kommen bestimmt gleich zurück. Außerdem bin ich mir sicher, dass Anna das lieber zuerst mit dir besprochen hätte. Du bist schließlich wie eine große Schwester für sie.

Jonas sieht Benny etwas erstaunt an.

SOPHIE Oh Gott, sie tut mir so leid! Ein Wahnsinn, so kurz vor dem Examen ein Kind! Sie war so gut auf dem Weg, ein selbstbestimmtes Leben zu führen und diesen ganzen kleinbürgerlichen Ballast abzuwerfen.

JONAS So kann man das auch nennen.

SOPHIE Das ist bestimmt dieser Andreas, der sie bequatscht hat. Der ist tiefste Fünfziger. Der würde sie sowieso am liebsten heiraten und dann ab ins Reihenhaus. Ich verstehe nicht, wieso sie sich nicht schon längst von ihm getrennt hat. Die macht sich ihre ganze Zukunft kaputt, wenn sie jetzt ein Kind bekommt. Und dann mit diesem Typen, das ist der westfälische Katholizismus auf zwei Beinen, ein unfassbarer Spießer, ich habe mal einen Abend mit den beiden verbracht, unmöglich, er ist ihr ständig ins Wort gefallen, konnte nicht zuhören, hat nur Meinungen verkündet ... das steckt in diesen Paschas drin, das kriegst du auch nicht raus aus denen. Oh Gott, die Arme, warum tut sie sich das an?

JONAS Vielleicht solltet ihr das unter Frauen mal besprechen und wir gehen solange Tischtennis spielen?

SOPHIE Nein, sie soll wissen, dass wir alle für sie da sind. Holst du sie mal?

JONAS Ich?

SOPHIE Ja, wenn ich da jetzt reingehe, müsste ich das mit Doro klären und das passt gerade nicht so gut.

JONAS Ich glaube, das ist kein Problem.

Kurze Stille.

BENNY Sieh mal nach ihnen. Oder geh aufs Klo. Irgendwas in der Art, okay?

Jonas geht.

SOPHIE Nimmst du mich bitte kurz in den Arm, Benny?

Benny geht zu Sophie, umarmt sie, hält sie fest. Sie beginnen langsam zu tanzen. Jonas kommt wieder, sieht sie, bleibt kurz ratlos in der Tür stehen, geht wieder nach draußen.

BENNY Tut mir leid, ich hätte es dir vorher sagen sollen.

SOPHIE Ist gut, alles wieder gut.

Sophie lässt ihn los, setzt sich wieder. Doro und Anna kommen. Sophie geht zu Anna, umarmt sie.

SOPHIE Meine liebe Anna, meine liebe, tapfere Maus.

ANNA Geht schon wieder.

DORO Wo ist denn Jonas? Hat er sich verdrückt, der alte Feigling? Jonas!

Anna hat sich Sophie entwunden. Jonas kommt wieder. Anna will sich setzen.

BENNY Willst du auf dem Sofa sitzen? Das ist sicher bequemer für dich.

ANNA Ich bin schwanger und nicht behindert.

Anna setzt sich, die anderen ebenfalls.

JONAS *(leise zu Benny)* Darf man das überhaupt noch sagen? Behindert?

Alle sitzen wieder, keiner weiß, wie beginnen.

ANNA Also, ihr müsst jetzt nichts sagen.

BENNY Machen wir ja auch nicht.

DORO Ich würde vorschlagen, wir lassen das Mädel einfach mal. Die macht das schon, oder?

ANNA Ich wollte das gar nicht erzählen, das tut mir leid. Das ist alles noch so unklar.

JONAS Ob du schwanger bist?

ANNA Ob ich das Kind überhaupt will.

DORO Wir haben das gerade besprochen: Solange Anna das noch nicht entschieden hat, entscheiden wir auch nichts. Wir dürfen uns nicht unter Druck setzen.

JONAS Ich verstehe den Zusammenhang noch nicht so ganz.

SOPHIE Wir reden nicht mehr über Flüchtlinge, weil sie schwanger ist? Geht's noch, Doro?

DORO Ich sage nur, dass wir heute nichts entscheiden. Ich habe mich klar ausgedrückt, oder?

SOPHIE Anna, hast du Angst vor Flüchtlingen, weil du schwanger bist?

ANNA Nein.

SOPHIE *(zu Doro)* Wolltest du ihr das einreden?

DORO Ich habe nur gesagt, sie soll die Dinge trennen.

SOPHIE Wie: Dinge. Flüchtlinge und Schwangere?

BENNY Ich glaube, ich bin draußen.

ANNA Okay, ich erkläre es euch.

DORO Das musst du nicht.

SOPHIE Herrgott, Doro, bist du ihre Mutter?

ANNA Nicht streiten. Okay. Also, ich bin schwanger und das weiß bisher niemand außer euch und dem Vater des Kindes. Ich kenne ihn seit drei Monaten.

BENNY Also nicht Andreas.

ANNA Nein, und ich ... ich weiß, das ist nicht fair und dass es ...

BENNY Das ist völlig in Ordnung, mach dir keinen Kopf.

JONAS Vielleicht ist es auch nicht schlecht, dass es nicht Andreas ist, weil ...

SOPHIE Lasst ihr sie bitte erzählen, ja?

ANNA Ich weiß nicht, ob ich das Kind will. Und ich weiß nicht, ob ich den Vater will. Aber der weiß, dass er das Kind will.

DORO Er muss es ja auch nicht kriegen.

ANNA Er will dabei sein, das mit mir zusammen erleben, er freut sich total auf das Kind. Aber ich weiß nicht, ob er mich noch will, wenn ich das Kind nicht will.

SOPHIE Setzt er dich unter Druck?

ANNA Nein, überhaupt nicht. Er respektiert meine Entscheidung und das finde ich total süß von ihm. Aber ich mache bald Examen, ich spiele das alles im Kopf immer wieder durch und was das für mein Leben heißt. Er hat mir angeboten, zu ihm zu ziehen, aber das will ich nicht, weil seine Wohnung so dunkel ist, und dann müsste ich jeden Tag von Essen zur Uni fahren, das wäre alles echt kompliziert. Aber wenn ich das Kind will, möchte ich das schon gern mit ihm zusammen erleben. Damit er Verantwortung entwickeln kann und dass wir uns besser kennenlernen. Aber hier in meinem kleinen Zimmer zusammen, das kann nicht gut gehen.

SOPHIE So klein ist es nun auch wieder nicht.

DORO Für eine Familie?

ANNA Ich brauche meinen Raum. Wo ich mir eine Duftkerze anmachen kann, wenn ich gestresst bin. Und wenn er in Bennys Zimmer wohnen würde, wären wir zusammen, aber nicht so eng. Wir hätten unser eigenes Leben und wären trotzdem zusammen.

DORO Und wir könnten ihn jederzeit rausschmeißen, wenn er eine Niete ist.

ANNA Er ist total lieb.

DORO Ganz sicher.

BENNY Okay, so langsam kapiere ich den Zusammenhang.

JONAS Ist er typmäßig so wie Andreas?

ANNA Total anders. Total.

JONAS Klingt gut.

ANNA Aber zuerst muss ich klären, ob ...

BENNY Schon klar.

SOPHIE Ein Kommilitone?

ANNA Nein, er arbeitet in einer Fahrradwerkstatt in Essen-Katernberg. Das ist ein Sozialprojekt für Jugendliche mit Migrationshintergrund. Ich habe ihn auf einer Exkursion kennengelernt.

DORO Veganer?

JONAS Kann er Tischtennis spielen?

ANNA Ich weiß nicht.

SOPHIE Wie heißt er denn?

ANNA Achmed Sücü.

Alle lachen.

Was ist daran so komisch?

DORO Ist doch super, da haben wir alle Probleme gelöst. Wir tun was für die Integration und unterstützen junge Familien. Willkommen in der CDU. Und die Flüchtlinge kommen in seine Wohnung in Essen.

Lachen.

SOPHIE Moment, so einfach ist es nicht.

DORO Weiß ich. Späßchen.

ANNA Das ist alles noch nicht entschieden.

BENNY Das musst du nicht jedes Mal dazusagen, Anna, das haben wir verstanden.

ANNA Wollt ihr mich nur verarschen? Oder ist das alles blöd?

JONAS Nein, überhaupt nicht.

ANNA Er holt mich gleich ab, dann könnt ihr ihn kennenlernen, wenn ihr wollt. Also nur, wenn ihr wollt. Ich wusste ja nicht, dass wir heute wirklich was besprechen. Sonst hätte ich mich nicht mit ihm verabredet.

SOPHIE Das geht mir alles ein bisschen schnell.

ANNA Das tut mit total leid.

BENNY Wir müssen heute nichts entscheiden.

JONAS Jetzt sagst du das auch schon.

BENNY Das ist dann leider nicht das ältere Ehepaar, von dem du geträumt hast, Jonas.

DORO Nun mal ernsthaft. Ich finde, treffen können wir ihn auf jeden Fall, oder?

SOPHIE Immer mit der Ruhe.

ANNA Sophie, was ist denn?

SOPHIE Alles gut.

ANNA Bist du irgendwie sauer?

SOPHIE Wann kommt er?

ANNA Jetzt irgendwann.

SOPHIE Versteht das nicht falsch, aber könntest du uns einen Moment alleine lassen?

ANNA Wieso?

SOPHIE Ich würde mich gern mit den anderen kurz besprechen.

ANNA Und warum muss ich da raus?

SOPHIE Anna, das ist ja wie ein WG-Casting, also du hast einen Vorschlag eingebracht und wir sollten den besprechen.

ANNA Aber ich wohne doch auch hier.

DORO Anna, mach es nicht kompliziert, ja?

JONAS Dauert nicht lange.

Anna ab.

SOPHIE Doro, eins nur. Bloß weil du einen pathologischen Hass auf Araber hast, heißt das nicht, dass dieser Typ hier einzieht.

DORO Ich habe keinen Hass, was soll der Quatsch.

SOPHIE Wenn dieser Mann gleich kommt und wir haben einen schlechten Eindruck, dann sollten wir den Mut haben, Nein zu sagen.

BENNY Er ist der Vater ihres Kindes. Es wäre ganz schön heftig, Nein zu sagen.

SOPHIE Gut. Und wenn es klappt mit den beiden, schmeißt du nächstes Jahr eine junge Familie aus deinem Zimmer. Das wäre auch heftig.

BENNY Ja, aber das ist die Bedingung, oder?

SOPHIE Es kann übrigens auch sein, dass sich dein Bademantel-Walk zum Sonnenbad aufs Dach dann auch erledigt hat. Er ist ein Türke aus Katernberg.

JONAS Aber aus einer Fahrradwerkstatt.

SOPHIE Du hast sonst immer Witze über Annas Männergeschmack gemacht.

JONAS Aber er ist schließlich der Vater ihres Kindes.

SOPHIE Das heißt momentan nur, dass er sich ein bisschen blöder angestellt hat als seine Vorgänger. Oder es wollte.

BENNY Ja, das stimmt irgendwie.

SOPHIE Und ich muss ehrlich sagen, dass ich nicht weiß, wie es sich hier mit einer jungen Familie lebt. Mit allem, was dazugehört. Ich weiß nicht, ob mir das guttut.

DORO Gerade wolltest du noch eine syrische Familie.

SOPHIE Das ist was anderes.

DORO Aber meine Tochter hat hier auch mit uns gelebt.

SOPHIE Leandra ist hier mit 14 eingezogen, weil sie sich mit ihrem Vater nicht mehr verstanden hat, die ist hier nicht aufgewachsen, die hat hier pubertiert und das war nicht immer ein Zuckerschlecken ...

DORO Ich habe dir erklärt, was bei ihr los war!

BENNY Das ist ein anderes Thema, Sophie.

SOPHIE Aber wenn hier ein Kind zur Welt kommt ...

JONAS Hier?!

SOPHIE ... dann bestimmt die Familie den Rhythmus und das ist ihr gutes Recht. Dann sind wir alle gefragt, dann ändert sich das Leben hier gewaltig. Ich will nur, dass sich alle darüber im Klaren sind.

DORO Und das wäre bei den Syrern nicht so.

SOPHIE Nein, das wären Gäste.

DORO Glaube ich eben nicht. Das ist dein Denkfehler. Du hast Angst, dass Anna und dieser Achmed Ansprüche stellen und deine Syrer nicht. Weil du glaubst, dass wir da die Spielregeln machen können. Also wenn ich eine Rassistin bin, dann bist du es auch.

SOPHIE Ich habe dich nie eine Rassistin genannt.

BENNY Das war ich.

DORO Stimmt.

BENNY Und ich habe mich entschuldigt.

JONAS Es ist dein Zimmer. Sag du mal was dazu.

BENNY Ihr müsst hier leben. Ich will das Zimmer nur in einem Jahr wiederhaben.

SOPHIE Vielleicht haben wir uns dann so an die kleine Familie gewöhnt, dass wir sie nicht wieder hergeben wollen? Was machst du dann?

JONAS Wenn das zwischen denen nicht funktioniert, ziehen die irgendwann aus. Und wenn es nicht funktioniert, weil das Kind durchgängig brüllt oder sie ständig Streit haben, ziehe ich aus. Dann kannst du mein Zimmer haben.

BENNY Ich will aber mein Zimmer.

JONAS Damit bist du nicht alleine.

DORO Vielleicht schmeißen wir ihn auch schon vorher raus.

SOPHIE Das Einzige, was dir zu ihm einfällt, ist, dass wir ihn rausschmeißen können.

DORO Ich habe einfach gute Erfahrungen damit, unangenehme Männer rauszuschmeißen.

SOPHIE Anna kann uns aber nicht hören, oder?

DORO Ich habe ihre Zimmertür gehört.

SOPHIE Gut.

JONAS Und was sagen wir jetzt, wenn er kommt?

BENNY Nichts, wir plaudern.

JONAS Worüber denn?

BENNY Du kannst über Musik mit ihm reden.

JONAS Kennst du einen einzigen Türken, der Jazz hört?

BENNY Ich kenne überhaupt niemanden, der Jazz hört außer dir. Zumindest unter sechzig.

JONAS Arschloch.

SOPHIE Wir sollten Anna wieder reinholen, sonst denkt sie wer weiß was.

BENNY Machst du das, Jonas?

JONAS Wieso ich?

DORO Ihr habt am wenigsten miteinander zu tun, da fragt sie sicher nicht, was wir besprochen haben.

SOPHIE Ich mache das. Leg mal Musik auf, es sollte hier alles ganz entspannt wirken, wenn er kommt.

BENNY Wenn es entspannt sein soll, mach lieber du die Musik.

JONAS Anna und Achmed. Klingt wie ein politisch korrektes Kinderbuch.

DORO Sowas ist es ja irgendwie auch.

Sophie steht auf und klappt ihr MacBook auf. Sphärische Entspannungsmusik ist zu hören, Sophie setzt sich wieder. Jonas geht zum MacBook, drückt einen Knopf, die Musik ist jetzt leise über die Boombox zu hören.

DORO Benny, gib Bierchen.

BENNY Tut dir das gut?

DORO Das weiß man vorher nie.

JONAS Man hört gar nichts, muss das so?

SOPHIE Das ist Entspannungsmusik.

Jonas dreht an der Boombox die Lautstärke höher. Es klingelt.

JONAS Was machen wir, wenn er so ein Häkelkäppi und Fusselbart hat?

DORO Dann schmeißen wir ihn raus.

SOPHIE Wenn er religiös wäre, würde er bestimmt kein Kind von einer Ungläubigen wollen.

BENNY Können wir bitte sofort das Thema wechseln?

DORO Und mach mal diese Yogamucke aus. Wir kommen sonst wie Hippies rüber.

Jonas macht die Musik aus. Anna kommt mit Achmed herein, er ist attraktiv und modisch gekleidet.

ACHMED Ich wollte nicht lange stören, nur kurz hallo sagen. Ich bin Achmed.

SOPHIE Schön, dass wir uns endlich mal kennenlernen.

ANNA Ich habe ihnen gerade von dir erzählt.

BENNY Setz dich doch. Willst du einen Tee?

ACHMED Bierchen wäre geil.

JONAS Aber immer.

Jonas gibt ihm ein Bier, will ihm einen Öffner reichen, Achmed öffnet das Bier mit den Zähnen.

BENNY Boah, nicht schlecht.

ACHMED Funktioniert immer, um die Ghettokids zu beeindrucken. Ich arbeite in einer Fahrradwerkstatt.

ANNA Hab ich ihnen erzählt.

BENNY Du trinkst Bier auf der Arbeit?

JONAS Also in einer Fahrradwerkstatt müsste das eigentlich gehen, oder?

ACHMED Kann ich nicht bringen als Chef. Aber der Trick funktioniert auch mit Colaflaschen.

Achmed nimmt einen großen Schluck, alle betrachten ihn interessiert.

DORO Nun setz dich doch, Junge.

ACHMED Ich störe aber gerade kein wichtiges WG-Meeting.

ANNA Es war nur ein Essen.

BENNY Wir sind auch schon beim Nachtisch.

DORO Hunger?

ACHMED Nein, danke, ich habe mir noch schnell was gemacht, bevor ich los bin.

JONAS Du kannst kochen?

ACHMED Ich kann mit einem Dosenöffner umgehen.

ANNA Das stimmt nicht, du kochst total lecker.

ACHMED Ja, aber nicht für mich allein. Für dich gebe ich mir natürlich richtig Mühe.

ANNA Er kann total lecker Kuzu Güveç.

ACHMED Das ist meine Geheimwaffe. Und ihr kocht immer zusammen?

SOPHIE Einmal im Monat jour fixe.

ACHMED Das sind doch diese Tütensuppen zum Aufgießen.

SOPHIE Ein fester Termin, um zu besprechen, was anliegt.

ACHMED Sollte ein Scherz sein.

SOPHIE Ach so.

DORO Und ihr habt euch bei was noch mal kennengelernt?

ANNA Einer Exkursion. Wir sehen uns mit dem Seminar immer Sozialprojekte an, es wollen schließlich nicht alle später in einer Kita arbeiten.

ACHMED Das war schräg, sage ich euch. Ich sag meinen Kanaken noch: Morgen kommen zwölf Studentinnen aus Düsseldorf, da müssen wir einen guten Eindruck machen. Ich dachte so an Werkstatt aufräumen, Arbeit simulieren und keine blöden Anmachersprüche. Am nächsten Tag kommen alle, als wäre Zuckerfest: gegelte Haare, Stylerklamotten und gestunken haben die, als wäre bei Rossmann das Parfümregal umgefallen. Da stehen dann die Mädchen und keiner von den gepimpten Kanaken fasst einen Schraubenzieher an, weil sie alle Sorge hatten, sich ihre weißen Sneakers einzusauen.

Anna und Achmed lachen.

Scheiße, war das peinlich.

SOPHIE Hast du gerade Kanaken gesagt?

ACHMED Sorry, das ist so ein Spruch in der Werkstatt.

ANNA Haben wir ihn damals auch gefragt.

ACHMED Das hat sich irgendwann so ergeben, war nur ein Joke, aber dann blieb das hängen. Wenn ich Kanaken sage, ist alles entspannt. Wenn ich anfange, sie beim Vornamen zu nennen, wissen sie, dass es Stress gibt. Man muss denen regelmäßig in den Arsch treten, sonst passiert gar nichts bei diesen Hängern. Struktur durch Anschiss.

SOPHIE Das ist sicher eine wichtige Arbeit, die du da machst.

JONAS Und Fahrräder ist irgendwie spannend.

ACHMED Echt jetzt? Da bist du der Einzige. Die kotzen alle ab, weil sie natürlich lieber an fetten Maschinen rumschrauben würden oder Autos tunen und so einen Scheiß. Ich sag denen immer: Lernt erst mal morgens aufstehen.

SOPHIE Arbeiten da auch Mädchen?

ACHMED Das ist nichts für Mädchen.

SOPHIE Ach, und wieso nicht?

ACHMED Ich betreue die Spasten, die die Schule geschmissen haben, die Mädchen sind meistens schlau genug, weiter hinzugehen. Außerdem, kennst du Mädchen, die gerne an Fahrrädern rumschrauben? Guck dir mal so ein Mädchenfahrrad an. Licht kaputt, Bremse kaputt und keine Luft in den Reifen. Stört die nicht. Gibt denen nichts. Und dann in einer Werkstatt mit halbstarken Kanaken?

SOPHIE Entschuldige, kannst du bitte aufhören, Kanaken zu sagen?

ANNA Er hat es doch erklärt.

SOPHIE Ja, aber es gibt Wörter, die ich einfach nicht ertrage. Wie Neger. Oder Fotze. Oder eben Kanaken.

Kurze Stille.

Ich wollte dich nicht unterbrechen.

ACHMED Kein Problem. Aber mal ehrlich, interessiert euch das wirklich?

JONAS Ich finde das spannend.

ACHMED Wegen der Fahrräder oder weil ich der erste Türke bin, den ihr trefft?

BENNY Der erste, der kein Gemüse oder Handys verkauft.

ACHMED *(lacht)* Der war gut. Und was macht ihr so?

DORO Ganz unterschiedlich.

ACHMED Klingt auch spannend.

BENNY Und hast du da einen festen Job oder ist das eine Maßnahme?

ACHMED Komisch, ich fühle mich, als ob ich mit den Brauteltern rede. Oder bin ich gerade paranoid?

ANNA Ich habe es ihnen vorhin gesagt.

ACHMED Solche Sachen besprecht ihr beim jour fixe?

ANNA Wir haben es nicht besprochen, ich habe es nur gesagt.

ACHMED Klar, warum nicht. Also, das ist fester Job, Babo, mein Sohn wird nisch hungern müssen. Ouallah.

Höfliches Lachen, kurze Stille.

Nein, jetzt mal ehrlich. Geht es darum? Hab ich kein Problem mit. Du entscheidest, Anna, und du kannst, wen immer du willst, um Rat fragen. Aber dann sagt mir das an, okay? Dann machen wir das offen.

BENNY Wir wollen uns wirklich nicht einmischen, das hast du falsch verstanden.

DORO Das ist allein Annas Entscheidung.

JONAS Eure, besser gesagt.

ACHMED Alles okay, Maus? Du bist so still.

ANNA Was soll ich denn sagen? Du darfst mich nicht unter Druck setzen, Achi.

ACHMED Ich mache keinen Druck, sondern die. Ich weiß, dass du Zeit brauchst, und das respektiere ich.

JONAS Ich weiß nicht, seid ihr euch sicher, dass wir bei diesem Gespräch dabei sein sollten?

ACHMED Wenn ihr so wichtig seid, dass sie euch das erzählt, wo es noch nicht mal ihre Eltern wissen oder, na ...

JONAS Andreas?

ACHMED Wer?

JONAS ... Egal.

ACHMED Ich meine, deine beste Freundin ...

ANNA Sandra.

ACHMED ... dann sollt ihr auch wissen, wie ich darüber denke.

DORO Du musst wegen uns wirklich nicht ...

ACHMED Okay, ich komm aus dem Pott und wir stehen zu unserem Wort. Mein Vater hat noch die Kohle aus der Wand gekloppt und da muss man sich aufeinander verlassen können. Das ist drin in mir. Anna, du kannst dich auf mich verlassen und wenn ich sage, ich will das Kind, dann will ich es, weil ich dich will, weil ich dich liebe, okay? Und wenn du sagst, du kannst das noch nicht, dann tut mir das weh, aber das ändert nichts für mich. Wenn du Ja sagst, kannst du bei mir wohnen, habe ich dir gesagt, weil ich dabei sein will. Wenn du mich hier haben willst, kein Problem, mache ich auch. Düsseldorf ist zwar ein bisschen ab vom Schuss, aber das packe ich schon, es gibt gute Zugverbindungen. Ich will nur, dass ihr alle wisst, dass es mir ernst ist.

Stille, Achmed trinkt sein Bier aus.

JONAS Respekt, Alter.

Die anderen sehen Jonas etwas verwundert an. Anna steht auf und geht zu Achmed, umarmt ihn, hält ihn fest, die anderen versuchen diskret, woandershin zu schauen.

BENNY Bisschen Musik, Jonas?

JONAS Mach du lieber.

SOPHIE Ich brauche jetzt einen Gin Tonic. Noch jemand einen?

DORO Stell einfach auf den Tisch.

Anna hat sich von Achmed gelöst, alle anderen suchen Gläser, stellen Cracker auf den Tisch, Jonas geht zu Achmed, schlägt ihm unbeholfen auf die Schulter und setzt sich wieder.

ACHMED Jetzt denkt ihr wahrscheinlich: was für ein Kitschbolzen, bloß nicht mit dem.

DORO Nee, du bist schon richtig, Junge. Aber ehrlich, wir wollten dich bloß kennenlernen, keiner wollte, dass du dich hier nackig machst.

ACHMED Klar, verstehe ich, wenn man hört, dass es ein Türke ist, denkt man sicher, wer weiß was.

SOPHIE Wirklich ganz blöde Frage jetzt: Du hast doch türkische Wurzeln, oder?

ACHMED Achmed, wonach klingt das denn?

SOPHIE Ich meine nur, du wirkst so ... untürkisch ist jetzt das falsche Wort ... versteh mich jetzt nicht falsch.

ACHMED Du, ich habe nichts gegen Rassisten. Ich bin auch einer, mit Palästinensern zum Beispiel kannst du mich jagen.

Doro lacht.

DORO Der macht mir Spaß.

SOPHIE Das kann ich mir vorstellen, Doro.

ACHMED Das mit dem Rassismus war ein Joke, ist klar, oder?

SOPHIE Etwa so wie der Kanakenjoke, oder?

DORO Jetzt sei nicht so empfindlich, Sophie.

SOPHIE Ich brauch mal 'ne Pause.

Sophie ab.

ACHMED Das habe ich nicht böse gemeint.

DORO Schon klar.

BENNY Kannst du mal nach ihr sehen, Jonas?

Jonas geht Sophie hinterher.

BENNY Er macht es wirklich.

ANNA Das war echt nicht nötig, Achmed! Kannst du vielleicht ein paar Scherze weniger machen? Ginge das?

ACHMED Sorry, tut mir echt leid.

BENNY Es ist nicht deine Schuld, das liegt an mir.

ACHMED Aber du hast doch gar nichts gesagt.

BENNY Ich habe ihr nicht erzählt, dass ich ein Jahr in die USA gehe, ich hätte es ihr zuerst sagen sollen. Deshalb ist sie so ein bisschen ... ich kläre das nachher mit ihr.

ACHMED Ist sie deine Freundin?

BENNY War sie. Lange her.

ACHMED Wo ist das Problem?

Jonas kommt wieder.

JONAS Sie ist auf dem Klo, ich wollte nicht klopfen.

BENNY Hast du irgendwas gehört?

JONAS Was gehört?

BENNY Weint sie?

JONAS Willst du nicht einfach selber nachsehen?

ACHMED Moment, du bist ein Jahr weg?

BENNY Ja.

ACHMED Das ist doch genial. Was machst du mit deinem Zimmer?

Stille.

BENNY Das ... das ist noch nicht entschieden.

ACHMED Super. Also ich würde das nehmen. Also wenn das für dich in Ordnung ist, Anna. Und für euch natürlich auch.

Stille.

Oder wollt ihr das nicht?

BENNY Müsste man ... das kommt jetzt ein bisschen plötzlich.

Stille.

ACHMED Anna, was geht hier ab? Du wusstest das, oder?

JONAS Das ist kompliziert, weil wir das diskutieren müssten.

BENNY Oder einen Termin zum Diskutieren finden.

JONAS Wir sollten auf jeden Fall warten, bis Sophie wieder da ist.

Stille, Achmed steht auf und will gehen.

ACHMED Verarschen kann ich mich alleine.

ANNA Bleib hier, bitte.

ACHMED Hör mal, du weißt, dass hier ein Zimmer frei ist, ich mache mich hier zum Deppen, du sagst nicht, was los ist ... ist doch Scheiße. Willst du mich abschießen? Dann sag das doch gleich!

ANNA Nein! Und sagt ihr jetzt verdammt nochmal auch was! So könnt ihr mit ihm nicht umgehen, das ist total beschissen, merkt ihr das nicht?

Sophie kommt wieder.

Und damit meine ich auch dich! Ich will, dass das sofort geklärt wird. Also, Achmed, das Zimmer ist ein Jahr frei und wir haben diskutiert, ob wir Flüchtlinge aufnehmen, und da habe ich gesagt, dass ich das gern für dich hätte, wenn ich mich für das Kind entscheide.

SOPHIE Eben, deshalb ...

ANNA Nein, ich finde, dass du das Zimmer auf jeden Fall bekommen solltest, auch wenn ich mich dagegen entscheide. Ich habe mich nur nicht getraut, das zu sagen, weil ich Angst hatte, dass ihr mich unterbuttert. Ich will das, weil ich mit dir zusammenleben will.

Achmed umarmt Anna, die anderen versuchen wieder, woandershin zu schauen.

DORO Ihr sagt Bescheid, wenn es weitergeht, Kinder.

ACHMED Warum habt ihr das nicht gleich gesagt? Ist doch eine klare Sache, kann man doch sagen. Komme ich mit zurecht, ich bin nicht empfindlich.

DORO Okay, wenn wir schon Klartext reden: Die letzten Männerbekanntschaften von Anna waren vergleichsweise nicht so der Hauptgewinn, also keine, mit denen wir alle unbedingt zusammenwohnen wollten. Deshalb waren wir froh, als sie sagte, dass du vorbeikommst.

ANNA Das ist so gemein.

DORO Niemand kann was für sein Beuteschema. Außerdem deute ich damit auch dezent an, dass Achmed eine andere Liga ist, ich dachte, das wäre klar geworden.

ANNA Die Männer, die ihr kennengelernt habt ...

DORO Liebchen, dieses spezielle Thema sollten wir jetzt vielleicht nicht vertiefen. Wir reden über Achmed, oder?

ANNA Genau.

DORO Achmed oder Flüchtlinge, um genau zu sein. Nun kennen wir ihn und werden das entscheiden. Aber da wäre es hilfreich, wenn wir die Entscheidung unter uns fällen können. Übrigens ist es nicht ganz fair, uns Unklarheit vorzuwerfen, dein bedingungsloses Ja zu deinem wirklich netten Freund durften wir gerade live und in Farbe miterleben, das hat sich vor einer halben Stunde noch anders angehört. Ansonsten wäre ich euch sehr verbunden, wenn ihr euch nicht ständig um den Hals fallen würdet, wir glauben euch das junge Glück auch so.

ANNA Behandle mich nicht wie einen Teenie! So kannst du mit deiner Tochter reden.

ACHMED Reg dich nicht auf, ist voll korrekt, gute Ansage.

DORO Danke für deine Unterstützung. Den Hauptmietvertrag hat übrigens Sophie. Das ist die Frau, die du im Spaß eine Rassistin genannt hast.

SOPHIE Wir entscheiden das gemeinsam.

ANNA Und wir warten in meinem Zimmer, oder was?

SOPHIE Du kannst gern hierbleiben. Andererseits wissen wir, was dein Standpunkt ist und wie du abstimmen wirst.

ANNA Benny wird gar nicht da sein. Entscheidet er mit?

BENNY Hallo, ich bin noch hier, du kannst mich ansprechen. Übrigens ist es immer noch mein Zimmer und mein Mietvertrag. Und meine Sachen werden in dem Zimmer stehen. Ein bisschen sollte ich auch entscheiden dürfen, oder?

ACHMED Nicht streiten, Maus.

ANNA Beruhige mich nicht ständig, okay?

ACHMED Aber die Sache ist klar. Nur eins noch: Wenn ihr euch gegen mich entscheidet, weil ihr glaubt, dass ich hier nicht reinpasse oder zu viele blöde Witze reiße, okay. Dann kriegen Anna und ich das auch so hin. Aber wenn ihr es grundsätzlich gut fändet, dass ich hier bei euch wohne, aber trotzdem lieber Flüchtlinge aufnehmen wollt, weil ihr das irgendwie groovy findet oder sinnvoll, edel oder weiß der Geier was, dann sagt mir das nicht, sonst werde ich sauer. Also kein: Sorry, du bist ein Supertyp, aber sorry, wir müssen den armen Schweinen helfen ... Anna und ich sind zusammen und vielleicht auch bald eine Familie und wir müssen dann losziehen, um eine Wohnung zu finden und irgendwelche Syrer setzen sich hier ins gemachte Nest. Dann kann das noch so toll von euch sein, die haben dann meinen Platz und das fühlt sich nicht gut an, weil ich sicherlich das Gefühl hätte, dass ich die Zeche zahle. Wieder mal. Nicht nur, dass ich schon angepöbelt worden bin von Arschlöchern, die mich für einen Flüchtling gehalten haben. Nicht nur, weil ich eine Menge Leute kenne, die auch gerne so eine Vollbetreuung hätten wie die Flüchtlinge, sondern weil meinen Vater niemand integriert hat, als er hier ankam, das Wort gab es noch gar nicht. Die haben dem gezeigt, wo bei der Spitzhacke vorne und hinten ist, dann ging es ab in den Schacht. Deshalb sagt hier auch keiner: Mensch, Achmed, was machst du denn in einer Fahrradwerkstatt in der Bronx, warum bist du nicht Arzt oder Rechtsanwalt? Sondern ihr sagt, dass mein Job wichtig ist und Fahrräder sowieso geil. Also versucht nicht, mir euer Nein zu erklären, das ist besser für meine Nerven. Okay, ich lass euch allein.

JONAS Spielst du eigentlich Tischtennis?

ACHMED Hat das Schaf Locken? Ist der Papst katholisch?

Achmed ab, Anna wirft noch einen Blick in die Runde, dann geht sie ihm nach. Stille.

JONAS Sind sie jetzt weg?

BENNY Ja, das war die Haustür.

JONAS Die arme Sau.

DORO Wer von beiden?

JONAS Wie kommt die an so einen Mann? Er ist nett, witzig, hat Charme, was in der Birne, sieht auch gut aus und liebt sie. Wieso lässt er sich ausgerechnet auf Anna ein? Wie kommt die an den nach all den Trantüten? Der meint es ehrlich mit ihr, der will das Kind wirklich. Dabei könnte er bestimmt ganz andere Frauen haben. Kapiere ich nicht.

BENNY Was ist denn mit dir los?

JONAS Sag du doch mal als Mann.

BENNY Ist schon ein Sahneschnittchen.

DORO Du bist grade ganz schön annafeindlich.

JONAS Das kann nicht gutgehen.

DORO Das geht uns nichts an, Jonas.

JONAS Mich hat das echt berührt, wie er ihr gesagt hat, dass er sie liebt. Ganz großes Kino.

BENNY Du klingst wie eine sentimentale Schwuchtel, Jonas. Das war höchstens Vorabendserie. Türkische Vorabendserie.

DORO Kriegt euch wieder ein, Mädels. Können wir zum Thema kommen?

JONAS Klar nehmen wir ihn, er hat Recht, mit allem, was er gesagt hat.

DORO Ich bin auch dafür.

JONAS Das sind schon mal drei Stimmen für Achmed. Wie sieht es mit dir aus?

BENNY Also das mit der Vollbetreuung für Flüchtlinge muss er nur auf ein Plakat malen, dann kann er bei jeder AfD-Demo mitlaufen, das ist politisch mehr als unscharf.

DORO Sei nicht so kleinlich. Außerdem erlebt er das Problem völlig anders als wir. Was meinst du, Sophie?

SOPHIE Ich habe nicht vor, mich von einem wertkonservativen türkischen Sahneschnittchen moralisch erpressen zu lassen. Ich könnte kotzen. Und ich könnte auch kotzen, wie du über Anna sprichst, Jonas, dabei warst du auch mit ihr im Bett. Du bist so ein übler Chauvi, da hole ich mir nicht noch einen von der Sorte ins Haus.

Kurze Stille.

BENNY Ich hab nichts erzählt, Jonas.

SOPHIE Lüg nicht, Benny.

BENNY Echt? War ich das doch?

SOPHIE Egal. Was Achmed betrifft: Ja, ich kann für mich sagen, dass ich ihn nicht will, weil er nicht hier reinpasst, der hat schon in den zehn Minuten, die er da war, das Gespräch bestimmt. Auch wenn er ein putziges Kerlchen ist, der hat mir zu viel Kraft. Ich habe schon bei Anna Bedenken gehabt, weil sie Studentin ist und ein paar Jährchen jünger ist als wir. Dafür kann sie nichts, aber wenn der jetzt noch dazukommt, fühle ich mich endgültig wie in einem Mehrgenerationenhaus.

DORO Die sind dir zu jung?

SOPHIE Nein, die nehmen mir zu viel Raum ein. Und das wird sicher nicht besser, wenn sie ein Kind haben. Dafür können sie auch nichts, für junge Eltern gilt verminderte Zurechnungsfähigkeit und der Notwehrparagraph, aber ich will nicht, dass wir Erwachsenen hier als Babysitter enden und das werden wir, da bin ich mir sicher.

JONAS Aber der packt das, das ist ein Supertyp.

SOPHIE Jonas, was lebst du denn gerade aus? Wenn du mit Supertypen zusammenwohnen willst, die Tischtennis spielen, musst du zur Bundeswehr gehen!

JONAS Wenn das Kind da ist, werden sie sowieso irgendwann ausziehen, müssen sie ja, weil Benny wiederkommt.

SOPHIE Und wenn Benny nicht wiederkommt?

BENNY Ich werde wiederkommen, das habe ich gesagt.

DORO Benny, nun sei mal realistisch, in einem Jahr kann viel passieren.

SOPHIE Du wirst alles tun, um in New York zu bleiben, du bist da bei dem Mann, den du liebst.

BENNY Ja, schon.

SOPHIE Und wir sind hier die kostenlosen Babysitter für den Sohn, ich betone, den Sohn von Achmed, der ganztätig den lustigen Kanakenhäuptling von Essen gibt, während Anna ihr Examen macht. Willst du das, Jonas?

JONAS Wenn ich die Probezeit hinter mir habe, suche ich mir sowieso irgendwann was Eigenes. Das ist doch normal, oder?

SOPHIE Okay, die Ratten verlassen das sinkende Schiff.

DORO Glaubst du, deine Flüchtlinge machen weniger Arbeit?

SOPHIE „Meine“ Flüchtlinge?

DORO Die werden auch nicht den ganzen Tag still in ihrem Zimmer sitzen und sich Photos aus Aleppo anschauen.

SOPHIE Die haben aber keine Wohnung in Essen, in die sie ziehen könnten, die haben Hilfe wirklich nötig!

DORO Du hast ein Helfersyndrom, Sophie!

SOPHIE Benny? Sagst du auch mal was? Ich verteidige hier deine Idee.

BENNY Vielleicht bist du gerade zu emotional, Finchen, und ich kann das auch gut verstehen ...

SOPHIE Ach wirklich?

BENNY ... deswegen lädst du das vielleicht mit zu viel Bedeutung auf.

Kurze Stille.

SOPHIE Ja? Ich höre?

BENNY Ich kann mir vorstellen, dass es für dich eine Belastung ist, dass hier ein Baby sein wird. Also nicht wegen der Betreuung ... sondern ... ich könnte mir vorstellen ... und ich respektiere das ... dass es nicht einfach ist, wenn Anna hier in einer Beziehung lebt und Mutter wird ...

Kurze Stille.

... abgesehen davon, dass es für dich enorm wichtig ist, zu helfen, diesen Menschen, also den Flüchtlingen eine Stimme zu geben, ich sehe auch, dass das für dich als Künstlerin eine Riesenchance wäre, aber ...

DORO Ist gut jetzt, Benny.

BENNY Ich glaube, ich habe mich ungeschickt ausgedrückt. Jonas, sag du doch mal.

JONAS Lieber nicht.

SOPHIE Nein, das ist schon rübergekommen. Vielleicht ein bisschen umständlich formuliert, aber ich kann das gern übersetzen und die Erkenntnisse des Abends kurz zusammenfassen. Ich lehne die Jungfamilie ab, weil ich eifersüchtig auf Annas Baby bin, da ja jede Frau über dreißig wunderlich wird, wenn sie nicht geworfen hat, das ist die Natur, das geht keiner Katze anders. Die Flüchtlinge will ich nur deshalb unterstützen, weil ich ein Helfersyndrom habe und versuche, meiner absolut irrelevanten Existenz als Photographin einen Sinn zu geben, indem ich ein drittklassiges Projekt realisiere, das sich wieder keiner von euch ansehen wird. Aber das ist egal, weil Doro sowieso ausziehen wird, wenn hier Araber auftauchen, Jonas auszieht, wenn er endlich der spießige Banker ist, der er immer schon sein wollte, und Benny sowieso in New York bleibt, was er aber nicht zugibt, weil er mich schonen will, da ich, wie bereits erwähnt, wunderlich bin, was nicht zuletzt damit zu tun hat, dass ich damals ein Kind von ihm wollte, was ihn so schockiert hat, dass er sofort schwul wurde, was das schönste Kompliment ist, dass man seiner Freundin mit Kinderwunsch machen kann.

Stille.

DORO Du bist ungerecht.

SOPHIE Ich werde gleich noch viel ungerechter, Doro. Raus hier, alle.

DORO Ich glaube, du brauchst ein bisschen Ruhe.

SOPHIE Nein, ich brauche die Wohnung. Zum nächsten Ersten seid ihr draußen. Das ist meine Wohnung. Ich will nicht mit Leuten zusammenwohnen, die einen Akt der Humanität mit einer psychischen Störung verwechseln. Sucht euch eine Wohnung in Solingen. Oder gleich in Ungarn oder Polen.

Stille.

Hört ihr schwer?!

Jonas, Benny und Doro stehen auf.

DORO Kommt, Jungs, wir gehen ein bisschen an die frische Luft.

Sophie reagiert nicht, die anderen gehen. Sophie überlegt kurz, dann nimmt sie ihr Handy und wählt.

SOPHIE Hallo, Papa? Hast du kurz Zeit? Ich wollte dich etwas fragen. Ja, okay, das wusste ich nicht. Ich rufe dich über Skype an.

Sophie klappt ihr MacBook auf, telefoniert über Skype. Der Vater hebt ab, man hört im Folgenden seine Stimme dröhnend laut über Jonas' Boombox.

VATER *(off)* Hallo, Sophie, ich habe nicht viel Zeit. Was ist denn?

Sophie geht zur Boombox, sucht nach einem Knopf, um sie leiser oder auszustellen, findet ihn aber nicht.

VATER *(off)* Sophie? Wo bist du denn?

SOPHIE Gleich, einen Moment.

VATER *(off)* Ich verstehe dich nicht, du musst näher ans Mikro.

SOPHIE Ja doch.

Sophie nimmt die Boombox und geht zurück zu ihrem MacBook, Rückkopplungen.

VATER *(off)* Was ist das für ein Lärm bei dir?

SOPHIE Ich weiß nicht, wie man das Teil ausschaltet.

VATER *(off)* Du rufst mich in Vancouver an, weil du mit deinem Computer nicht klarkommst?

Sophie stellt die Boombox etwas weiter wieder ab, legt ein Kissen darauf.

VATER *(off)* Herrgott nochmal, willst du mit mir reden oder nicht?

SOPHIE Ja, ja ...

VATER *(off)* Also, was ist los, ich muss gleich wieder rein. Ist wieder was mit der Wohnung?

SOPHIE Ich habe meinen Mitbewohnern gekündigt, weil ich Flüchtlinge aufnehmen will. Ich kann dir das alles irgendwann in Ruhe erklären, wenn du zurück bist. Eine Frage nur: Muss ich das mit der Eigentümergemeinschaft abklären?

Oder brauche ich da eine Vollmacht von dir? Bist du noch dran? Verstehst du mich? Falls du mich noch hören kannst, ich rufe dich nochmal an.

VATER *(off)* Sophie, ich fasse mich kurz, weil ich wieder in dieses Meeting muss, um das Geld zu verdienen, mit dem ich unter anderem die Wohnung gekauft habe, in der du jetzt sorgenfrei leben kannst. Als Absicherung und Sicherheit, bis du von deiner Arbeit leben kannst. Das dauert ein bisschen länger, als ich dachte. Nun gut. Aber eins muss klar sein und das sage ich ganz deutlich: Wenn du jetzt anfängst, Mutter Teresa zu spielen, dann haben wir ein Problem. Ich weiß nicht, welchen Ärger du mit deinen Mitbewohnern hast, aber zweihundert Quadratmeter Altbau mit Stuck und Parkett habe ich nicht für ein Heidengeld gekauft, damit du jetzt ein privates Flüchtlingsheim aufziehst. Das ist Wahnsinn. Wie soll das gehen? Du als Leiterin? Wie stellst du dir das vor! Du bist Mitte Dreißig, du solltest langsam aus dem Alter raus sein, wo man die Welt retten will. Wenn du auf Sinnsuche bist, mach Photos, dagegen habe ich nichts, aber werde um Himmelswillen endlich erwachsen. So, ich muss rein, die Antwort ist Nein, vergiss das und versuche, klar zu denken, sonst wirst du irgendwann wie deine Mutter.

Sophie wirft die Boombox durch die Küche.

Ich rufe dich an, wenn ich wieder in Deutschland bin.

Sophie klappt das MacBook zu, sitzt einen Moment wie versteinert da. Benny kommt leise herein.

SOPHIE Was machst du denn hier!

BENNY Ich dachte, wir reden vielleicht.

SOPHIE Hast du eben mitgehört?

BENNY Das war nicht zu überhören.

SOPHIE Du mieses Arschloch!

Sophie gibt ihm eine Ohrfeige, lässt sich auf den Stuhl fallen.

BENNY Du musst Bluetooth ausschalten.

SOPHIE Woher soll ich das wissen.

BENNY Völlig richtig.

SOPHIE Gib mir nicht Recht, wenn ich nicht Recht habe. Sind die anderen etwa auch da?

BENNY Die sind an der frischen Luft. Also wahrscheinlich am Büdchen.

Kurze Stille.

SOPHIE Das mit meiner Mutter war saugemein von ihm.

BENNY Ich war auch gemein zu dir und das tut mir sehr leid.

SOPHIE Gemein?

BENNY Ich hätte es dir sagen sollen.

SOPHIE Aber du wolltest mich schonen.

BENNY Ich wollte es dir erst sagen, wenn es wirklich definitiv ist, und dann war plötzlich vor dem Treffen keine Zeit mehr.

SOPHIE Also schonen trifft es doch, oder?

BENNY Ich wollte dich nicht unnötig aufregen.

SOPHIE Das ist ja schonen.

BENNY Irgendwie schon.

SOPHIE Ich bin mir sicher, dass mindestens ebenso viele Menschen durch Schonung verletzt und beleidigt werden wie durch offene Gemeinheit.

BENNY Es ist eben für mich auch nicht einfach.

SOPHIE Oh Gott, nicht diesen Satz. Mach es bitte nicht peinlicher, als es sowieso schon ist.

BENNY Okay, wenn du nicht mit mir reden willst ...

SOPHIE Ich sage dir die Meinung, das ist eine legitime Form von Kommunikation, kennst du vielleicht nicht so gut. Und ich will dich auf zwei Denkfehler aufmerksam machen. Was du für Schonung hältst, ist Feigheit. Hundert Prozent naturtrübe männliche Feigheit. Genauso wie die Ansage, auf jeden Fall in einem Jahr wieder da zu sein. Natürlich wirst du versuchen, dort zu bleiben. Gib es zu.

BENNY Okay.

SOPHIE Gut. Ich wünsche dir Glück.

Stille.

BENNY Darf ich dich in den Arm nehmen?

SOPHIE Gleich, nur kurz noch den zweiten Denkfehler, ja? Und das ist die Überzeugung, dass für mich die Welt zusammenbricht, wenn du gehst. Dass ich heute Abend wunderlich bin, weil ich dich verliere. Das ist eitel und egozentrisch. Und so doll ist der sporadische Nostalgiesex mit dir auch wieder nicht. Dieses Bedürfnis kann ich jederzeit mit Tinder abdecken, da habe ich sogar eine Chance, vorher noch zum Essen eingeladen zu werden.

BENNY Noch was?

SOPHIE Doro hat Recht, deine Idee, zu gehen und uns hier Flüchtlinge reinzusetzen, war auch verdammt feige. Wohlfeil. Gut sein für lau. Ich habe versucht, etwas Mutiges daraus zu machen, aber das hat keiner kapiert und leider von allen am wenigsten du.

BENNY Nur zu, wenn dir das gut tut.

SOPHIE Genau, das hätte ich fast vergessen. Wenn du die letzten drei Jahre gedacht hast, du hättest mich betreut: Irrtum, ich habe dich betreut, ich hab mir die

Geschichte deines heroischen Coming-outs in epischer Breite angehört und das war für mich in seinen Einzelheiten nicht immer so interessant wie für dich, also sei nicht so verdammt onkelhaft.

BENNY Und ich hab dir und deinen Plänen nicht zugehört, oder was?

SOPHIE Nein, du hörst nicht zu, du wartest, bis du drankommst, das ist ein gewaltiger Unterschied. Solltest du dran arbeiten. Mit David, einem Psychologen oder einem Benimmlehrer.

BENNY Noch was?

SOPHIE Das war es im Großen und Ganzen. Jetzt kannst du mich umarmen.

Benny reagiert nicht.

Das war das Konzept Gemeinsein und ich finde es viel erfrischender als das Konzept Schonung.

Doro und Jonas kommen.

JONAS Stören wir?

SOPHIE Kommt ruhig rein.

Doro gibt Sophie eine Papiertüte mit Lakritze und Weingummi.

DORO Hier, Nervennahrung.

SOPHIE Danke.

BENNY Entschuldigt mich, ich bin etwas müde.

DORO Bleib noch kurz, ich wollte einen Vorschlag machen.

JONAS Wir haben uns draußen besprochen und hatten eine Idee, natürlich vorausgesetzt, die Kündigung vorhin war nicht endgültig.

DORO Wir vermieten nicht und nehmen es als Gästezimmer. Achmed kann von mir aus manchmal da übernachten, aber dann kann er sich nicht so breitmachen.

JONAS Und was die Flüchtlinge betrifft: Wir können ja zum WG-Essen gern ein oder zwei Leute aus dem Heim einladen.

DORO Die könnten, gegen Geld, zum Beispiel kochen, wenn Jonas dran wäre.

JONAS Oder Achmed macht ... wie hieß das?

DORO Kuvutz oder so.

JONAS Und was ist das?

DORO Keine Ahnung. Egal. Klingt lecker.

BENNY Und die Miete bleibt an mir hängen?

DORO Macht man eben ein paar Tage im Monat Airbnb, das kriegen wir schon rein.

JONAS Du könntest den Eggchair und die Platten drin lassen, die ziehen sowieso Feuchtigkeit im Keller. Und wir könnten die Tischtennisplatte hochholen, Platz genug ist ja.

DORO Liebchen, was meinst du?

Kurze Stille.

SOPHIE Okay.

DORO Benny?

BENNY Ja, warum nicht?

DORO Warum nicht gleich so, wir hätten uns den ganzen Rödel sparen können.

SOPHIE Und wer sagt Achmed, dass wir uns für eine Tischtennisplatte entschieden haben?

BENNY Könntest du das machen, Jonas?

JONAS Benny, man muss auch merken, wann Schicht ist, echt! Du nervst, aber sowas von!

BENNY Schon gut, ich mache es.

JONAS Es ist dein Scheißzimmer!

BENNY Reg dich ab. Hat jemand Annas Nummer?

DORO Sie sitzen drüben beim Inder.

BENNY Okay, ich gehe. Kommst du mit, Jonas? Wir könnten danach noch eine Partie spielen.

Jonas reagiert nicht, Benny geht los, nach einer kurzen Verzögerung geht ihm Jonas hinterher.

JONAS Man, jetzt warte gefälligst, du Blödmann.

Jonas geht Benny hinterher. Doro setzt sich neben Sophie.

DORO Alles gut?

Sophie holt ihr Smartphone heraus.

Was gibt das?

SOPHIE Ich lösche deine Rede.

DORO Danke. Ich meinte das nicht so.

SOPHIE Wer tut das schon.

DORO Und? Ist schlimm mit Benny?

SOPHIE Ja, ist aber trotzdem richtig, dass er geht. Man soll keine Gespenster jagen. Kommt eben was Neues.

DORO Da kommt viel Neues, mein lieber Scholli.

SOPHIE Wird sich einiges ändern.

DORO Ja. Aber ist ja vielleicht gut.

SOPHIE Ja, vielleicht.

DORO Kommt auch auf uns an.

SOPHIE Aber war gemütlich hier, oder?

DORO Das wird es schon wieder werden.

SOPHIE Man muss sehen, was kommt.

DORO Wir zwei alten Prachtweiber, was?
SOPHIE Ett kütt, wie ett kütt.
Doro sieht Sophie an.
SOPHIE Altes syrisches Sprichwort.
Musik, Getränke, fade to black.

Wunschkinder

PERSONEN

BETTINE 51, Hausfrau, früher im Marketing eines Baukonzerns
GERD 57, leitender Ingenieur in einem Baukonzern
MARC 19, ihr Sohn
KATRIN 56, Bettines Schwester, Quartiersmanagerin
SELMA 19, Auszubildende
HEIDRUN 38, ihre Mutter, Köchin in einer Betriebskantine

BÜHNE

Leerer Raum, vielleicht sind alle Spieler immer anwesend, Spielorte nur durch kleine Andeutungen oder Schrifttafeln.

ZEIT

Gegenwart.

BÜHNE

Offene Bühne, ein äußerer Halbkreis aus Bänken, auf denen die Schauspieler sitzen, wenn sie nicht in der Szene sind. Ein innerer Halbkreis mit Stühlen, Sofa, Tisch. An den Seiten zwei Requisitentische. Straßenszenen in der Gasse zwischen den beiden Halbkreisen. Keiner geht ab.

Presume not, that I am the thing I was
For God doth know, so shall the world perceive
That I have turn'd away my former self
Shakespeare; Henry IV

1. AKT

1. SZENE

Marc alleine auf der Bühne, mit seinem iPad auf den Knien, er isst eine Pizza. Im Hintergrund Gerd und Bettine.

GERD Ich frag ihn jetzt einfach.
BETTINE Okay, aber bitte versuch sachlich zu bleiben.
GERD Selbstverständlich.
BETTINE Nein, das ist nicht selbstverständlich.
GERD Ich habe nicht vor, ihn herunterzuputzen. Aber ich werde mich auch nicht mit den üblichen Phrasen abspeisen lassen.
BETTINE Tue ich das deiner Meinung nach?
GERD Du hast bis jetzt noch nichts Konkretes aus ihm herausbekommen.
BETTINE Vielleicht ist da nichts Konkretes.
GERD Vorschläge haben wir genug gemacht.
BETTINE Egal, sprich mit ihm, bevor er wieder ausgeht.
GERD Wenn sein Vater mit ihm sprechen will, können seine Freunde auch mal warten. Schließlich bezahle ich sein Partyleben.
BETTINE Sag das ihm, nicht mir.
GERD Noch was: Überlass es einfach mir.
BETTINE Mit dem allergrößten Vergnügen.
Gerd geht zu Marc.
GERD Hast du einen Moment Zeit?
MARC Klar.
Marc sieht weiter auf sein iPad.
GERD Könntest du das ausmachen?
Marc schließt sein iPad und legt es neben sich.
MARC Okay. Was liegt an?
GERD Genau das wollte ich von dir wissen.
MARC Willst du wissen, was ich heute Abend mache?
GERD Nein, wie es mit deinem Leben weitergehen soll.
MARC Bitte nicht schon wieder. Das habe ich alles schon mit Mama durchgekaut.
GERD Hast du dich endlich um ein Praktikum gekümmert?
MARC Läuft.
GERD Und was heißt das?

MARC Mach ich noch.
GERD Und wann?
MARC Ich sage doch, ich mache das noch.
GERD Oder Studienplatz? Job? Irgendwas?
MARC Was willst du von mir?
GERD Das ist eine ganz sachliche Frage.
MARC Das ist sachlich? Und wie klingt unsachlich?
GERD Ist an der Frage irgendwas aufdringlich? Du wohnst hier, bekommst Geld von uns, deine Mutter macht deine Wäsche, da kann ich so etwas fragen, oder? Was ist das Problem?
Marcs iPhone signalisiert eine Nachricht, er liest sie.
GERD Muss das jetzt sein?
MARC Gleich.
GERD Machst du bitte das Handy aus?
Marc schaltet das Handy aus und legt es neben das iPad.
MARC Deine Wäsche und deine Mahlzeiten macht sie übrigens auch.
GERD Ich will wissen, wie dein Plan aussieht.
MARC Ich bin dran.
GERD Okay, dann will ich einen Zwischenstand hören.
MARC Ist das jetzt noch der sachliche Ton oder schon Vorwurf?
GERD Du hast im Mai Abitur gemacht, jetzt ist September und du hast in dieser Zeit nichts gemacht außer Party, Schlafen, Kiffen, Fernsehen, Kühlschrankleerfressen, Party und so weiter ...
MARC Party war doppelt.
GERD Ich meine es verdammt ernst!
MARC War nur ein Joke.
GERD Klar, ist alles nur ein Joke. Sehen das deine Kumpels auch so?
MARC Sonst sagst du immer, dass es dir scheißegal ist, was andere machen.
GERD Gibt es etwas, das dich interessiert? Was du ausprobieren willst? Irgendwas, wobei ich dir helfen könnte? Irgendeine Idee?
MARC Ich habe gerade erst Abi gemacht, schon vergessen?
GERD Ja. Ein ziemlich beschissenes übrigens. Entschuldigung. Es war nicht einfach für dich, ich weiß. Du hast dein Abi, okay ...
MARC Ich habe es mir nicht ausgesucht, von euch um die halbe Welt geschleift zu werden.
GERD Ich habe mich gerade entschuldigt. Was denn noch? Also?
MARC Was?

GERD Ich warte immer noch auf eine Antwort.

MARC Was war nochmal die Frage?

GERD Für dich ist alles super? Kein Problem?

MARC Du scheinst eins zu haben.

Bettine kommt mit einem Schlüssel in der Hand.

BETTINE Ich habe deinen Schlüssel gefunden. War in der Jeans.

MARC Super. Danke.

BETTINE Räum bitte immer die Hosentaschen aus, bevor du sie in die Wäsche schmeißt. Hab ich dir schon tausendmal gesagt.

MARC Mache ich.

GERD *(zu Bettine)* Gibst du uns noch ein paar Minuten?

MARC Ich muss sowieso los. Ich brauche übrigens noch Geld für die Monatskarte.

Marc nimmt sein iPhone und geht nach hinten.

GERD Räum deinen Teller weg. Hörst du? Du gehst nicht aus dem Haus, ohne deinen Teller abzuräumen. Ist das klar? Verdammt nochmal!

MARC Ja, ist schon klar.

Marc geht.

BETTINE Und? Wie ist es gelaufen?

GERD Wie immer.

BETTINE Ist das jetzt meine Schuld?

GERD Habe ich das gesagt?

BETTINE Klang ein bisschen so.

GERD Ich gebe ihm noch zwei Wochen, dann schmeiße ihn raus.

BETTINE Kannst du dich bitte beruhigen?

GERD Ich wäre jetzt Head of Development, aber wir mussten zurück. Wegen dem da. Weil der Junge sonst abschmiert.

BETTINE Das haben wir gemeinsam entschieden.

GERD Man redet, man baut goldene Brücken, macht Vorschläge und was sitzt neben einem? Totes Fleisch. Ein Teenager.

BETTINE Hast du was herausbekommen?

GERD Ich kann auch einen Pudding nach dem Sinn des Lebens fragen.

Bettine nimmt den Teller und geht.

Lass das. Das macht er.

BETTINE So viel Zeit habe ich nicht.

GERD Der kriegt kein Geld für die Monatskarte.

BETTINE Dann fährt er schwarz und wer bezahlt, wenn sie ihn erwischen?

Gerd ab.

2. SZENE

Bettine am Telefon. Sie telefoniert mit Katrin.

BETTINE Bist du noch auf Arbeit? Hast du einen Moment?

KATRIN Fünf Minuten habe ich, ich bin noch im Büro.

BETTINE Dann melde ich mich später.

KATRIN Ach was, das geht schon. Und Schwesterchen? Alles gut?

BETTINE Ja, eigentlich schon.

KATRIN Eigentlich?

BETTINE Wieder mal Krach mit Marc.

KATRIN Worum ging's?

BETTINE Das Übliche. Es ist nichts aus ihm rauszukriegen.

KATRIN Versucht es mit weniger Druck.

BETTINE Wie denn? Wir fragen nur ganz vorsichtig, was er vorhat. Aber schon das ist zu viel.

KATRIN Der kommt schon noch in die Gänge.

BETTINE Hoffentlich. Möchtest du zum Essen kommen?

KATRIN Ich stecke bis zum Hals in Arbeit.

BETTINE Du arbeitest zu viel, du musst mal zur Ruhe kommen.

KATRIN Wir organisieren das Willkommensfest am Samstag. Willst du kommen?

BETTINE Muss ich mit Gerd besprechen.

KATRIN Du kannst auch alleine vor die Tür, oder?

BETTINE Ja, aber an einem Samstag ...

KATRIN Der muss unter Leute. Und du auch.

BETTINE Kurz vorbeikommen werde ich auf jeden Fall.

KATRIN Ihr seid jetzt fast zwei Jahre wieder hier. Wollt ihr nicht mal ankommen?

BETTINE Das kommt schon noch.

KATRIN Geh wieder arbeiten, das wird dich ablenken.

BETTINE Ich muss mich nicht ablenken. Das ist wirklich nicht mein Problem.

KATRIN Ich meine nur, manchmal ist es gut, wenn man sich mal mit was anderem beschäftigt.

BETTINE Ich weiß, was du meinst, danke. Wenn klar ist, wie es mit Marc weitergeht, steige ich wieder ein.

KATRIN Der ist 19, der braucht euch nicht mehr.

BETTINE Deine Jungs waren einfacher.

KATRIN Vielleicht habe ich sie einfach nur in Ruhe gelassen.

BETTINE Hat Marc irgendwas gesagt?

KATRIN Was meinst du?

BETTINE Siehst du ihn manchmal?

KATRIN Er kommt ab und zu auf einen Kaffee ins Büro.

BETTINE Und was erzählt er da so?

KATRIN Nicht im Ernst, oder?

BETTINE Mein Gott, ich will nur wissen, welchen Eindruck du von ihm hast. Er ist so verschlossen uns gegenüber. Wenn er einen Plan hat, irgendeine Idee, bin ich zufrieden. Ist das zu viel verlangt?

KATRIN Er ist wie alle in seinem Alter, okay?

BETTINE Ja, okay. Ich wollte dich das gar nicht fragen.

KATRIN Dann lass es einfach.

Gerd kommt.

GERD Wer ist das?

BETTINE Meine Schwester.

GERD Samstag in zwei Wochen geht bei ihr? Hast du sie gefragt?

BETTINE Ach so, ja, wir haben bald Hochzeitstag. Kannst du kommen?

KATRIN Müsste klappen.

GERD *(spricht ins Telefon)* Wir würden uns freuen. Nur eine kleine Runde.

BETTINE Also eigentlich nur du. Und Marc natürlich.

KATRIN Warum macht ihr nicht einfach eine große Party?

GERD Es ist doch nur der Hochzeitstag.

KATRIN Na und? Ist doch eine schöne Gelegenheit, alle einzuladen, die ihr kennt.

BETTINE Ich glaube, das ist mir zu aufwendig.

KATRIN Dann mietet euch was.

BETTINE Seine Arbeitskollegen und meine Pilatesfrauen in einem Raum ...

GERD Ein Albtraum.

KATRIN Gönnt euch mal was, du verdienst schließlich gut. Da nimmt man eben mal etwas Geld in die Hand, bestellt Essen, einen DJ.

BETTINE Wir haben hier noch keinen richtigen Freundeskreis.

KATRIN Gute Möglichkeit, einen zu bekommen.

GERD Bei aller Liebe, Katrin. Nein.

KATRIN Bettine? Noch eine eigene Meinung?

BETTINE Vielleicht nächstes Jahr.

KATRIN War nur ein Vorschlag. Ich muss dann. Tschüs.

Katrin legt auf.

GERD Was sollte das denn?

BETTINE Warum eigentlich nicht? Ein bisschen Abwechslung täte uns gut. Sie hat übrigens gefragt, ob wir am Samstag zu ihrem Willkommensfest kommen.

GERD Zu ihrem was?

BETTINE Das für die Flüchtlinge.

GERD Und was soll ich da?

BETTINE Stell dich nicht blöd.

GERD Du kannst gern hingehen. Mir fehlt einfach dieses Helfergen.

BETTINE So etwas ist wichtig.

GERD Für sie oder die Flüchtlinge?

BETTINE Sei nicht so zynisch.

GERD Ich habe gespendet, ich muss diese Leute nicht auch noch umarmen.

BETTINE Dann gehe ich eben alleine.

GERD Nimm Marc mit, du solltest als Frau vielleicht nicht alleine dorthin.

BETTINE Der wird wahrscheinlich sowieso da sein.

GERD Mit uns hält er es keine halbe Stunde beim Abendessen aus und zu Katrin geht er freiwillig? Verkauft sie ihm Drogen? Gibt sie ihm Geld?

BETTINE Vielleicht bedrängen wir ihn wirklich zu sehr.

GERD Hat sie was gesagt?

BETTINE Sie findet das alles normal.

GERD Wenn man den ganzen Tag mit Traumatisierten zu tun hat, kommt er natürlich als leichter Fall rüber.

BETTINE Ich will nicht, dass du so über deinen Sohn sprichst.

GERD Ich versuche nur, es von der heiteren Seite zu sehen.

BETTINE Wir könnten alle drei auf das Fest gehen. Wir haben schon ewig nichts mehr zusammen unternommen. Oder wir treffen ihn dort.

GERD Wenn ich meinen Sohn treffen will, muss ich mich nur nachmittags um halb vier vor den Kühlschrank stellen.

BETTINE Dann eben nicht. Du willst nicht. Verstanden. Mach, was du willst.

Bettine will gehen.

GERD Okay. Wir gehen eine Stunde hin, vielleicht sind Katrins Jungs ja auch da. Falls sie nicht gerade den Nobelpreis bekommen.

Black.

3. SZENE

Straße. Selma und Marc.

MARC Und? Machen wir noch was zusammen?
SELMA Wie viel Zeit hast du?
MARC Soviel du willst.
SELMA Ich muss noch zu einem Treffen.
MARC Schade.
SELMA Komm mit, wenn du willst. Es geht um das Flüchtlingsheim in der Victoriastraße. Die suchen Leute, die da unterrichten oder mit den Kindern was unternehmen. Du könntest auch was machen.
MARC Ich weiß nicht, ob das, was ich kann, denen irgendwas nützt.
SELMA Jeder kann irgendwas.
MARC Du klingst wie meine Eltern.
Selma lacht.
Okay. Ausschlafen. Fertigessen auftauen. Und jede Menge Arbeitsvermeidungsstrategien.
SELMA Alles klar. Du hast keine Lust auf sowas.
MARC Doch. Wenn du das machst, mache ich das auch.
SELMA Du sollst das nicht wegen mir machen.
MARC Ich würde noch ganz andere Sachen wegen dir machen.
Selma sieht ihn an.
SELMA Ja? Zum Beispiel?
MARC Was könnte dich beeindrucken?
SELMA Nur das Übliche. Übers Wasser laufen, Kranke heilen, selbstkomponierte Liebeslieder, ein Tangotänzer, stahlharte Muskeln ...
MARC Kein Problem, das meiste kann ich, den Rest schaffe ich mir bis morgen drauf.
SELMA Na dann, bis morgen.
MARC Apropos morgen. Danach hast du heute wahrscheinlich keine Zeit?
SELMA Doch. Wir könnten was trinken gehen.
MARC Klingt gut. Klingt richtig gut.
SELMA Gehen wir?

4. SZENE
Am nächsten Morgen. Bettine, Gerd. Bettine findet in Marcs Jacke ein Flugblatt.

BETTINE Das ist seltsam.
GERD Was?
Bettine bringt Gerd das Flugblatt, Gerd wirft einen Blick darauf.

BETTINE Seit wann geht er auf politische Veranstaltungen? Hat er dir gegenüber irgendwas erwähnt?

GERD Über sowas spricht er nicht mit dem Personal.

BETTINE Flüchtlingshilfe, das hat ihn noch nie interessiert.

GERD Das wird ihm seine linksradikale Tante in die Hand gedrückt haben.

BETTINE Glaube ich nicht.

GERD Warum interessiert dich das?

BETTINE Irgendwas tut sich bei ihm, er achtet mehr auf sich, hat sich neue Klamotten gekauft, er rennt öfters in dieses Fitnessstudio ...

GERD Er wird eine Freundin haben. Das kommt vor in dem Alter. Armes Ding.

BETTINE Du könntest dich zur Abwechslung mal freuen, dass er was anpackt. Trau ihm auch mal was zu.

GERD Ist ja gut, ich freue mich. Wenn er jetzt noch einen Lebensplan entwickelt ...

BETTINE Mit irgendwas muss er anfangen. Respektiere das bitte. Könntest du nicht in Erwägung ziehen, dass Marc einmal etwas richtig macht?

GERD Das tue ich. Ich glaube nur nicht, dass ein Flyer der Flüchtlingshilfe die Eintrittskarte in die Welt der Erwachsenen ist. Ich muss los, ich bin ein arbeitender Mensch.

BETTINE Du musst mir nicht erklären, was Arbeit ist, Gerd.

Gerd steht auf. Marc kommt nach vorne.

MARC Was starrt ihr mich so an? Ist was?

GERD Es ist halb neun. Hast du Schlafstörungen?

Gerd geht, Marc holt sich einen Kaffee.

BETTINE Die Jacke sollte in die Wäsche, oder?

MARC Ja.

BETTINE Soll der Zettel weg?

MARC Ja.

BETTINE Ich wusste nicht, dass dich sowas beschäftigt.

MARC Jemand hat mich mitgeschleift.

BETTINE Super, dass du sowas machst.

Marc lacht.

Was ist?

MARC Ist kein großes Ding, ehrlich.

BETTINE Aber ich finde es gut. Und wichtig.

MARC Was gibt das denn?

BETTINE Ich habe den Eindruck, dass du es gerade besser im Griff hast. Mehr nicht.

Marc lacht.

MARC Lobst du mich dafür, dass ich morgens aufstehe? Echt?

BETTINE Wenn das alles nur superlustig ist, kann ich auch gehen.

MARC Sorry, alles gut. Und jetzt frag mich endlich, bevor du daran erstickst.

Bettine steht auf.

BETTINE Ich habe zu tun.

MARC Mama, es tut mir leid.

BETTINE Schon gut.

MARC Sie heißt Selma.

Bettine geht. Marc bleibt sitzen, im Hintergrund kommen Heidrun und Selma.

5. SZENE

Wohnung Heidrun. Heidrun und Selma.

HEIDRUN Hol mal Kuchen oder Teilchen, wir müssen ihm was anbieten.

SELMA Er will nur hallo sagen.

HEIDRUN Aber einen Kaffee kannst du kochen.

SELMA Das mache ich gleich.

HEIDRUN Warum will er mich kennenlernen? Ist er so altmodisch?

SELMA Ich wollte das, damit du dir keine Sorgen mehr machst, wenn ich abends rausgehe.

HEIDRUN Ich mache mir keine Sorgen, Blödsinn. Aber es passiert eben so viel.

SELMA Nein, nichts passiert.

HEIDRUN Hörst du keine Nachrichten?

SELMA Es passiert nicht hier.

HEIDRUN Das kann man nie wissen. Und gerade hier ist die Gefahr groß, das sagen die jeden Tag.

SELMA Hör auf damit, ja?

HEIDRUN Gut, wenn ich weiß, dass immer jemand bei dir ist, der dich beschützen kann.

SELMA Ich kann gut auf mich selbst aufpassen.

HEIDRUN Er will aber nicht lange bleiben, oder?

SELMA Wir müssen noch weg.

HEIDRUN Wo ihr immer hinmüsst.

SELMA Sollen wir heute lieber hierbleiben?

HEIDRUN Nein, ich muss mich bald hinlegen, diese Tabletten machen einen so schläfrig.

SELMA Kannst du wieder besser schlafen?

HEIDRUN Nein, ganz unruhig. Mir ist es heute fast ein bisschen viel, dass er kommt.

SELMA Soll ich absagen?

HEIDRUN Nein, dann denkt er, ich bin zickig. Wir machen das jetzt.

SELMA Bist du etwa aufgeregt?

HEIDRUN Ach was, ich bin müde.

Heidrun und Selma kommen zu Marc.

MARC Hallo, Frau Büsing.

HEIDRUN Mit so einem Quatsch fangen wir gar nicht erst an, ich bin Heidrun, okay?

MARC Gern.

HEIDRUN Ich hole dir einen Kaffee.

MARC Nein, danke.

HEIDRUN Du hast doch gesagt, dass er Kaffee will.

Selma lacht.

SELMA Wasser?

MARC Super.

Selma ab. Heidrun wirkt etwas unruhig.

HEIDRUN Wo habt ihr euch kennengelernt? Darf ich das fragen?

MARC In der Fahrschule.

HEIDRUN Schön.

MARC Ja, finde ich auch.

HEIDRUN Führerschein habe ich nie gemacht. Das ging nicht wegen Selma. Aber ich komme auch so zurecht. Ich habe mit der Bahn nur drei Stationen zur Kantine.

MARC Da arbeiten Sie, oder?

HEIDRUN Genau. Bei Lubecca in der Werkskantine. Das wäre ja Blödsinn mit dem Auto, da kann man nirgends parken.

MARC Okay.

HEIDRUN Sie braucht aber lange für das Wasser.

Kurze Stille.

Aber gut, dass ihr den Führerschein macht.

MARC Sonst hätten wir uns nicht kennengelernt.

HEIDRUN Ja, freut mich.

MARC Also Selma und ich. Und wir natürlich auch.

HEIDRUN Wir reden einen Quatsch zusammen, was?

MARC Find ich gut.

Selma kommt mit Wassergläsern wieder.

SELMA Marc hat lange in den USA gelebt, hat er das schon erzählt?
MARC Meine Eltern haben da gearbeitet.
SELMA Mamutschka wollte schon immer nach Texas.
MARC Warum gerade Texas?
HEIDRUN Das ist nur so eine Spinnerei.
SELMA Sag schon, warum?
HEIDRUN Das weite Land, immer Sonne, mal ein Rodeo sehen ...
SELMA Und so einen Hut kaufen. Diese Riesenhüte. Gib es zu.
MARC Ich glaube, wir haben so einen noch zuhause. Bring ich dir mit.
HEIDRUN Ich laufe hier nicht mit so einem Hut durchs Viertel, dann denken die Leute, ich bin endgültig verrückt, das fehlt noch.
SELMA Niemand denkt, dass du verrückt bist.
MARC Ich war als Kind mit meinen Eltern auf einem Rodeo.
HEIDRUN Schön. Willst du Kuchen? Soll ich schnell runterlaufen?
MARC Nein, danke.
HEIDRUN Ihr müsst auch bald los, oder?
MARC Wir haben keine Eile.
Kurze Stille.
HEIDRUN Seid mir nicht böse, Kinder, aber ich muss mich hinlegen. Ich bin heute nicht so ganz auf der Höhe. Tschüs, Marc, komm mal zum Essen, dann erzählst du von Amerika, okay?
Heidrun geht.
MARC Habe ich irgendwas Falsches gesagt?
SELMA Überhaupt nicht. Besser hätte es nicht laufen können.
MARC Alles klar bei dir?
SELMA Wie wirkt sie auf dich?
MARC Noch jung.
SELMA Sie ist jung. Und sonst?
MARC Wie meinst du das?
SELMA Vergiss es. Lass uns gehen.

6. SZENE

Wohnung Bettine. Bettine und Gerd tanzen Swing. Die Musik endet, sie setzen sich

GERD Weißt du noch, wie Caroline sich nach einem Jive immer mit der Hand Luft zugewedelt hat? So mit eingeknicktem Handgelenk?

Bettine lacht.

BETTINE Ja, und dabei immer diese komischen Japser.

Bettine macht es nach, Gerd lacht.

GERD Man konnte ahnen, wie sie beim Sex klingt.

BETTINE Und? Schöne Vorstellung?

GERD Eher nicht. Vor allem nicht mit Edward.

Lachen.

Sie haben uns für Frühling in ihr Haus in den Catskills eingeladen.

BETTINE Ja?

GERD Ich habe vorgestern mit ihm geskypt.

BETTINE Willst du eigentlich noch zu dem Fest?

GERD Ich schaffe das heute nicht mehr. Willst du hin?

BETTINE Alleine nicht.

GERD Nimm auf mich bitte keine Rücksicht.

BETTINE Katrin würde sich freuen.

GERD Die hat heute Abend sowieso keine Zeit für uns.

BETTINE Wir sollten mal wieder raus.

GERD Du kannst gehen, kein Problem.

BETTINE Zusammen.

GERD Wir könnten nächstes Wochenende ins Kino. Oder in ein Musical.

BETTINE Oder wir gehen tanzen.

GERD Mal sehen.

Kurze Stille.

Wirklich, du kannst gerne hingehen.

BETTINE Darum geht es nicht.

GERD Wir könnten die Einladung annehmen.

BETTINE Und wie soll das gehen?

GERD Wir bleiben eine Woche in New York, fahren in die Catskills, hängen vielleicht noch eine Woche in Florham Park dran, hören, was sich in der Firma getan hat in der Zwischenzeit ...

BETTINE Mach es mir nicht so schwer.

GERD Hast du kein Heimweh?

BETTINE Es wird ja anders werden. Wenn Marc auf eigenen Füßen steht.

GERD Du hast meine Frage nicht beantwortet.

BETTINE Das bringt doch nichts.

GERD Ich habe Heimweh. Und weißt du, was mir am meisten fehlt? Der Small Talk. Die Fähigkeit, einen Abend mit anderen Erwachsenen angenehm zu verplaudern.

Hier wird diskutiert. Und zwar ernsthaft und hundert Prozent ironiefrei. Hier muss man sich seinen Drink durch Argumente verdienen. Dauerbetroffen und meinungsfreudig.

BETTINE Du weißt doch, was hier gerade los ist.

GERD Zivilisation heißt für mich, auch dann einen Abend über Baseball und Urlaubsziele zu sprechen, wenn draußen die Welt untergeht. Bring mir ein Pärchen, das es schafft, einen Abend auf diesem Sofa zu sitzen, ohne über den Islam, Flüchtlinge und die Klimakatastrophe zu sprechen, und ich werde anfangen, mich wohl zu fühlen.

BETTINE Du bist ungerecht.

GERD Vielleicht waren wir zu lange weg.

BETTINE Lass uns noch etwas abwarten.

GERD Vielleicht müssen wir Tatsachen schaffen. Von ihm kommt nichts.

BETTINE Ich möchte bitte einen Abend nicht über Marc nachdenken.

GERD Das wäre der erste in 19 Jahren.

BETTINE Ich weiß.

7. SZENE

Selma und Marc kommen, sie wirken aufgedreht und etwas angetrunken.

MARC Wir dachten, ihr kommt auf das Fest.

BETTINE Wir wussten nicht, dass wir vermisst werden.

SELMA Ich bin Selma, hallo.

BETTINE Wie schön, dass wir uns endlich kennenlernen.

Bettine umarmt Selma.

BETTINE Ich bin Bettine.

Gerd schüttelt Selma die Hand.

GERD Gerd.

BETTINE Wollt ihr ein Glas Sekt?

MARC Gern.

SELMA Für mich nicht.

MARC Soll ich dir was zu trinken holen?

SELMA Ja, gern ein Wasser.

Marc geht ab.

Ich habe auf dem Fest ein Bier getrunken, sowas merke ich sofort. Mit Ihrer Schwester übrigens.

BETTINE Bleiben wir beim Du.

SELMA Mit Katrin ... Karin ... Katrin. Sie ist total nett.

BETTINE Ja, sie macht da einen tollen Job.

SELMA Total. Ihr habt wirklich was verpasst.

BETTINE Wir hätten vielleicht kommen sollen.

SELMA Sie kann wirklich gut erzählen. Alte Freunde von ihr waren da, wir haben uns totgelacht. Sie waren wohl mal in einer Motorradgang oder sowas.

BETTINE Ja, sie war ein wildes Mädchen. Ich war immer nur die Schwester von „Kathy". Sie war bekannt wie ein bunter Hund.

SELMA Cool. Man kann sich das ja nie so vorstellen.

GERD Dass wir auch mal jung waren?

SELMA Nein, so meine ich das nicht. Aber dass man Menschen trifft, die früher die cool kids waren, und die haben immer noch diese Lederjacken an mit den Stickern und allem.

BETTINE Ich war nicht so.

SELMA Ja, das sagte sie.

BETTINE Was?

SELMA Dass sie völlig anders waren, eher so ein Hippiemädchen.

BETTINE Ein Teestubenmädchen vielleicht.

GERD Ein David-Hamilton-Mädchen. So habe ich sie kennengelernt.

SELMA Was ist das?

GERD Egal.

Marc kommt zurück.

MARC Warum seid ihr nicht gekommen? Es war total lustig, es gab eine arabische Tanzshow, so ein Rundtanz für Männer, ich hab einfach mitgemacht. Wie hieß der ... Tabouleh?

SELMA Das war der Salat, du Honk.

BETTINE Dann hätten wir auch auf dem Fest tanzen können, Gerd.

GERD Das ist vielleicht nicht ganz das Gleiche

SELMA Echt? Ihr tanzt hier nur so für euch?

MARC Sie sind ziemlich gute Swingtänzer.

GERD Na ja, für den Hausgebrauch. Wir haben das drüben mit Freunden angefangen.

SELMA Kannst du das auch?

MARC Ist doch eher ein Seniorensport.

Selma lacht.

BETTINE Freut mich wirklich, dass ihr da seid. Auf dich, Selma.

MARC Und wir kommen mit guten Nachrichten.

GERD Für uns oder für euch?

MARC Für alle. Wir wollen zusammenziehen.

Pause.

BETTINE Okay. Schön.

SELMA Ich wollte das Marc schon seit einiger Zeit vorschlagen und heute habe ich es einfach gemacht. Und er wollte mich das auch fragen. Gutes Timing also.

MARC Ich will ja schon lange ausziehen.

BETTINE Das wusste ich nicht. Du?

GERD Ich auch nicht.

Pause.

MARC Ich dachte, dass ihr ein bisschen freudiger reagiert.

Pause.

SELMA Gibt es da irgendein Problem?

BETTINE Nein, natürlich nicht, aber das kommt ein bisschen plötzlich. Können wir ganz kurz darüber nachdenken?

MARC Wie?

SELMA Volljährig bist du doch, oder?

MARC Ich glaube schon. Oder, Mami? Papi?

BETTINE Natürlich kannst du ausziehen. Gar keine Frage.

GERD Die Frage ist nur, und ich weiß das klingt spießig, wer das bezahlt.

BETTINE Nein, darum geht es nicht.

MARC Ihr habt immer gesagt, dass ich selbstständig werden soll. Immer.

GERD Bezahlen das deine Eltern, Selma?

BETTINE Das klären wir später.

SELMA Nein, klar, darum geht es auch. Denn es geht wohl hoffentlich nicht darum, dass er nicht ausziehen darf.

BETTINE Natürlich nicht.

SELMA Reden wir über Geld. Ich verdiene. Ich mache zwei Jobs.

GERD Schon fertig ausgebildet?

SELMA Ich mache mein Abi nach und arbeite.

GERD Imponierend.

SELMA Es geht einfach nicht anders.

MARC Ich werde auch arbeiten.

GERD Und warum hast du es dann bisher noch nicht gemacht?

MARC Weil ich erst hier raus muss.

GERD Das ist die falsche Reihenfolge.

MARC Muss ich erst arbeiten, bevor ich ausziehen darf? Geht's noch?

BETTINE Ich dachte eigentlich, dass du studieren willst.

MARC Das mache ich auch noch!

BETTINE Tut mir leid, dass du das mitkriegen musst, Selma.

SELMA Sorry, ich wusste nicht, dass Sie Geldprobleme haben. Sonst hätte ich das nie vorgeschlagen.

GERD *(lacht)* Du hast Humor, das gefällt mir.

SELMA Danke.

GERD Ich weiß auch nicht, wie viel du über Marc weißt, du kennst ihn sicher von einer anderen Seite als wir.

SELMA *(lacht)* Das hoffe ich.

MARC Vater, hörst du bitte sofort damit auf? Sofort?

GERD Ich rede gerade mit deiner Freundin, die mich wirklich beeindruckt. Und das sage ich ohne Ironie. Du machst zwei Jobs und einen Abschluss, du bist autonom. Respekt. Ich habe es genauso gemacht. Dir kann keiner reinreden. Marc ist zu hundert Prozent elternfinanziert und wer bezahlt, hat ein Mitspracherecht, um zu sehen, was aus seiner Investition wird. Ist das nachvollziehbar?

MARC Ich höre mir das nicht mehr an.

SELMA Ich glaube, meine Mutter wäre sehr froh, wenn sie mir das Geld geben könnte. Sie kann es aber nicht, weil sie keinen guten Job hat und nicht ganz gesund ist. Sie kann es nicht. Das ist kein Erziehungsding.

GERD Wir hören uns Marcs Pläne einfach schon ein Weilchen länger an.

BETTINE Es geht nicht ums Geld.

MARC Nein, es geht um ein verficktes Erziehungsding.

GERD Wenn deine Freundin sachlich bleiben kann, kannst du es auch.

MARC Wie wäre es, wenn ihr mir einfach vertraut?

BETTINE Ihr solltet zusammenziehen. Das ist gut. Das stellen wir auch nicht in Frage. Nur damit ihr uns nicht falsch versteht.

MARC Okay?

GERD Finde ich auch.

MARC Und wo ist das Problem?

GERD Es gibt keines. *(zu Selma)* Wie viel Geld kannst du aufbringen?

SELMA Um die Sechshundert.

GERD *(zu Marc)* So viel bekommst du auch. Drei Monate. Danach verdienst du selbst etwas oder machst eine Ausbildung.

Pause.

MARC Okay.

BETTINE Darauf trinken wir.

Sie trinken.

SELMA Ich muss jetzt los, ich werde auch langsam etwas müde.

MARC Ich bringe dich nach Hause.

BETTINE Kannst du noch fahren?

SELMA Meine Mutter hat auch immer Angst.

Bettine umarmt Selma.

BETTINE Ich freue mich für euch.

GERD *(zu Marc)* Ich kann mich im Betrieb wegen eines Jobs umhören.

MARC Das musst du nicht, Gerd.

Black.

2. AKT

1. SZENE

Zwei Wochen später. Wohnung Bettine. Bettine und Katrin. Gerd im Hintergrund.

KATRIN Haben die beiden nun eine Wohnung gefunden?

BETTINE In der letzten Zeit war davon nicht mehr die Rede. Das muss aber nichts heißen. Marc ist nur noch unterwegs und Selma hat er nicht mehr mitgebracht.

KATRIN Dafür kommen sie heute.

BETTINE Ich bin froh, dass sie mitkommt. Ich will wissen, wie sie das alles schafft, sie macht die Abendschule, arbeitet in einer Kneipe und am Wochenende in einem Callcenter. Und sie kümmert sich um ihre Mutter. Ein Riesenprogramm.

KATRIN Das kommt vor bei Leuten mit wenig Geld.

BETTINE Ich hoffe nur, dass Marc mithilft und nicht alles an ihr hängenbleibt, wenn sie zusammenwohnen. Aber so lernt er es am besten. Sie wirkt nicht wie jemand, der sich viel gefallen lässt.

KATRIN Etwas Besseres hätte ihm gar nicht passieren können.

GERD *(ruft von draußen)* Noch zehn Minuten!

BETTINE Sie ist schon so ... reif, zumindest nach dem ersten Eindruck.

KATRIN Sie beschäftigt dich.

BETTINE Natürlich.

KATRIN Worüber machst du dir Sorgen? Sag schon.

BETTINE Ich mache mir keine Sorgen. Ich frage mich lediglich, was es mit Marc machen wird, wenn er mit so einem Lebensmodell konfrontiert ist. Jemand, der Verantwortung hat, der jeden Cent umdrehen muss, jemand, der einfach funktionieren muss, damit der Laden läuft. Er muss von ihr lernen, was es bedeutet, wenn man nicht einfach aussteigen kann. Wenn es kein Hinterland gibt. Und natürlich ist es auch die Frage, was es für sie bedeutet, mit jemandem zu leben, der ein sicheres Hinterland hat. Das ist bestimmt nicht einfach.

KATRIN Wäre dir eine Medizinstudentin aus reichem Elternhaus lieber gewesen?

BETTINE Wie kommst du jetzt darauf?

KATRIN Könnte man raushören.

BETTINE Ich rede nur davon, dass er so verschlossen ist in der letzten Zeit. Ich weiß nicht, was er hat.

KATRIN Was erwartest du denn? Dass er erzählt, wie es im Kindergarten war?

BETTINE Wieso ergreifst du immer seine Partei?

KATRIN Weil man mit dir über nichts anderes mehr reden kann.

BETTINE Das ist doch Quatsch.

KATRIN Ich sage nur, dass euch das alles nichts angeht. Und wenn es euch belastet, dass das Mädchen ihr Geld selbst verdienen muss, dann bezahlt ihnen einfach die Miete.

BETTINE Das würde Selma sicher nicht wollen.

KATRIN Dann gebt Marc eben kein Geld dazu.

Gerd kommt.

GERD Er bekommt drei Monate Geld, dann ist er selbst verantwortlich.

KATRIN Hahn auf, Hahn zu, Hauptsache, ihr behaltet die Kontrolle.

GERD Was sollten wir deiner Meinung nach tun?

KATRIN Zur Abwechslung mal nichts.

GERD Die Ente muss gleich aus dem Ofen. Rufst du ihn bitte an?

BETTINE Ich will nicht drängeln.

GERD Ich verlange nicht viel von meinem Sohn, praktisch gar nichts. Nur heute Abend habe ich darum gebeten, dass er mit seiner Angebeteten pünktlich kommt, um ein Festessen serviert zu bekommen. Das muss möglich sein.

BETTINE Lass ihnen das akademische Viertel.

Gerd geht.

Okay, Katrin, wenn du es nicht schaffst, einmal meine Seite zu sehen, dann lassen wir es einfach.

KATRIN Jetzt sei nicht so empfindlich.

BETTINE Du machst auch nicht alles richtig.

KATRIN Habe ich auch nie behauptet. Meine Jungs waren schwierig und irgendwann haben sie sich gefangen.

BETTINE Glückwunsch.

KATRIN Du willst mich falsch verstehen, oder?

BETTINE Ja, du hast sie alleine aufgezogen, ohne Geld, ohne Mann, das weiß ich alles. Alle vier Jahre das Land zu wechseln, ist auch nicht leicht.

KATRIN Ich sage nicht, dass du etwas falsch gemacht hast.

BETTINE Klingt aber so.

KATRIN Letztlich hast du doch überhaupt kein Problem. Ich könnte dir eine Menge Leute vorstellen, die wirklich Probleme haben.

BETTINE Und ich steigere mich in etwas hinein, weil ich eine dumme, unterbeschäftigte, überprivilegierte Hausfrau bin, die sonst keine Hobbys hat.

KATRIN Was ist denn los mit dir?

BETTINE Ich bin keine coole Mutti, ich kann den beiden nicht erzählen, dass ich in einer Motorradgang war, ich war schließlich nur ein doofes, braves Hippiemädchen.

Katrin lacht.

KATRIN Da saßen ein paar alte Kumpels mit am Tisch, als sie auf dem Fest waren. Deswegen regst du dich auf?

BETTINE Nein. Kommt mir nur komisch vor, dass du so genau weißt, wie sich Teenager fühlen. Ist bei dir schließlich noch ein bisschen länger her als bei mir, oder?

KATRIN Hör auf, okay? Niemand ist gegen dich. Ich bin nicht gegen dich.

Pause.

BETTINE Mir fällt es einfach so unglaublich schwer, ihn gehen zu lassen.

KATRIN Weiß ich doch.

Gerd kommt.

GERD Hast du ihn angerufen?

BETTINE Nein! Wenn sie später kommen, essen wir eben ein paar Minuten später.

GERD Dann ist das Fleisch trocken.

BETTINE Mein Gott! Dann begießt du es eben.

GERD Was ist denn jetzt schon wieder los.

KATRIN Wir reden über Marcs Pläne.

GERD Was gibt es da zu reden? Wir sind nicht mehr zuständig. Er zieht aus und muss sehen, wie er zurechtkommt.

BETTINE Du hast dich noch nie zuständig gefühlt.

GERD Was mache ich hier gerade? Ich koche für euch, meinen Sohn und seine Freundin. Ich tue alles, damit wir einen schönen, festlichen Abend haben. Entspannte Atmosphäre, drei Gänge. Und wenn es Marc schafft, hier irgendwann aufzutauchen ...

BETTINE Fang nicht schon wieder damit an.

GERD Was sage ich denn?

BETTINE Merkst du das nicht?

GERD Nein, ich bin ein dummer, unsensibler Mann, ich merke nie etwas. Das müsstest du langsam wissen.

KATRIN Ist gut, ja? Kommt mal runter, alle beide.

GERD Gottseidank haben wir einen Schiedsrichter.

KATRIN Sowas braucht ihr nicht.

GERD Sondern?

KATRIN Das müsst ihr schon selber wissen.

GERD Einen Paartherapeuten?

KATRIN Vielleicht reicht ein Urlaub.

GERD Meine Rede. Aber sie will nicht.

BETTINE Wie soll ich mich in einem Urlaub mit dir erholen? Du stellst die ganze Zeit nur Forderungen, machst Druck, bewertest mein Verhalten, hast ununterbrochen Verbesserungsvorschläge, das hilft nicht, wenn man müde und erschöpft ist.

GERD Wovon bist du denn erschöpft? Das kapiere ich einfach nicht. Unser Sohn ist erwachsen, wir haben eine Putzfrau, keine Geldsorgen, weil ich genug verdiene ... als du noch gearbeitet hast, warst du entspannter.

BETTINE Das ist eine solche Unverschämtheit!

KATRIN Was sind das denn für Machosprüche?

GERD Ein Macho, der drei Gänge kocht, während die unterdrückte Damenwelt Longdrinks kippt?

BETTINE Gerd, das Fleisch wird trocken.

GERD Ich gehe schon.

BETTINE Übrigens habe ich auch Geld verdient, das hast nicht du alleine aufgebaut. Man kann auch mal „Wir" sagen, gerade am Hochzeitstag.

GERD Ich habe nicht mit dem Streit angefangen. Ich weiß nicht mal, worum es geht. Ich habe keine Probleme. Und die Probleme, die ich mit meinem Sohn hatte, lösen sich gerade in Wohlgefallen auf. Es imponiert mir, dass er mit einem toughen Mädchen zusammen ist. Wenn ihn jemand motivieren kann, dann sie. Irgendwann fällt ihm vielleicht auf, dass sie ihren Führerschein schon geschafft hat. Oder dass das dreckige Geschirr nicht von Heinzelmännchen gespült wird. Sie soll ihn durch ihr leuchtendes Beispiel mürbe machen. Hoffen wir, dass mein Sohn es nicht versaut. Den ich im Übrigen für einen talentierten und vielversprechenden Menschen halte.

2. SZENE

Marc kommt, er wirkt aufgewühlt.

BETTINE Was ist los? Wo ist Selma?

MARC Sie kommt nicht.

GERD Sie weiß aber, dass es um ein Essen zum Hochzeitstag geht?

MARC Ja. Aber sie ist nicht da.

GERD Wie jetzt? Kommt einfach nicht, oder was?

MARC Nein, kommt nicht.

GERD Im Ernst jetzt? Du kommst zu spät, deine Freundin hat es anscheinend nicht nötig, hier aufzutauchen ...

KATRIN Lass mal, Gerd.

BETTINE Ist was passiert?

MARC Könnt ihr mich bitte alle in Ruhe lassen?

Gerd geht nach draußen.

BETTINE Dieser Abend war ihm wichtig ...

MARC Scheiße, das weiß ich!

BETTINE Kannst du dann bitte nach ihm sehen und das klären?

MARC Ja, gleich.

BETTINE Jetzt!

MARC Ich habe gesagt, ich mache es!

Bettine steht auf.

BETTINE Ich verlasse mich auf dich.

Bettine geht. Pause.

KATRIN War das jetzt nötig? Sie haben sich auf den Abend gefreut. Beide.

MARC Selma ist schwanger.

KATRIN Warum bist du dann hier?

MARC Weil sie ausgerastet ist. Total. Ich habe versucht, sie zu trösten ...

KATRIN ... zu trösten?

MARC ... bei ihr sein, sie unterstützen ... fuck ... aber sie ist durchgedreht, frag nicht wie ... mich hat das auch total überrascht, ich hab es echt nicht geglaubt. Wer rechnet denn mit sowas, sonst hätte ich mich vorher informiert ... aber das wollte sie nicht.

KATRIN Deine Freundin erfährt, dass sie schwanger ist, und du fängst an, Abtreibung zu googeln? Kann ich mir das etwa so vorstellen?

MARC Nein, natürlich nicht!

KATRIN Wie denkt sie denn darüber?

MARC Keine Ahnung, sie wollte vorher nie darüber reden, sie hat immer nur Jokes gemacht. Sonst hat sie immer alles im Griff, aber heute ...

KATRIN Hältst du es wirklich für eine gute Idee, hier aufzutauchen?

MARC Sie wollte allein sein, hat mich weggeschickt, keine Chance. Du musst mir helfen. Ich weiß nicht, wen ich sonst fragen könnte. Bei Abtreibung kommen nur Seiten mit tapferen Frauen, die sich zu Klaviermusik für das Kind entscheiden.

KATRIN Was willst du genau wissen?

MARC Wie geht das weiter?

KATRIN Habt ihr das nicht in der Schule gemacht?

MARC Aber doch nicht diese Psychonummer.

KATRIN Willst du jetzt wissen, wie du mit Selma klarkommst oder wie eine Abtreibung läuft?

MARC Ja, das alles.

KATRIN Du hast Nerven.

MARC Können wir nicht einfach gehen und das anderswo bereden? Bevor die wiederkommen? Sie dürfen das nicht wissen.

KATRIN Du musst es ihnen sagen, Marc.

MARC Bloß nicht.

KATRIN Ich kann das nicht hinter ihrem Rücken mit dir klären. Sag es ihnen und ich sorge dafür, dass sie dich in Ruhe lassen.

MARC Aber du hilfst mir.

KATRIN Klar.

MARC Ich kann ihnen das nicht sagen.

KATRIN Dann rede ich mit ihnen. Und du versuchst Selma zu erreichen.

MARC Sie hat ihr Handy abgeschaltet.

KATRIN Du hättest bei ihr bleiben sollen.

MARC Sie ist abgehauen. Was hättest du gemacht?

KATRIN Schnauze halten und hinterhergehen. Egal, was sie sagt.

MARC Ich bin draußen, ich komme nicht mehr mit.

KATRIN Sie ist in einer Scheißsituation, versteh das bitte.

MARC Klar. Ist klar.

Bettine kommt.

BETTINE Wolltest du nicht was klären, Marc?

MARC Lässt du uns noch fünf Minuten?

BETTINE Wie?

KATRIN Nein, ist okay. Wir müssen was besprechen.

MARC Ich gehe duschen.

Marc ab. Stille.

KATRIN Selma hat heute einen Test gemacht, sie ist schwanger.

Stille.

BETTINE Warum spricht er zuerst mit dir?

KATRIN Egal. Ich habe ihm gesagt, dass ihr das wissen müsst. Er ist komplett überfordert, sie hatten wohl Krach und jetzt weiß er nicht weiter.

Bettine will Marc hinterhergehen.

Bitte lass ihm einen Moment. Wir sollten ihnen alle Informationen geben, die sie brauchen, und sie ansonsten machen lassen.

Gerd kommt.

GERD Er hat es versaut, ich hab es gewusst.

KATRIN Wir sollten uns nicht einmischen, das ist eine Sache zwischen den beiden. Die sollen sich zuerst wieder zusammenraufen und beruhigen, jetzt sind sie panisch, aber wir reagieren nur, wenn wir gefragt werden. Das wäre mein Vorschlag. Und vor allem solltet ihr auch versuchen, Ruhe zu bewahren.

BETTINE Entschuldige, warum sagst du mir, was ich tun und lassen soll? Darf ich das als seine Mutter bitte selbst entscheiden?

KATRIN Es geht gerade nicht um gekränkte Eitelkeiten.

BETTINE Nein, um Zuständigkeiten. Und du bist hier nicht zuständig. Wenn er hierher kommt, will er mit mir sprechen und ich verstehe nicht, wieso du dich da einmischst.

KATRIN Er wollte mit mir sprechen. Ich habe gesagt, ihr müsst das wissen. Also kein Grund, mir Vorwürfe zu machen. Er will das alleine klären und das verstehe ich sehr gut.

BETTINE Dann sind deine Loyalitäten ja klar.

GERD Das bringt uns wirklich nicht weiter, Betty.

KATRIN Ich habe mir diese Position nicht ausgesucht.

BETTINE Du bist seine Tante, nicht seine Freundin und du bist vor allem nicht seine Mutter. Ich glaube aber, dass er jetzt seine Eltern braucht. Die nicht ganz so blöd sind, wie du vielleicht denkst.

KATRIN Ist das ein Rauswurf?

BETTINE Ich denke nur, dass wir das ohne dich schaffen.

KATRIN Du kämpfst gerade auf dem komplett falschen Schlachtfeld.

BETTINE Aber ich kämpfe wenigstens auf heimischem Boden. Ich rufe dich an.

Katrin geht.

GERD War das nötig?

BETTINE Merkst du nicht, wie übergriffig Katrin ist?

GERD Euer Schwesternzirkus ist gerade nicht auf Platz eins der Problemliste, sondern die Tatsache, dass das Erste, was Marc in seinem Leben zustande bringt, ein Kind ist. Können wir uns darauf konzentrieren? Vor allem, weil er es wohl auch noch geschafft hat, es sich mit der Mutter dieses Kindes zu verscherzen.

BETTINE Du wirst ihm keine Vorwürfe machen, du wirst ihm vermitteln, dass wir für ihn da sind und ihm helfen. Du wirst versuchen, nicht sarkastisch zu sein, du wirst ihn nicht bewerten. Kann ich mich da auf dich verlassen?

GERD Ich kann auch rausgehen, wenn du alleine mit ihm reden willst.

BETTINE Nein, er braucht jetzt uns beide.

3. SZENE

Marc kommt im Bademantel.

MARC Wo ist Katrin?

Bettine umarmt ihn.

GERD Sie wollte nicht weiter stören.

BETTINE Geht es dir ein bisschen besser?

MARC Du hast Nerven.

GERD Wir geben dir keine Schuld, okay?

BETTINE Wir gehen das in aller Ruhe an.

GERD Es ist für dich gerade ein Albtraum, da gibt es nichts zu beschönigen. Vielleicht hilft es aber, sich zu sagen, dass es keine unlösbare Situation ist. Und auch keine besonders ungewöhnliche. Jetzt muss man Problemlösungsstrategien entwickeln.

BETTINE Du musst das nicht mit uns besprechen, wenn du nicht willst. Du wolltest nicht, dass wir das wissen, das respektieren wir. Du kannst das besprechen, mit wem du willst. Du kannst auch Katrin anrufen, wenn dir das lieber ist. Wichtig ist, dass du eine Entscheidung fällst.

GERD Gehen wir es sachlich an, ich stelle dir einfache Fragen. Ist nur ein Vorschlag. Also, sie hat diesen Test gemacht und ihr hattet Streit, stimmt das?

MARC Ja, aber darüber will ich nicht reden.

BETTINE Musst du nicht.

GERD Dann bist du gegangen.

MARC Ich weiß, ich hätte bleiben sollen. Und jetzt erreiche ich sie nicht mehr.

GERD Kann sein, dass sie zuhause ist?

MARC Ich habe keine Festnetznummer.

GERD Aber es wäre möglich?

MARC Was gibt das jetzt?

GERD Kennst du ihre Mutter? Wie schätzt du sie ein?

MARC Sie ist nett, ein bisschen schräg.

GERD Wer kann Selma klarmachen, dass das alles lösbar ist?

MARC Wie?

BETTINE Ich glaube, es ist wichtig, dass Selma weiß, dass alle für sie da sind. Das Schlimmste in so einer Situation ist das Gefühl, alleine zu sein.

MARC Ich habe sie nicht alleine gelassen!

BETTINE Nein, natürlich nicht. Aber du solltest heute noch mit ihr reden. Vielleicht hilft es ihr, mit dir alleine zu sprechen, vielleicht braucht sie ein Gespräch mit Erwachsenen, die sie beraten können und Hilfe anbieten. Manchmal sind das

Kleinigkeiten: zu wissen, dass jemand das alles bezahlt, gute Ärzte kennt oder einfach nur da ist.

GERD Vorschlag: Wir fahren dich zu ihr, du sprichst mit ihr. Wenn du das Gefühl hast, es hilft, wenn wir dabei sind, musst du es sagen, ansonsten gehen wir sofort wieder. Oder wenn es hilft, dass wir mit der Mutter sprechen. Wir stehen zur Verfügung, aber ein Wink genügt und wir sind weg.

Marc überlegt.

BETTINE Das musst du entscheiden, du sollst nur wissen, und sie auch, dass wir für euch da sind.

MARC Ich ziehe mir was an.

BETTINE Das kriegen wir alles schon hin.

Marc geht.

BETTINE Danke, Gerd.

GERD Wie gehen wir vor?

BETTINE Kommt darauf an, wie ihre Mutter reagiert.

GERD Wir mischen uns nur ein, wenn es nötig ist, aber wir müssen alle Faktoren kennen.

BETTINE Vor allem Ruhe ausstrahlen.

GERD Du machst das sehr gut.

Marc kommt wieder.

MARC Wir können.

4. SZENE

Wohnung Heidrun. Marc, Bettine und Gerd kommen zu Heidrun.

HEIDRUN Hallo, Marc ... wollen Sie zu mir? Oder ... ist denn was?

MARC Ist Selma da?

HEIDRUN Nein. Ist was mir ihr?

GERD Entschuldigung. Wir sind Marcs Eltern. Wir wollten ihn nur vorbeibringen.

HEIDRUN Ich bin Selmas Mutter.

BETTINE Freut mich.

HEIDRUN Ist was passiert?

MARC Weißt du, wo sie ist?

HEIDRUN Sie hat vor einer Stunde angerufen, dass sie ins Kino geht. Ich dachte, mit dir.

MARC In welches Kino?

HEIDRUN Wo ihr immer hingeht.

MARC Okay, dann hole ich sie da ab.
HEIDRUN Also ich verstehe nicht ... habe ich was nicht mitgekriegt?
BETTINE Alles gut. Einen schönen Abend noch.
MARC Wir müssen los, okay?
BETTINE Ja, natürlich.
MARC Okay?
GERD Ja, klar. Wir auch.
Marc geht eilig.
GERD Hat uns gefreut, Sie kennenzulernen.
HEIDRUN Wollen sie vielleicht kurz reinkommen?
GERD Wir haben leider nur ganz wenig Zeit.
HEIDRUN Wenn Sie schon mal da sind.
GERD Einen kurzen Moment vielleicht.
Sie setzen sich.
HEIDRUN Tut mir leid, dass es hier so aussieht.
GERD Nein, das ist sehr gemütlich.
BETTINE Wir mögen Selma sehr.
HEIDRUN Freut mich.
GERD Wir kennen sie leider nur flüchtig.
HEIDRUN Es ist aber alles in Ordnung, oder? Ist nichts passiert, oder?
GERD Das wird schon alles.
BETTINE Wir sollten wirklich gehen, Gerd.
Bettine steht auf.
HEIDRUN Ich bin froh, dass Selma jetzt Marc hat, ich hatte immer Angst, wenn sie alleine da draußen unterwegs ist.
GERD Kann ich verstehen. Und wenn mal irgendetwas sein sollte, sind wir natürlich immer für sie da, also für beide, auch finanziell.
Heidrun sieht Gerd völlig verständnislos an, Bettine setzt sich wieder.
HEIDRUN Was meinen Sie denn?
GERD Also nur für alle Fälle.
HEIDRUN Es ist doch etwas passiert, oder?
BETTINE Nein.
GERD Ich meinte das nur generell.
HEIDRUN Sagen Sie mir bitte, was los ist?
BETTINE Kein Grund zur Aufregung.
HEIDRUN Hatte sie einen Unfall?
BETTINE Nein.

HEIDRUN Was ist los!
BETTINE Mein Mann hat nur ...
HEIDRUN Was!
Pause.
BETTINE Es ist nichts Schlimmes passiert.
HEIDRUN Aber was!
BETTINE Also. Selma ist ja nun schwanger. Wir haben das auch vorhin erst von unserem Sohn erfahren.
Heidrun nickt. Stille.
Wir helfen, wo wir können. Mehr wollten wir nicht sagen.
GERD Vielleicht geben wir Ihnen einfach unsere Nummer und bleiben in Kontakt.
BETTINE Wir gehen besser, damit Sie das gleich mit ihrer Tochter besprechen können.
GERD Vielleicht hat sie auch schon einen Plan.
HEIDRUN Sie ist im Kino.
GERD Man kann immer Pläne machen.
BETTINE Wie auch immer.
GERD Sie ist ein großes Mädchen. Ist sie doch, oder? Also sehr ... zielorientiert.
HEIDRUN Was?
GERD Zielorientiert.
HEIDRUN Was meinen Sie jetzt mit zielorientiert?
GERD Das ist in diesem Fall vielleicht das falsche Wort.
BETTINE Das glaube ich auch.
Stille.
Wir wollten Sie damit nicht überfallen. Es tut mir auch leid, dass Sie das von uns erfahren und nicht von ihr persönlich. Ich bin mir sicher, Selma wollte nur den richtigen Zeitpunkt abwarten.
HEIDRUN Sie ist sehr stark. Fürsorglich. Und stark. Ein starkes Mädchen, sie lässt sich von keinem etwas sagen, von mir schon gar nicht, aber das ist wichtig, ich habe mir immer etwas sagen lassen, von allen, von meiner Mutter, das ist nicht immer schlecht, aber auch nicht immer gut. Man darf den Kindern nicht alles vorschreiben. Und bei Selma war das schon so, als sie klein war, sie hatte immer einen Dickkopf, aber das war gut, sie hat sich nie in Gefahr gebracht, hat immer aufgepasst, auch als ich krank war, ich konnte nichts machen, der Haushalt, und es ist alles knapp, also es reicht, sie schafft das alles, das ist nicht schön, aber was soll man machen, die Dinge kommen, wie sie kommen.

BETTINE Ja, das tun sie.

HEIDRUN Was?

BETTINE Die Dinge. Kommen, wie sie kommen.

HEIDRUN Eben. Und das macht sie gut. Ihre Ausbildung. Und die Abendschule. Das schafft sie schon.

GERD Da bin ich mir ganz sicher.

HEIDRUN Nicht wahr? Sie ist eine alte Seele, wissen Sie das? Ich habe das schon bemerkt, als man sie mir in den Arm gelegt hat. Das sieht man in den Augen. Das sind Augen, die schon vieles gesehen haben. Und deshalb ... entschuldigen Sie, ich bin etwas durcheinander. Sie wird schon das Richtige machen, da bin ich mir ganz sicher. Oder?

Kurze Stille.

BETTINE Sie sollte einfach nur in Ruhe nachdenken und wissen, dass sie nicht alleine ist.

5. SZENE

Selma und Marc kommen. Bettine und Gerd stehen auf.

MARC Was macht ihr noch hier?

GERD Wir wollten gerade gehen.

Heidrun geht zu Selma und will sie umarmen, Selma weicht einen Schritt zurück.

BETTINE Aber wenn wir schon alle zusammen sind ...

SELMA Gehen Sie bitte.

BETTINE ... könnten wir gemeinsam überlegen, wie es weitergeht. Oder?

MARC Habt ihr nicht gehört? Ihr sollt gehen!

GERD Marc, beruhige dich bitte.

MARC Jetzt!

SELMA Lassen Sie uns bitte alleine, ja?

HEIDRUN Selma, wie redest du denn mit den Leuten.

SELMA Alles gut, Mama, sie gehen jetzt.

GERD Ich möchte vielleicht noch kurz erklären ...

MARC Hört ihr schwer!

SELMA Marc, hör auf rumzubrüllen.

BETTINE Wir gehen, keine Sorge. *(zu Heidrun)* Soll ich Ihnen noch kurz meine Nummer aufschreiben?

SELMA Ich bitte Sie zu gehen. Können Sie das nicht respektieren?

HEIDRUN Selma, reg dich nicht auf, mein Schatz, nicht aufregen.

SELMA Ich bin ganz ruhig, Mamutschka, alles gut.

HEIDRUN Wir müssen nicht streiten, keiner muss streiten.

SELMA Ich streite nicht, ich will nur, dass sie gehen.

GERD Wir sind schon weg.

Bettine und Gerd gehen. Heidrun geht noch einmal zu Selma, umarmt sie.

SELMA Warum hast du mir das nicht gesagt?

MARC Ich wusste nicht, dass sie noch da sind. Wirklich nicht.

SELMA Ich will fünf Minuten an die frische Luft. Ich muss raus, muss mich kurz sortieren. Bleibst du kurz bei ihr?

MARC Darf ich dich begleiten?

SELMA Kannst du tun, was ich dir sage? Fünf Minuten bei ihr bleiben? Kann ich bitte kurz nach draußen? Geht das?

MARC Ja, klar.

Selma geht. Stille.

HEIDRUN Man muss nicht bei mir bleiben, das ist so eine Idee von ihr. Es geht um euch. Für euch ist es schwierig, nicht für mich.

MARC Das mit meinen Eltern ...

HEIDRUN Sie sind sehr nett, glaube ich. Ja, nett, dachte ich so.

Stille.

Wenn du unruhig bist, geh einfach.

MARC Nein, bitte, ich werde hierbleiben, ich habe Selma heute schon so oft verärgert, deshalb möchte ich nur das tun, was sie jetzt von mir erwartet.

HEIDRUN Irgendwie habe ich das geahnt, eigentlich überrascht mich das nicht.

MARC Wieso?

HEIDRUN Ich spüre sowas.

MARC Okay.

HEIDRUN Weil alles so gut lief für Selma, weil sie das so gut macht und an so viel denken muss, damit sie weiterkommt, und ich bin immer so erstaunt, wie leicht ihr das fällt. Sie sagt einfach, da will ich hin und dann macht sie das. Aber das Leben hat immer auch einen anderen Plan, ob es einem passt oder nicht. Deshalb habe ich immer so Angst, wenn sie da draußen unterwegs ist. Dass es zu gut läuft. Dass das nicht so bleiben kann. Verstehst du?

MARC Sorry, ich bin gerade ein bisschen unkonzentriert

Stille.

HEIDRUN Wie alt bist du?

MARC 19.

HEIDRUN Ich war 18. Dabei waren wir gar nicht mehr zusammen, ich hatte Schluss gemacht, er ist mir eines Abends hinterher, geheult, gebettelt, stinksauer, ich bin hart geblieben, einmal noch, bitte, das war da draußen in Brökel, ich die Straße runter und er mit der Karre nebenher, richtig reingesteigert hat er sich, dass er nochmal mit mir will, dann würde er auch abhauen, Schiss hab ich gekriegt, bin ich eben mit ihm in einen Hauseingang, damit er Ruhe gibt, ich habe ihm gesagt, dass er aufpassen soll, das konnte er sonst auch ganz gut, ich habe die Pille nicht vertragen, ich glaube, der wollte das so, ist nicht rechtzeitig raus, dann Hose zu und sofort losgebraust mit Stinkefinger und da stehe ich dann in Brökel und es läuft mir die Beine runter. Ich bin dann immer so gehüpft auf dem Nachhauseweg, weil ich dachte, dann läuft alles raus, so blöd war ich da, aber nein, das war ja Selma und ihn habe ich nicht wiedergesehen, selber Schuld heißt es dann und meine Mutter, nur Krach, nur Schreierei, wegmachen lassen, sofort, ich hatte schon einen Termin, aber dann bin ich ausgebüxt, wollte das nicht ... das war nicht so wie bei euch, da hat sich keiner gekümmert, als ich schwanger war nicht, später auch nicht, das ist kein Kind der Liebe, das ist ein Kind der Angst. Nein, das stimmt auch nicht ... aber wenn da einer mit einem Motorrad neben einem herfährt, mit 17? Aber sonst hätte ich Selma nicht. Warum erzähle ich dir das? Ist ganz anders mit euch, ganz anders und dann passieren eben solche Sachen, vielleicht hat man da gar nicht so richtig eine Wahl im Leben, das denkt man immer nur.

Stille. Selma kommt.

HEIDRUN Lass dich mal drücken, mein Schatz.

SELMA Mamutschka, kannst du mich bitte kurz lassen?

HEIDRUN Du darfst nicht traurig sein.

SELMA Bin ich nicht.

MARC Ich wollte das nicht.

SELMA Ich habe es dir gesagt. Ich habe es dir noch auf der Treppe unten gesagt, dass ... und du schickst mir deine Eltern auf den Hals.

HEIDRUN Warum streitet ihr?

MARC Ich wusste nicht, dass sie noch da sind. Ich wollte noch nicht mal, dass sie das wissen.

SELMA Was bist du? Ein ferngesteuerter Zombie?

MARC Ich kann das erklären.

HEIDRUN Du hättest mir das gesagt, oder? Das muss ich schließlich wissen, damit ich mich um dich kümmern kann.

SELMA Ja, Mamuschtka. Marc, ich hab jetzt wirklich keine Zeit mehr für dich.

MARC Treffen wir uns später?

SELMA Nein, du bist keine Hilfe, wirklich nicht. Gehst du bitte?

MARC Diesmal bleibe ich.

SELMA Werd endlich erwachsen.

MARC Selma ...

SELMA Lass mich in Ruhe!

HEIDRUN Wir müssen jetzt ruhig bleiben, wir müssen das in Ruhe klären.

SELMA Wir klären jetzt gar nichts.

MARC Kommst du einen Moment mit vor die Tür?

SELMA Tschüs.

Marc geht.

HEIDRUN Du darfst keine bösen Gedanken haben, das ist nicht gut für das Kind.

SELMA Ich bin müde

HEIDRUN Geht es dir gut?

SELMA Frag das nicht immer.

HEIDRUN Du hättest es mir gesagt.

SELMA Du bist meine Mamutschka, oder?

3. AKT

1. SZENE

Wohnung Bettine. Katrin und Bettine, der nächste Morgen. Katrin am Handy, sie legt auf.

KATRIN Ich probiere es später nochmal. Das wird sich alles klären.

BETTINE Bitte, versuch nicht mich mit irgendwelchen Phrasen abzuspeisen. Ich habe ein massives Problem, würdest du das bitte zur Kenntnis nehmen? Mein Sohn hat mich bedroht, körperlich bedroht, mit einem Baseballschläger. Rede das nicht klein!

KATRIN Tue ich nicht. Aber ich bin mir sicher, dass er dich nie geschlagen hätte, egal, wie wütend er war.

BETTINE Hast du dir den Wagen angesehen? Um so eine Frontscheibe einzuschlagen, braucht man eine Menge Kraft. Ich habe es gesehen in seinen Augen, wie ein Amokläufer, er war gar nicht mehr bei sich, das war nackter Wahnsinn, ich habe ihn angefleht zu bleiben, alles am Morgen zu klären, aber er hat mich gar nicht gehört, hat nur diesen Scheißbaseballschläger von der Wand gerissen und mich angebrüllt, dass ich aus dem Weg gehen soll. Was hätte ich denn machen sollen?

KATRIN Du hast nichts falsch gemacht.

BETTINE Ich wollte ihn so nicht gehen lassen, in diesem Zustand. Dann hat er ausgeholt und hat seine Lampe zerschlagen ... ich habe sofort die Tür freigegeben.

KATRIN Das war richtig.

BETTINE Ich bin so froh, dass Gerd da noch nicht wach war, ich weiß nicht, was er gemacht hätte. Und dann habe ich nur noch gehört, wie draußen Glas splittert. Da ist Gerd wach geworden, er wollte ihm hinterher, aber ich wollte das nicht ... was da noch hätte passieren können. Gottseidank hat er diesen Schläger in den Vorgarten geworfen. Den hat er zu seinem 13. bekommen, weil er ihn sich so gewünscht hat, und jetzt ...

Katrin umarmt Bettine.

KATRIN Du solltest versuchen ...

BETTINE Und ich werde mich nicht beruhigen. Nicht, solange ich nichts weiß ... ich habe ihn erzogen, ich habe viel für ihn aufgegeben, alles für ihn getan und das ist das Resultat, ein Sohn, der mich nicht erträgt, der mich am liebsten niedergeschlagen hätte und mich für alles verantwortlich macht, wie alle, du auch, das ist schließlich einfach, natürlich, die Mutter, wer sonst ... weil es Gerd nie geschafft hat, eine wirkliche Beziehung zu seinem Sohn aufzubauen, auch wenn er das immer denkt und vor sich herträgt, weil er seine Ignoranz für respektvollen Abstand hält ... ich habe gesagt, dass wir zurückgehen, weil der Junge jeden Abend zugekifft nach Hause kam in Florham Park wegen dieser verwahrlosten rich kids, denen er hinterhergelaufen ist, ich habe entschieden, dass ich aufhöre zu arbeiten, bis er wieder in der Spur ist, und das ist auch wieder falsch.

KATRIN Niemand wirft dir das vor. Ich habe nur gesagt, dass ihr besser nicht dahin gegangen wärt.

BETTINE Ja, mein Gott, die Frau hat uns hereingebeten, sollen wir da unhöflich sein? Dann hat sich Gerd verplappert, weil er den Wohltäter spielen wollte oder was weiß ich. Natürlich war das idiotisch. Aber daran kann es ja wohl nicht liegen. Und wir haben uns Marc nicht aufgedrängt, wir haben ganz offen mit ihm gesprochen. Er wollte das. Er wollte unsere Hilfe.

KATRIN Hör auf, das bringt nichts.

BETTINE Jetzt ist er weg, er hat seinen Ausweis, Klamotten und etwas Geld. Nur sein Ladekabel nicht, wahrscheinlich springt deshalb nur seine Mailbox an.

KATRIN Sowas kann man nachkaufen, wenn man erreichbar sein will.

BETTINE So etwas macht er nicht.

KATRIN Was ist mit Selma?

BETTINE Bei ihr ist er nicht, da bin ich mir ziemlich sicher.

KATRIN Vielleicht weiß sie trotzdem was.

BETTINE Ich habe keine Nummer von ihr. Ich fahre heute Nachmittag vorbei, falls er sich bis dahin nicht gemeldet hat.

KATRIN Soll ich das machen?

BETTINE Wir haben immer versucht, ihm mit Respekt und Vertrauen zu begegnen, wir haben alles, was zu klären war, mit ihm diskutiert, wir haben unsere Entscheidungen immer begründet. Wir haben auch Fehler gemacht, keine Frage, aber dann haben wir sie später auch eingestanden. Warum endet es so? Das kann nicht die natürliche Konsequenz unserer Erziehung sein.

KATRIN Hör auf, nach Gründen zu suchen.

Gerd kommt.

BETTINE Aber es muss welche geben. Natürlich gab es Konflikte mit Gerd, aber das ist doch normal, oder? Wenn Jungs erwachsen werden, müssen sie auf der Lichtung mit dem Leittier um die Rangordnung kämpfen. Haben das deine Jungs nicht gemacht?

KATRIN Nicht mit dem leiblichen Vater.

BETTINE Aber mit den Männern, mit denen du zusammen warst, oder?

KATRIN Natürlich kracht es, wenn du pubertierende Jungs hast. Natürlich haben sie Scheiße gebaut, nicht zu knapp.

GERD Aber warum haben deine Stipendien und Auslandssemester, während meiner gerade auf dem Weg in die Fremdenlegion ist oder nach Syrien oder, was weiß ich, wohin man heute abhaut?

KATRIN Der kann in einer Stunde wieder da sein und dann bekommt er es in den Griff. Oder er ist bei Selma und sie klären das. Ohne euch.

GERD Hast du eine Theorie?

KATRIN Der ist bald wieder da.

GERD Wo soll er auch hin, er kennt doch niemanden außerhalb der Stadt.

BETTINE Versuchst du bitte nochmal Timo zu erreichen?

Katrin wählt eine Nummer.

GERD Kannst du deinem Sohn sagen, dass er ihm ins Gewissen redet, falls er ...

BETTINE Gerd, lass das jetzt. Bitte.

Katrin telefoniert.

KATRIN Ich bin's, hallo, Timo, ja, alles gut. Sag mal, hast du was von deinem Cousin gehört? Von Marc? Ja? Wann denn? Und wie lange? Sagst du mir Bescheid, wenn er kommt? Nein, alles gut, ich sage ihnen nicht ... hör zu, ich will das wissen, ich muss was mit ihm ... genau. Gut. *(legt auf)* Marc hat sich heute Morgen gemeldet und gefragt, ob er für eine Nacht bleiben kann. Und er hat darum gebeten, dass ihr nichts erfahrt. Also, er ist irgendwo auf der Autobahn, wahrscheinlich beim Trampen hängengeblieben.

BETTINE Nach Hamburg also.

KATRIN Der kann schon wieder auf dem Rückweg sein. Ich muss los.

BETTINE Vielen Dank.

Bettine umarmt Katrin, sie geht.

GERD Der müsste doch längst da sein.

BETTINE Der macht keine Dummheiten, oder?

GERD Nein.

BETTINE Woher willst du das wissen?

GERD Ich kenne ihn doch.

BETTINE Du hast ihn nicht erlebt.

Pause.

GERD Die Werkstatt holt den Wagen um zwei ab und bringt den Leihwagen. Ich könnte die Strecke abfahren. Wahrscheinlich steht er auf irgendeiner Raststätte. Du wartest hier, falls er kommt.

BETTINE Gerd, ich hab solche Angst. Was ist, wenn ...

GERD Du hast nicht geschlafen, leg dich hin.
BETTINE Sollen wir die Polizei einschalten?
GERD Warten wir noch. Wir warten.
Gerd nimmt Bettines Hand.

2. SZENE

Wohnung Bettine. Bettine und Gerd. Selma kommt.

SELMA Kann ich mit Marc sprechen?
GERD Er ist nicht hier.
SELMA Sein Handy ist abgeschaltet.
GERD Ja, das wissen wir.
SELMA Hatten Sie einen Unfall? Ihr Auto …
GERD Wird gleich abgeholt.
SELMA Ist Marc etwas passiert?
BETTINE Nein. Ich hätte mich noch bei dir gemeldet, ich kann dir im Moment nicht viel sagen, aber sobald ich etwas weiß, sage ich dir Bescheid.
GERD Lass uns am besten deine Telefonnummer da.
SELMA Wie?
GERD Er ist wohl auf dem Weg nach Hamburg, ist dort aber nicht angekommen.
SELMA Der fährt einfach nach Hamburg?
GERD Mehr wissen wir nicht.
BETTINE Wir machen uns auch Sorgen. Große Sorgen.
SELMA Aber ich brauche ihn jetzt.
BETTINE Er war unglaublich wütend.
SELMA Auf mich?
BETTINE Nein, auf uns. Ich glaube, das hat nichts mit dir zu tun.
SELMA Wie?
GERD Wir verstehen das auch nicht. Am besten gehst du nach Hause und wir sagen dir, wenn wir etwas Neues wissen.
SELMA Ich kann jetzt nicht zuhause herumsitzen. Ich muss mit ihm reden, der muss da sein. Der kann mich jetzt nicht alleine lassen.
GERD Vielleicht möchtest du einen Moment hereinkommen?
Selma setzt sich.
GERD Besser? Mehr können wir leider nicht sagen. Er hat mein Auto demoliert und ist nach Hamburg gefahren. Das ist der Stand der Dinge.

SELMA Ich bin schwanger!

GERD Ich habe auch nur gesagt, was inzwischen alles passiert ist. Die Breaking News sozusagen.

SELMA Und das ist alles, was ihr wisst?

BETTINE Wir wollen auch, dass Marc wieder auftaucht, das kannst du uns glauben.

SELMA Und woher wisst ihr, dass er nach Hamburg will?

BETTINE Das ist unwichtig. Wichtig ist, dass er wieder auftaucht.

SELMA Das ist wichtig, ja? Aber mir Bescheid zu sagen, war nicht so wichtig.

BETTINE Wir hatten keine Nummer von dir.

SELMA Aber ihr wisst, wo ich wohne!

BETTINE Ich habe gerade gesagt, dass ich noch vorbeigekommen wäre.

SELMA Sagen kann man viel.

BETTINE Was willst du mir unterstellen?

GERD Ganz ruhig. Alle beide. Sachlich bleiben.

BETTINE Gerd, wenn dir nichts Intelligentes einfällt, dann sag einfach gar nichts. Marc ist gestern in einem furchtbaren Zustand hier aufgetaucht, hat seine Tasche gepackt und ist abgehauen.

SELMA Soll ich jetzt Mitleid haben?

BETTINE Du sollst aufhören, auf uns herumzuhacken! Halt einfach deinen Mund, es sei denn, du hast irgendwas Konstruktives beizutragen. Marc ist weg. Basta. Nochmal sage ich es nicht. Du bist schwanger. Kapiert. Dazu gehören auch zwei. Und wir sind nicht Schuld an dieser Situation.

SELMA Ihr könnt nicht einfach ...

BETTINE Nein! Du hältst jetzt die Klappe! Lass mich ausreden. Ich. Höre. Mir. Heute. Keinen Vorwurf mehr an! Kapiert? Ich kann es nicht mehr hören!

Bettine rauscht nach draußen, Gerd und Selma sehen ihr nach. Kurze Stille.

GERD Okay. Das ist jetzt eher untypisch für sie, aber ... okay. Wollen wir versuchen, die Lage sachlich und möglichst ohne Emotionen zu analysieren?

SELMA Warum schreit die mich denn an?

GERD Lassen wir meine Frau einfach mal kurz raus aus unseren Überlegungen. Also, das ist alles lösbar. Ich bin kein Fachmann für solche Problemstellungen, aber nun gut. Ich glaube, du bist ein großes Mädchen, das weiß, was es will. Auch deine Mutter macht einen offenen, verständigen Eindruck, soweit ich das beurteilen kann. Auf jeden Fall gibt es bei euch im Moment mehr Klarheit als in meiner Familie, auch wenn das vielleicht noch nicht so viel heißt. Marc sollten wir bis auf Weiteres ausklammern, er wäre höchstwahrscheinlich sowieso keine große Hilfe. Also bleiben du, ich und deine Mutter übrig, ist das soweit richtig? Gut. Habt ihr schon irgendetwas besprochen? Also das Finanzielle übernehme ich, das ist klar, und eine Ärztin, der du vertraust, hast du sicher auch. Ich weiß nicht, wie lange das bis zu einem Termin dauert und welche Beratungen nötig sind, aber ich hoffe sehr, dass Marc bis dahin wieder da ist, es sei denn, du willst ihn nicht dabeihaben.

SELMA Wie jetzt?

GERD Ich arbeite an Lösungen. Wie das jetzt weitergeht, mit dem ... Abbruch ... dem Eingriff, keine Ahnung, was der angemessene Begriff in solch einer Situation ist.

SELMA Ich habe nie von Abtreibung gesprochen. Ich kann nicht einfach so sagen, dass ich das Kind jetzt wegmachen lasse, das kann ich nicht bestimmen, alleine, ich kann das nicht alleine entscheiden.

Kurze Stille.

GERD Also, soweit ich weiß, geht das rechtlich schon. Oder meinst du jetzt die technischen Abläufe, die Bürokratie?

SELMA Das muss ich alles mit Marc klären, deshalb muss ich mit ihm sprechen, es ist auch sein Kind und ich kann das nicht mit euch oder irgendwem ... er muss da sein und mit meiner Mutter ist das nicht so einfach, das muss ich alles noch klarkriegen.

GERD Das ist sicher richtig.

SELMA Es geht hier nicht um den Arzt und die Kohle. Wirklich nicht.

GERD So habe ich das auch nicht gemeint.

SELMA Ich muss doch zuerst ...

GERD Völlig klar, verstanden, ich habe es falsch angepackt, tut mir leid.

Selma will aufstehen, sie schwankt, setzt sich wieder.

SELMA Mir ist schwindlig.

Sie sackt nach vorne, richtet sich mühsam wieder auf.

GERD Betty? Kommst du mal bitte.

SELMA Scheiße.

GERD Betty! Verdammt nochmal!

Bettine kommt, Selma ist in sich zusammengesunken.

SELMA Nur der Kreislauf.

Bettine geht zu Selma, nimmt sie in den Arm, streicht über ihren Kopf, Bettine gibt Gerd ein Zeichen zu verschwinden, Gerd geht.

SELMA Geht schon wieder.

BETTINE Du legst dich erst mal einen Moment hin.

Bettine bringt Selma nach draußen. Lichtwechsel.

3. SZENE

Heidruns Wohnung. Heidrun. Sie wirkt nervös und unruhig, springt auf.

HEIDRUN Ist da jemand? Selma? Sag was, bist du das?
Sie horcht.
Ich hätte schwören können, dass ... Selma? Du machst jetzt aber keinen Quatsch mit mir, oder? ... da kichert doch jemand, ich bin doch nicht ... das ist jetzt nicht mehr lustig, das kann man mit mir nicht ... was soll denn das.
Sie nimmt ihr Handy heraus, kontrolliert, ob jemand eine Nachricht geschickt hat, will es wieder einstecken, nimmt es wieder heraus und wählt, wartet.
Ja, Liebes, ist nichts los, ich wollte nur sichergehen, dass du das nicht bist, ich hätte gerade schwören können, dass du in der Wohnung ... aber das ist ja Quatsch. Also, hier ist alles gut, ich wollte dich gar nicht stören, mach dir also keine Sorgen um mich. Du hast wahrscheinlich das Klingeln nicht gehört, das geht aber auch immer so schnell mit deiner Mailbox, das kann man ja nicht schaffen, ich ...
Sie wählt erneut, wartet.
Ich wollte nur noch Tschüs sagen, da war gerade das Band zu Ende. Rufst du mich vielleicht kurz mal an, damit ich weiß, dass bei dir alles in Ordnung ist? Weil du das jetzt zweimal nicht gehört hast. Nur damit ich Bescheid weiß. Einmal kurz deine Stimme hören. Aber nicht über Festnetz, ich gehe jetzt mal an die frische Luft, mir ist so stickig und dann diese Geräusche, ich glaube, die Nachbarskinder machen wieder Quatsch oder vielleicht habe ich auch nur ein Fenster ...
Das Band ist wieder zu Ende, sie packt das Telefon weg.
Jetzt muss ich aber mal wirklich ein bisschen raus, hier wird man ja noch ganz rammdösig.
Sie rührt sich nicht, sie beginnt zu hyperventilieren, zwingt sich zum tiefen Atmen.
Warum meldet sie sich denn nicht?

4. SZENE

Wohnung Bettine. Gerd, Bettine. Katrin kommt.

BETTINE Selma ist da. Sie schläft.
KATRIN Ich weiß. Gerd hat mich angerufen.
BETTINE Schlafend sieht sie aus wie ein Kind. Sie hat den Deckenzipfel so zwischen Zeige- und Mittelfinger gedreht, so, dann sie ist sofort eingeschlafen. Gut, dass sie etwas zur Ruhe kommt.

GERD Hast du was von Timo gehört?

KATRIN Nichts Neues.

BETTINE Sie tut mir so leid, das arme Ding.

GERD Sie will das Kind.

BETTINE Ja?

KATRIN Deshalb hat mich Gerd einbestellt. Um ihr das auszureden. Super.

GERD Das habe ich so nicht gesagt.

BETTINE Warum sprichst du nicht zuerst mit mir?

GERD Was gibt es denn da zu besprechen? Wir sind uns doch wohl hoffentlich einig, dass das ein kompletter Wahnsinn ist. Oder? Ich muss die Fakten nicht wiederholen. Dieses Mädchen da oben ist völlig durchgedreht, was man schon daran sehen kann, dass sie sich ausgerechnet mit Marc beraten will.

KATRIN Er ist der Vater ihres Kindes, das ist ganz natürlich.

GERD Natürlich ist hier gerade gar nichts. Ich weiß nicht viel über diese Selma, ich weiß nur, dass sie gerade in der Ausbildung steckt, aus einem prekären Elternhaus kommt und sich einen komplett ungeeigneten Erzeuger für ihr Kind ausgesucht hat. Marc hält das nicht durch, das ist sicher, das bedeutet, sie ist bald alleinerziehend und ohne jede Chance.

KATRIN Das ist die rationale Seite der Sache.

GERD Ja, natürlich!

KATRIN Das ist eine sehr männliche Sichtweise.

GERD Ja?

KATRIN Du kannst eine Frau nicht zu einem Abbruch zwingen, wenn sie nicht dazu bereit ist.

GERD Aber man kann Menschen behutsam klarmachen, welche Konsequenzen ihre Entscheidungen haben.

KATRIN Dazu habt ihr aber kein Recht.

GERD Doch, das haben wir, das ist sogar unsere Pflicht.

KATRIN Und warum bitte?

GERD Weil unser Sohn völlig lebensuntüchtig ist, weil dieses Mädchen dabei ist, ihr Leben zu verpfuschen, und letztlich auch, weil Betty und ich dafür bezahlen müssen, weil es an uns hängenbleibt.

KATRIN Vielleicht lernt er es dadurch.

Pause.

GERD Das meinst du nicht ernst.

BETTINE Geht es dir wirklich ums Geld?

GERD Was ist denn auf einmal los mit euch!

KATRIN Kann sein, dass sie anders darüber denkt, wenn sie geschlafen hat.

GERD Ja, vielleicht geht es ums Geld, das kann man auch einmal durchdenken. Vielleicht will sie ein Kind, kann sein, und Marc kommt aus begütertem Haus. Vielleicht spielt das eine Rolle, wenn sie plötzlich schwanger ist.

KATRIN Du bist ekelhaft.

Insert Heidrun am Telefon.

HEIDRUN Ich bin es nochmal. Ich bin jetzt doch nicht raus. Nicht, dass du dir Sorgen machst, wenn du kommst und ich bin nicht da. Ich weiß ja nicht, ob du das abhörst oder ob du dein Handy verloren hast ... wenn du dich kurz meldest, damit ich weiß, dass bei dir alles in Ordnung ist ...

GERD Hättest du ein Kind in der Ausbildung bekommen? Nein, das hätte damals niemand. Vielleicht hat sich das geändert, ich weiß es nicht, ich spiele nur Vermutungen durch. Vielleicht ist die neue Generation konservativer geworden. Oder es ist eine Frage des Backgrounds, ihre Mutter wirkt auch sehr jung. Vielleicht geht man einfach zu sehr von den eigenen Wertmaßstäben aus. Ich sage nicht, dass es so ist, aber es wäre möglich.

KATRIN Du hast den Kern des Problems überhaupt nicht begriffen. Das einzig Konkrete, was bisher von dir kam, war die Angst, für diese Familie bezahlen zu müssen.

GERD Betty, kannst du auch etwas beitragen? Als Frau? Als fühlendes Wesen?

BETTINE Ich weiß, dass es dir nicht ums Geld geht.

GERD Danke.

BETTINE Aber es geht dir auch nicht um dieses Mädchen.

GERD Doch. Und warum gebt ihr nicht zu, dass ihr genauso wie ich davon ausgegangen seid, dass dieses Kind nicht zur Welt kommt? Betty. Gib es zu. Hast du damit gerechnet?

BETTINE Nein.

GERD Na also.

BETTINE Aber irgendwas in mir freut sich auch, dass sie darüber nachdenkt, es zu behalten.

GERD Irgendwas in mir braucht jetzt einen Cognac.

Gerd ab.

KATRIN Soll ich gehen?

BETTINE Nein, bitte bleib.

5. SZENE

Selma kommt.

SELMA Wie lange habe ich geschlafen?

BETTINE Keine Stunde. Leg dich noch etwas hin.

Selma setzt sich.

Hast du Hunger?

SELMA Ich muss nach Hause.

BETTINE Alles gut. Ich mache dir schnell eine Kleinigkeit, sonst klappst du mir wieder zusammen.

Selma zuckt mit den Schultern, Bettine ab.

KATRIN Wie geht es dir?

SELMA Ich habe die ganze Nacht nicht geschlafen.

KATRIN Kann ich verstehen.

SELMA Du bist wahrscheinlich nicht zufällig hier.

KATRIN Gerd hat mich angerufen.

SELMA Macht sie was zu essen, damit du mit mir reden kannst?

KATRIN Nein.

SELMA Bist du hier, um mich von irgendwas zu überzeugen?

KATRIN Du entscheidest. Sonst niemand.

SELMA Ja, super, ich entscheide.

KATRIN Wir müssen nicht darüber reden.

SELMA Warum nicht? Ist ein spannendes Thema. Oder nicht? Wo ist Marcs Vater?

KATRIN Hier lösen sich die Männer gern in Luft auf, wenn es anstrengend wird. Du darfst ihn nicht zu ernst nehmen.

SELMA Nein, er ist okay, viel netter, als ich dachte, nach allem was Marc erzählt hat. Er denkt praktisch, das ist nicht verkehrt. Er sagt, er bezahlt alles.

Selma lacht.

KATRIN Das ist so seine Art. Was man nicht über Strategien lösen kann, löst man über Geld. Nicht immer angenehm.

SELMA Nein, das ist wichtig, man muss über Geld sprechen, darum geht es schließlich auch, oder?

KATRIN Wenn du meinst.

SELMA Darf ich was fragen? Etwas Persönliches?

KATRIN Nur zu. Ich muss schließlich nicht antworten.

SELMA Hast du mal abgetrieben?

KATRIN Als Studentin, da habe ich einer Verhütungsmethode vertraut, die ganz offensichtlich nicht funktioniert hat, zu einem Zeitpunkt, wo mein Privatleben, milde formuliert, etwas aus dem Ruder lief. Ich habe es keinem der beiden möglichen Väter gesagt, ich wollte von keinem der beiden wissen, was sie davon halten, weil ich sofort wusste, dass ich mit keinem von beiden ein Kind großziehen wollte. So eine Nachricht stellt den Blick auf den Partner scharf und was ich da sah, gefiel mir nicht. Außerdem wollte ich alleine entscheiden. Ich stand vor dem Diplom, aber wichtiger war: Nichts in mir hatte das Bedürfnis, Mutter zu sein. Später ja, als ich die Jungs bekam, auch wenn deren Vater sich ebenfalls als Reinfall herausstellte, falsches Beuteschema meinerseits wahrscheinlich. Aber ich wollte beide Kinder und dann ging es auch. Irgendwie. Ich will das nicht glorifizieren.
SELMA Klare Sache. Klare Entscheidung.
KATRIN Es war klar, aber es war nicht einfach.

Insert Heidrun am Telefon.
HEIDRUN Ich weiß nicht, ob du die anderen Nachrichten gehört hast, ich bin jetzt langsam wirklich unruhig ... du kannst mir auch eine SMS schicken, wann du kommst, wir müssen nicht miteinander reden. Nur damit ich weiß, dass du ... also bei mir ist alles gut, aber ... egal, hab dich sehr lieb, ja? Liebes? Okay.

SELMA Meine Mutter hatte bei mir schon einen Arzttermin, alle haben auf sie eingeredet, sie war 18, der Mann war weg und sowieso ein Arschloch und alle haben Druck gemacht, massiv und sie hatten alle Recht. Sie hat es trotzdem nicht gemacht, sie wollte das einfach nicht und es war knüppelhart für sie, aber ich bin da. Glück gehabt. Soll ich jetzt dem hier drin verweigern, dass auch irgendwann mal zu sagen? „Gottseidank, sie hat das durchgezogen, obwohl es nicht passte und mein Dasein eine Katastrophe für sie war." Darf ich das? Habe ich damals Signale an meine Mutter gesendet, durch die Blutbahn ins Hirn: Ich will dableiben ... und sie hat das gehört oder gespürt ... und ich denke einfach: Meine Sache, nein, Ruhe da drinnen, brüll du nur herum.
KATRIN Da kann nichts brüllen.
SELMA Weiß ich! Ich bin nicht behämmert. Ich mache es mir nur nicht so einfach.
KATRIN So etwas ist nie einfach, für niemanden. Wer das behauptet, lügt.
SELMA Entschuldigung.
Pause.
Ich habe gerade versucht, von dem Kind zu träumen, aber das geht hier nicht, als ob hier die Atmosphäre nicht stimmt, schlechte Schwingungen, keine Ahnung,

vielleicht bin ich zu müde oder ich höre es nicht. Meine Mutter hat gesagt, sie kann etwas hören.

KATRIN Was hören?

SELMA Warum willst du das eigentlich alles wissen?

KATRIN Ich habe nicht damit angefangen.

SELMA Du wolltest wissen, was sie hört. Sie hört die Seele atmen.

KATRIN Klingt ... poetisch.

SELMA Das ist esoterischer Scheißdreck. So fängt es an und irgendwann hört man Geister, die einem sagen, dass man vom Balkon springen soll. Seele. Entweder ist die Lampe an oder aus. Und wenn sie aus ist, dann wird aus dem Licht ja auch kein Lichtwesen. Wenn die Birne kaputt ist, schmeißt man sie weg.

Selma steht auf.

Warum hörst du dir das an? Sag einfach, ich soll damit aufhören.

Selmas Handy klingelt, sie sieht auf den Display, drückt das Gespräch weg.

Ich muss nach Hause. *(ruft)* Ich muss gehen! Tschüs und danke.

BETTINE Ich hab dir was zu essen gemacht. Kommst du oder soll ich es dir bringen?

SELMA Ich muss nach meiner Mutter sehen, sie hat versucht, mich zu erreichen.

BETTINE Ich ruf dir ein Taxi.

SELMA Nein. Sagen Sie mir, wenn Marc sich meldet.

Selma geht.

6. SZENE

Wohnung Heidrun. Heidrun, Selma

HEIDRUN Gut, dass du endlich da bist.

SELMA Ich hatte auf lautlos gestellt. Tut mir leid.

HEIDRUN Ich wollte dich nicht stören, ihr hattet bestimmt viel zu besprechen. Es ist für ihn sicher auch nicht leicht.

SELMA Es ist alles gut.

HEIDRUN Du musst mir nichts erzählen, das geht mich alles nichts an. Ihr habt jetzt keinen Streit mehr?

SELMA Nein, er versteht das. Die Eltern auch, sie haben das auch verstanden, alle haben alles verstanden, zufrieden? Sie alle wollen mir helfen.

HEIDRUN Wobei?

SELMA Hör sofort auf, mich auszufragen.

HEIDRUN Sie haben nicht versucht, dich zu irgendwas zu überreden? Oder dir zu raten? Das ist nämlich deine Sache, das musst du dir immer sagen. Solche Sachen entscheidest du.

SELMA Ja! Ich kann es nicht mehr hören!

HEIDRUN Du darfst jetzt nicht negativ sein, du musst in dich hineinhören, von dort kommen alle Antworten. Ich habe dir gar nichts zu sagen, niemand, nicht einmal Marc, das ist größer als du.

SELMA Wie oft willst du mir das noch erzählen? Ich weiß das alles, ich weiß, dass mein Leben jetzt genauso beschissen schwer wird wie deins, zufrieden? Wolltest du das hören? Bist du froh darüber?

HEIDRUN Du hast Marc, er ist für dich da, das hatte ich nicht. Ich war ganz alleine.

SELMA Ich kenne deine Geschichte, ich war dabei. Und ich weiß, was aus dir geworden ist, das weiß ich wirklich.

Stille.

Ich wollte nicht gemein sein.

HEIDRUN Glaubst du, ich weiß nicht, was es für dich bedeutet, alles hinschmeißen zu müssen? Natürlich hast du Angst, so zu werden wie ich, das verstehe ich, wer will schon eine Mutter, die ...

SELMA Hör auf.

HEIDRUN Ich weiß, dass ich eine Belastung für dich bin und ich würde das alles hier gern besser machen. Du hast viel mehr Kraft und ich bin dir so dankbar für alles, wie du dich kümmerst, ich weiß doch gar nicht, wie ich ohne dich klarkommen würde. Wenn ich so gewesen wäre wie du, wäre alles viel einfacher gewesen, dann wäre alles anders gekommen. Jetzt jammere ich dich wieder voll, dabei bräuchtest du jemanden, der dir Kraft gibt.

SELMA Ich muss allein sein. Bitte.

Black.

4. AKT

Selma sitzt alleine in der Mitte der Bühne. Seitlich die gegengeschnittenen Szenen.

1. SZENE

Wohnung Bettine. Marc, Gerd.

GERD Hast du mir irgendwas zu sagen?
MARC Nein, ich lade mein Handy auf und dann gehe ich wieder.
GERD Das ist alles?
MARC Yep.
GERD Darf man fragen, wo du warst?
MARC Ich musste nachdenken.
GERD Alles klar, dann noch einen schönen Abend und komm nicht so spät.
MARC Hör auf, witzig zu sein, das nervt.
GERD Weißt du eigentlich, was für eine beschissene Angst wir hatten? Ich könnte dir auch einfach eine reinhauen, wäre dir das lieber? Neunzig Prozent aller Väter würden das in meiner Lage tun, also sei froh, dass ich witzig bin.
MARC Ich habe keine Lust auf so ein Gespräch.
GERD Dann komm nicht hierher!
MARC Ich muss mein Handy laden!
GERD Ist das alles?
MARC Geht dich nichts an!

2. SZENE

Wohnung Heidrun. Bettina, Heidrun.

HEIDRUN Wollen wir warten, bis Selma wieder da ist? Ich kann sie anrufen.
BETTINE Nein, es ist vielleicht besser, wenn wir beide das zuerst besprechen. Unter Müttern. Ich kann auch schwer einschätzen, wie Selma darauf reagieren wird, deswegen ist es mir ganz lieb, wenn ich Ihnen zuerst meine Idee erzähle, ich möchte Selma nicht überrumpeln oder bevormunden.
HEIDRUN Selma muss alleine entscheiden.
BETTINE Völlig richtig. Aber vielleicht sollte sie alle Optionen kennen.
HEIDRUN Ist was passiert?

BETTINE Nein, überhaupt nicht, ich wollte Ihnen nur sagen, was meinen Mann und mich beschäftigt. Was wir uns vorstellen. Marc wird bald studieren, Selma ist mitten in der Ausbildung. Ich habe mit meinem Beruf die letzten Jahre ausgesetzt, um mich um Marc zu kümmern. Ich könnte nun wieder einsteigen, ich weiß nicht, ob ich das will, so oder so, ich kann mein Leben neu definieren. Muss es neu definieren. Gerd verdient gut, wir sind abgesichert, das heißt, wir könnten Selma und Marc unterstützen, wenn das Kind da ist. Aber wenn man realistisch ist, können zwei Jugendliche neben ihrer Berufsausbildung kein Kind aufziehen, auch wenn es Großeltern gibt, die einspringen können. Natürlich glaube ich, dass auch Sie alles tun werden, um sie zu unterstützen, aber Sie sind ja auch voll berufstätig. Ich habe die Zeit, wir haben das Geld, den Platz und, ja, auch die Bereitschaft, ein Kind zu betreuen. Es wäre nicht das erste Kind junger Leute, das bei den Großeltern aufwächst. Als Marc klein war, habe ich oft nicht die Zeit gehabt, ihm meine ganze Aufmerksamkeit zu schenken, weil der Beruf uns beide so aufgefressen hat. Das wäre jetzt anders. Ich will keine Werbung für mich machen, das klingt jetzt sicher albern. Aber ich weiß, dass dieses Kind ein schönes Zuhause hätte, während Marc und Selma sich ein Leben aufbauen können. Das ist natürlich nur ein Vorschlag. Glauben Sie, dass Selma sich so etwas vorstellen könnte?

Stille.

Wir würden Selma auch bei ihrer Ausbildung unterstützen. Mein Mann könnte ihr eine gute Startposition verschaffen.

HEIDRUN Ich weiß nicht, ob ich alles richtig verstanden habe.

BETTINE Es ist auch so, dass ich Selma einfach sehr lieb gewonnen habe, als sie bei uns war, sie ist schließlich selbst noch ein halbes Kind. Ich weiß, ich habe sehr weit ausgeholt. Entschuldigung. Ich bin ein bisschen nervös.

HEIDRUN Nein, nein, alles gut.

3. SZENE

Wohnung Bettine. Gerd, Marc.

GERD Du hast deine Freundin sitzen lassen, hast deine Mutter bedroht, mein Auto demoliert, du verschwindest, lässt uns mit deinem Chaos alleine und das geht mich nichts an?

MARC Es ist mein Chaos, nicht eures.

GERD Wenn deine Freundin hier hysterisch zusammenbricht, weil du nicht da bist, ist es unser Chaos.

MARC Selma war hier?

GERD Natürlich. Glaubst du die Welt steht still, solange du nachdenken musst? Dinge entwickeln sich, ob du da bist oder nicht. Und wenn du keine Verantwortung übernimmst, müssen andere das tun. Irgendwann ist man raus aus dem Spiel. Vor allem, wenn man von allen möglichen Optionen immer die dümmste wählt. Oder wenn man so gottverdammt feige ist wie du. Statt zu reden, Pläne zu entwickeln, da zu sein. Ich dachte, das hätten wir dir in 19 Jahren beigebracht: Lösungen zu finden.

MARC Das werde ich auch. Aber nicht mit euch.

GERD Schlechter Zeitpunkt, sich von seinen Eltern zu emanzipieren. Im Übrigen hättest du nur signalisieren müssen, dass du alleine klarkommen willst.

MARC Wenn ihr euch nicht eingemischt hättet, wäre alles anders gelaufen.

GERD Es ist ziemlich billig, uns die Schuld zu geben, es ist sogar erbärmlich.

MARC Ihr habt gesagt, ihr verschwindet sofort, wenn es nicht passt. Und was macht ihr? Ihr erzählt ihrer Mutter, dass Selma schwanger ist.

GERD Und was ist daran so schlimm?

MARC *(cholerisch)* Halt die Fresse! Halt einmal fünf Minuten die Fresse! Hör einfach zu! Kannst du das probieren?! Mir mal zuzuhören?

GERD Okay, ich höre zu.

MARC Weil diese Frau psychische Probleme hat, und zwar heftige, sie war jahrelang in Therapie, sie ist jetzt mit Medikamenten eingestellt.

GERD Warum sagst du uns das nicht?

MARC Weil ihr euch dann erst recht eingemischt hättet, weil ihr gar nicht anders könnt. Hätte ihre Mutter es nicht erfahren, hätte Selma für sich entscheiden können, oder mit mir, ohne irgendjemanden, der irgendwelche „Problemlösungen" zu bieten hat. Ich will deine Problemlösungen nicht, und Mamas auch nicht. Nicht mal Katrins.

GERD Dann hättest du sie nicht ins Vertrauen ziehen dürfen.

MARC Ja, genau. Großer Fehler.

GERD Warum sprichst du darüber nicht mit deinem Vater? Warum brüllst du stattdessen deine Mutter an und schlägst mein Auto schrottreif?

MARC Alles andere wäre schlimmer gewesen.

4. SZENE

Wohnung Heidrun. Heidrun, Bettine.

HEIDRUN Also Sie wollen das Kind.

BETTINE Also wir würden ... das klingt irgendwie falsch.

HEIDRUN Sie wollen das Kind, weil Sie Geld haben, Platz, Zeit und weil Sie gerne noch einmal Mutter wären.

BETTINE Wir würden das vor allem machen, damit unsere Kinder eine Chance haben, sich ein Leben aufzubauen.

HEIDRUN Aber Sie wären gerne noch einmal Mutter, das habe ich richtig verstanden?

BETTINE Ja.

HEIDRUN Und dafür hätten Sie gern das Kind meiner Tochter.

BETTINE Es ist nur eine Überlegung.

HEIDRUN Weil Selma es nicht kann. Ich auch nicht. Aber Sie. Und dafür kümmern Sie sich um Ihre Ausbildung.

BETTINE Wir würden Selma unterstützen, ja.

HEIDRUN Das wäre also der Preis, den Sie für das Kind bezahlen.

BETTINE Das habe ich so nicht gesagt.

HEIDRUN Aber Sie wollen meine Tochter unterstützen.

BETTINE Ja.

HEIDRUN Aber es ist nicht der Preis für das Kind.

BETTINE Nein.

HEIDRUN Es ist ein Gegengeschenk.

BETTINE Warum nennen Sie das so?

5. SZENE

Wohnung Bettine. Gerd, Marc.

GERD Interessiert dich auch, was hier inzwischen los war?

MARC Das kläre ich mit Selma.

GERD Sie will das Kind. Und weil sie ihre Ausbildung machen muss, wird das Kind hier im Haus aufwachsen. Das war nicht meine Idee, aber es ist vernünftig. Selmas Mutter verfügt über keinerlei Ressourcen.

Pause.

MARC Hier? Ich soll hier zusammen mit euch mein Kind aufziehen? Als was denn? So eine Art Bruderpapa? Wie krank ist das denn? Und nebenher mache ich meine Ausbildung, oder was?

GERD Ja, aber nicht hier. Du musst hier raus, um auf eigenen Füßen zu stehen. Hier lernst du das nicht mehr. Und das passt ja auch ganz gut zu allem, was du gerade erzählt hast, oder?

MARC Verstehe ich das richtig? Ihr schmeißt mich raus und zieht mein Kind auf?

GERD Hast du eine bessere Idee?

MARC Mischt euch einfach nicht mehr ein!

GERD Wir mischen uns so lange ein, bis du bessere Pläne hast.

Marc geht.

6. SZENE

Heidrun, Bettine.

HEIDRUN Würden Sie das auch tun, wenn das Kind bei mir aufwächst? Oder bei Selma und Marc? Oder bei Selma, wenn sich die beiden trennen?

BETTINE Natürlich. Aber ich glaube, dass es besser wäre, wenn das Kind bei uns aufwächst.

HEIDRUN Das habe ich schon verstanden. Weil Sie alles haben, was ich nicht habe.

BETTINE So meine ich das nicht.

HEIDRUN Aber ich dürfte das Kind besuchen, oder?

BETTINE Warum fragen Sie das?

HEIDRUN Dürfte es auch zu mir kommen, in den Ferien oder an Weihnachten? Würden Sie mir Geld geben, damit ich dem Kind etwas zum Geburtstag schenken kann? Was ist denn, wenn das Kind sich hier nicht wohlfühlt, weil es so eng ist? Oder weil ihm mein Kakao nicht schmeckt?

Stille.

BETTINE Gut, Sie wollen mich nicht verstehen. Ich weiß nicht, was Sie für die beste Lösung halten. Ich wollte nur eine anbieten, die für alle Vorteile bietet.

Bettine geht.

7. SZENE

Straße. Selma, Marc geht zu ihr.

MARC Ich bin wieder da. Und ich bleibe. Du kannst dich auf mich verlassen.

Selma ohrfeigt ihn, Marc lässt es sich gefallen, bis ihre Wut etwas verraucht ist.

SELMA Du bist ein feiges Arschloch!

MARC Ja.

SELMA Ich hätte dich gebraucht!

MARC Ich weiß.

SELMA Warum bist du dann abgehauen?

MARC Ich dachte, du willst mich nicht mehr sehen.

SELMA Noch nie eine enttäuschte Frau erlebt?

MARC Also so enttäuscht noch nicht. Und ich habe mich geschämt.

Stille.

MARC Darf ich bleiben?

Stille.

Ich kann auch gehen.

SELMA Kannst du einfach mal den Mund halten?

Selma setzt sich, wirkt plötzlich sehr erschöpft, Marc setzt sich neben sie, legt dann einen Arm um sie, sie lässt es sich einen Moment gefallen, dann schüttelt sie ihn ab.

SELMA Wieso hast du eigentlich deinem Vater das Auto kaputt gemacht?

MARC Ich war besoffen und hatte Lust, ihn zu töten.

SELMA Guck nicht so viele Filme.

MARC Ich weiß. Aber ich war stinkwütend auf meine Eltern Und ich habe mich geschämt, ich habe mich so unglaublich geschämt. Ich wollte nur noch weg. Bin losgetrampt, Richtung Hamburg, was anderes ist mir nicht eingefallen. Und als ich dann morgens auf einer Raststätte strandete, dachte ich plötzlich: Ich bin gerade genau der feige, verantwortungslose Arsch, für den mich mein Vater immer gehalten hat.

SELMA Warum hast du mich nicht angerufen?

MARC Habe ich irgendwie nicht geschafft.

SELMA Hattest du Angst vor mir?

MARC Ich habe Angst vor dir, seit ich dich kenne. Entschuldige, ist nicht witzig, okay. Nein, ich wollte es nicht noch schlimmer machen.

Stille.

SELMA Interessiert es dich, wie es mir geht?

MARC Das wollte ich eigentlich sofort fragen, aber dann wolltest du wissen, was ich gemacht habe, und ich wollte das schnell beantworten, deshalb klingt das jetzt so, als ob ich...

SELMA Ist schon gut.

MARC Okay, nur eins noch. Ich trage jede deiner Entscheidungen mit. Wichtig ist, dass du es vertreten kannst, niemand sonst. Und wenn du dir nur Gedanken machst, was Heidrun aushält und was nicht, hast du in deinem Leben keine freie Wahl mehr, denn kein Mensch kann voraussagen, wann sie wieder einen depressiven Schub hat oder was sie stabilisiert. Wenn du das immer im Kopf hast, wirst du irgendwann verrückt.

SELMA Ich habe das Kind verloren. Heute Morgen.

Pause. Marc steht auf, schüttelt seine Arme aus, dann umarmt er Selma.

MARC Selma, Selma, Selma ...

SELMA Sowas passiert oft in den ersten Wochen der Schwangerschaft.

Selma löst sich aus seiner Umarmung. Stille.

MARC Ich liebe dich.

SELMA Warum sagst du das jetzt?

MARC Um nicht loszuheulen.

Selma nimmt seine Hand.

SELMA Geht es dir gut?

MARC Ich weiß nicht, wie es mir gerade geht.

Stille.

SELMA Glaubst du, das war eine Seele, die gemerkt hat, dass sie nicht willkommen ist, und deshalb wieder gegangen ist?

MARC Nein, glaube ich nicht.

Stille.

Bist du erleichtert?

SELMA Ich will eigentlich nur schlafen.

MARC Soll ich dich nach Hause bringen?

SELMA Musst du nicht. Ich kann auch nicht mehr reden.

MARC Ich ruf dich an.

Marc umarmt Selma, dann geht er, Selma sieht ihm nach.

8. SZENE

Selma allein.

SELMA Marc hat sich erst Ende der Woche gemeldet, als ich schon anfing zu glauben, dass es vorbei ist. Ich weiß nicht, ob das schlimm für mich gewesen wäre. Aber dann ging es weiter. Wir haben nie mehr über die Sache gesprochen und das war mir auch recht so. Da gab es einfach nichts mehr zu sagen. Dann beschloss er, in Köln zu studieren und bis zum Semesteranfang dort schon ein Praktikum zu machen. Er nahm sich da ein WG-Zimmer. Von einer gemeinsamen Wohnung war nie mehr die Rede. Ich konnte auch nicht mehr ausziehen. Mama ging es wieder schlechter, sie war eine Woche in der Klinik im Münsterland und danach verlor sie ihren Job. Ich war müde, ich war mit einer arktischen Müdigkeit geschlagen, ich ging müde zur Abendschule, müde zur Arbeit.

Ich war froh, wenn Marc da war, und ich war trotzdem müde, ich ließ ihn erzählen, von seinem Studium, seinen neuen Freunden, den schrägen Typen in seiner WG und seinen Eltern, die nach ... ich weiß nicht, irgendwo weit weg gegangen waren. Ich hatte nichts zu erzählen, wollte es auch nicht. Ich hatte keine Sehnsucht, aber ich war froh, nicht allein zu sein oder nicht immer allein mit ihr. Er kam anfangs oft, dann seltener, weil er so viele Points oder sowas zu sammeln hatte, und ich wurde langsam wieder wacher und dann verstand ich, was Katrin meinte, als sie sagte, dass so etwas das Bild schärfer stellt. Ich sah ihn nicht mehr verschwommen, ich sah ihn jetzt wirklich. Oder er hatte sich verändert, keine Ahnung. Ich besuchte ihn in Köln. Er kochte für die ganze WG und dann gingen wir auf eine Fachschaftsparty. Ich mochte seine Freunde, sie waren witzig und schlagfertig. Nein, das ist gelogen, ich sah mir an, wie sie witzig und schlagfertig waren. Und ich sah mir an, wie Marc einer von ihnen sein wollte. Und das gelang ihm gut. Ich wollte dann den letzten Zug nehmen, aber er überredete mich, über Nacht zu bleiben. Als wir gegen fünf dann endlich in seinem Zimmer waren, habe ich ihn gefragt, ob er mir etwas sagen möchte. Ich wollte es ihm leicht machen. Aber nichts. Dann küsste er mich und wir hatten Sex. Ich ging, als er noch schlief, und nahm den ersten Zug nach Hause. Ich könnte Schluss machen, aber das mache ich nicht. Irgendwann kommt er nicht mehr. Und das ist dann auch gut so. Ich habe für sowas eigentlich keinen Kopf. Irgendwann mal sicher. Aber nicht jetzt.

Heidrun kommt zu Selma.

SELMA Was ist los, Mamutschka?

HEIDRUN Schlaf weiter.

SELMA Ich kann nicht schlafen, wenn du ständig rumläufst.

HEIDRUN Das sind diese Medikamente, ich werde die nicht mehr nehmen, die machen unruhig.

SELMA Wenn du nicht schlafen kannst, hast du sie nicht genommen. Nimm Sie, ich bitte dich.

HEIDRUN Nein. Ich muss mal wieder klar denken. Ich habe immer das Gefühl, als ob eine schwere Decke auf mir liegt. Ich möchte sie immer wegstoßen. So. Und so.

SELMA Worüber denkst du nach?

HEIDRUN Warum ist er weg? Warum bleiben die Männer nicht bei uns? Warum geht es immer schief? Warum kann nicht einfach mal was klappen? Ich bringe dir Unglück, Schatz, du könnest ein so glücklicher Mensch sein, du bist fürs Glück geschaffen, das weiß ich und es wäre alles viel einfacher, wenn ich nicht da wäre. Weil ich nicht die Begabung habe, glücklich zu sein. Ein guter Werfer zu sein, ist auch eine Begabung. Man kann trainieren, klar, aber viel hilft das nicht.

SELMA Geh schlafen.

HEIDRUN Hast du meinen Hut gesehen?

SELMA Da hinten.

Heidrun holt vom Requisitentisch einen Cowboyhut.

HEIDRUN Will er den irgendwann wiederhaben?

SELMA Nein, den hat er dir geschenkt.

Musik, Selma legt sich hin, Heidrun setzt den Cowboyhut auf und macht ein paar Tanzschritte. Lichtwechsel. Katrin kommt nach vorne.

KATRIN Bettine und Gerd sind jetzt in Dubai. Sie wollten da eigentlich nicht hin, aber nur dort haben beide in der Niederlassung einen Job bekommen. Sie leben in einer Gated Dominion, mit Personal, schreiben Mails mit dummen Fotos von immer gleichen Palmenpromenaden und fragen im P.S. ständig, ob ich was von Marc gehört habe. Was soll ich sagen? Er hat zu mir den Kontakt genauso radikal abgebrochen wie zu seinen Eltern. Aber ich schreibe, dass er sich irgendwann bestimmt wieder melden wird, sie sollen ihm Zeit lassen. Timo hat ihn bei einem Festival getroffen. Mit seiner neuen Freundin. Er war freundlich, aber auf eine Art, dass Timo nur meinte: Der wird mal genau so ein Arschloch wie sein Vater. Genau so, wie sie sich das gewünscht haben. Selma habe ich vor kurzem auf der Straße gesehen. Sie hat mir kurz zugewinkt, aber wir haben nicht miteinander gesprochen, sie war in Eile. Sie ist schmal geworden.

Abend über Potsdam

PERSONEN

LOTTE LASERSTEIN 31 Jahre, Malerin
TRAUTE ROSE 28 Jahre, Angestellte
ERNST ROSE 34 Jahre, Dramaturg
BODO IMHOFF 33 Jahre, Journalist
LISE HENKEL 19 Jahre, Telefonistin
MARIA GOLDMANN 24 Jahre, Modell

ORT
Terrasse über Potsdam (1. Szene)
Atelier Lotte Laserstein (2.–11. Szene)

ZEIT
29.9.1929 – 15.9.1930

GEMÄLDE S. 107
Lotte Laserstein: „Abend über Potsdam", 1930, Öl auf Holz, 110 x 205,5 cm
bpk / Nationalgalerie, Staatliche Museen zu Berlin / Roman März

1. SZENE 29. SEPTEMBER 1929

Terrasse über Potsdam, ein schmiedeeisernes Geländer, eventuell Blick auf Potsdam oder offene Bühne bis zur Brandmauer. Über der Spielfläche hängt ein 2 x 1 Meter großes weißes Holzbrett, auf das projiziert werden kann. Von der Seite tritt Lotte auf.

LOTTE So, hier ist es.

Traute, Ernst, Bodo und Lise treten auf, stellen sich ans Geländer und betrachten die Aussicht.

LISE Ist das schön.

BODO Bist du dir sicher, dass du uns mit auf dem Bild haben willst? Wir stören doch nur.

LOTTE *(lacht)* Ja, ich bin mir sicher.

ERNST Was ist das dort hinten eigentlich?

TRAUTE Was denn?

ERNST Dieser Turm da am Berg, den kenne ich gar nicht.

TRAUTE Schatz, woher soll ich das wissen.

ERNST Ich habe allgemein in die Runde gefragt. Ich bin nicht sattelfest in Heimatkunde und ich stehe erhobenen Hauptes dazu.

BODO Das ist die Erlöserkirche.

ERNST Gut, dass wir wenigstens einen gebildeten Menschen dabei haben.

BODO In meinem Beruf muss ich mich mit allem auskennen.

LOTTE Und was der Dichter nicht kennt, erfindet er.

BODO Aber es könnte der Turm einer Erlöserkirche sein, oder?

Lachen.

TRAUTE Es zieht sich langsam zu, wir sollten anfangen.

LISE Fehlt nicht noch jemand? Sollten wir nicht fünf sein?

LOTTE Maria Goldmann, sie kommt direkt hierher.

ERNST Haben wir eine Original-Potsdamerin dabei?

LOTTE Nein, sie arbeitet zufällig heute in Babelsberg.

BODO Arbeit? Wir haben eine Original-Proletarierin dabei?

LOTTE Sie ist Modell.

LISE Sie ist Mannequin? Wirklich?

LOTTE Nein, sie steht Modell. Für Künstler.

LISE In Babelsberg?

LOTTE Das kann sie euch nachher alles selbst erklären.

TRAUTE Sollen wir anfangen, Lotte?

LOTTE Ja, ich muss das Licht nutzen, wir sind spät dran.

Sie setzen sich in Bewegung. Traute und Lise gehen vor.

BODO Also, gesamte Bagage nach draußen. Erster Zug Tisch und Hocker, zweiter Zug Körbe, danach weitere Befehle abwarten, wann Gefechtsstellung bezogen wird.

ERNST Klingt vertraut.

BODO Hat es dich noch erwischt?

ERNST Letzter Jahrgang. Grundausbildung, kurz vor der Frontverschickung war Schluss.

BODO Glück gehabt.

ERNST Und selbst, wenn man fragen darf?

BODO Dito. Etappenhengst. Schreibstube.

Lise und Traute kommen mit Körben und Pappkoffern wieder.

TRAUTE Hat es die Blüte des deutschen Kriegertums dann mal oder sollen wir alles alleine machen?

Bodo und Ernst gehen ab.

LOTTE Ich kann euch leider nicht helfen, sonst zittern mir nachher die Hände.

TRAUTE Ist doch klar.

LISE Frau Laserstein? Ich habe noch ein paar andere Kleider dabei ...

LOTTE Lotte.

LISE Verzeihung, das fällt mir immer noch schwer. Soll ich das rote anbehalten?

LOTTE Ich mache heute nur Hintergrund und Silhouetten, das entscheiden wir im Atelier.

Ernst und Bodo kommen mit einer Bierbank wieder.

ERNST Wohin?

LOTTE Da, direkt vor das Geländer.

BODO Es sind nur vier Hocker da.

LOTTE Das reicht.

Bodo und Ernst wieder ab. Traute legt ein schweres weißes Leintuch auf den Tisch. Lotte beginnt ihre Tasche auszupacken.

TRAUTE Lise, hilfst du mir?

Lise kommt zu Traute und breitet mit ihr das Leintuch aus.

TRAUTE Wem gehört das Haus eigentlich?

LOTTE Den Eltern einer Schülerin, sie sind bis Sonntagabend in Warnemünde. Ich kann hier an den Wochenenden arbeiten, bis ihr Boot aus dem Wasser kommt.

TRAUTE Soll ich die Falten ausbügeln? Gibt es hier im Haus ein Plätteisen?

LOTTE Ohne Faltenwurf keine Renaissancemalerei, ergo keine abendländische Kunstgeschichte. So hieß es auf der Akademie immer.

LISE Also lassen wir das so?

TRAUTE Ich glaube, das wollte sie damit sagen.

LISE Man muss die ja nicht mit malen.

Traute und Lotte lachen.

Habe ich was Dummes gesagt?

TRAUTE Du bist goldrichtig.

Bodo und Ernst kommen mit Hockern. Die Frauen holen aus den Körben Teller, Gläser, Flaschen, Obst und Brot und drapieren es auf dem Tisch.

ERNST Welches Arrangement? Klassisches Abendmahl? Da Vinci? Flämisch?

BODO Ich bin der Erlöser. Erster ohne Streit.

ERNST Judas, die Verräter sind immer die interessanteren Rollen.

LISE Über so etwas kann man doch keine Witze machen.

BODO Doch, das geht, Lischen, es ist ganz einfach, probiere es aus.

LOTTE Ich danke euch, den Rest mache ich selbst.

Lotte ändert das Arrangement der Requisiten auf dem Tisch, Lise zieht sich einen Hocker heran und setzt sich an den Tisch, sie gähnt und reibt sich über das Gesicht. Bodo und Ernst gehen etwas seitab, um eine Zigarette zu rauchen und sich leise zu unterhalten. Traute streckt sich, um ihren verspannten Rücken zu entlasten.

LOTTE Ist es wieder spät geworden, Lise?

LISE Bisschen. Aber nichts meiner Mutter sagen, sie hat geschlafen, als ich heimkam.

LOTTE Ein frommer Wunsch. Wo warst du diesmal?

LISE Tanztee Columbiahaus, danach in der Eisenacher bei einer privaten Party.

LOTTE Party? Nennt man das jetzt so?

Maria kommt, sie wirkt abgehetzt, auf ihrem hellen Rock sind Dreckspuren. Sie spricht mit leichtem polnischen Akzent.

MARIA Entschuldigung vielmals, ich bin zu spät.

LOTTE Nein, alles gut.

MARIA Diese dummen Köter sind an mir hochgesprungen, ich habe ewig versucht, es auszuwaschen. So kann ich doch nicht auf die Straße. Sogar der Taxifahrer hat schief geschaut.

LOTTE Was bekommst du dafür?

MARIA Für Taxi? Nein, das war meine eigene Schuld. Darf ich einen Schluck Wasser?

Maria geht zum Tisch und schenkt sich ein Glas Wasser ein.

ERNST Finger weg! Requisite.

TRAUTE Hör nicht auf ihn.

MARIA Wo ist das Bad? Ich versuche es noch einmal.

LOTTE Ist egal. Es wird kein Photo.

TRAUTE Und man muss es ja nicht mit malen.

Lachen.

TRAUTE Soll ich dir eines von meinen Kleidern geben? Wir müssten ungefähr dieselbe Größe haben.

MARIA Oh bitte, wenn das geht?

Maria und Traute ab.

LISE Sie ist so schön. Wie Camilla Horn.

BODO Großartig, wir werden wie hässliche Zwerge neben ihr aussehen.

ERNST Sehr charmant gegenüber allen anwesenden Damen.

LISE Mir macht das nichts, ich weiß, dass ich nicht schön bin. Meine Mutter sagt immer, ich bin apart, das muss reichen.

Bodo setzt sich neben Lise.

BODO Pardonnez moi, Mademoiselle, ich meinte natürlich nur die Männer.

ERNST Das wird ja immer besser.

BODO Aber Lotte wird uns alle schöner aussehen lassen.

ERNST Irgendeinen Vorteil muss diese altmodische Darstellungsform schließlich haben, oder?

LOTTE Entschuldigung, ich habe gerade nicht zugehört.

BODO Gottseidank.

Traute und Maria kommen wieder, Maria trägt jetzt ein dunkelgrünes, leicht changierendes Seidenkleid.

TRAUTE Ist nur ein Vorschlag.

LOTTE Sehr schön.

ERNST Und wo haben Sie Ihre Hunde gelassen, wenn ich fragen darf?

MARIA Ich führe sie nur aus. Ich muss Geld verdienen.

LISE Ich dachte, du bist Mannequin.

TRAUTE Vielleicht eine kurze Vorstellungsrunde?

LOTTE Bodo Imhoff, Journalist beim Vossischen Tagblatt.

BODO Vorhin war ich noch ein Dichter.

LOTTE Genau, Dichter.

BODO Nur ein Scherz. Unveröffentlichter Schriftsteller, vulgo: Journaille.

LOTTE Elisabeth, die Tochter meiner Concierge.

LISE Und Telefonistin.

LOTTE Brauchen wir das so ausführlich? Die Figuren mache ich sowieso in Einzelsitzungen mit euch.

BODO Wenn wir schon zusammen in die Kunstgeschichte eingehen, sollten sich alle kennen.

ERNST Ernst Rose. Ich bin Dramaturg.

MARIA Was ist das?

ERNST Das frage ich mich praktisch jeden Tag, den Gott werden lässt. Ich bin übrigens nur hier, weil ich ein markantes Kinn habe.

LOTTE Traute kennst du. Maria, Malermodell.

Alle haben sich die Hand gegeben.

ERNST Seit wann müssen Modelle mit den Hunden raus? Verdient man da so wenig?

TRAUTE Ich glaube nicht, dass du das gerade wirklich fragst, Ernst.

MARIA Fleisch ist billig. Menschenfleisch. Und alle denken, Modell stehen ist einfach. Ist es aber nicht.

BODO Mach uns nur Mut.

TRAUTE Fangen wir an?

LOTTE Gern.

BODO Was sollen wir tun, Madame?

LOTTE Ich weiß es noch nicht.

ERNST Es ist ja eigentlich ein Bühnenarrangement. Ich könnte mir, als Theatermensch gesprochen, vorstellen, dass ...

TRAUTE Ernst, lass es.

ERNST Gut. Ich wollte nur helfen.

Kurze Stille.

LOTTE Schiebt den Tisch ein wenig nach links.

Man tut es.

TRAUTE Lotte, willst du vorher vielleicht beschreiben, welche ... Stimmung du haben möchtest?

LOTTE Eine Gruppe von Freunden auf einer Dachterrasse.

BODO Zwei machen Handstand, einer eine Brücke, der Rest steht auf einem Bein.

ERNST Versuch, sachlich zu bleiben, Bodo, so wie Lotte.

BODO Neusachlich.

Die Männer lachen.

MARIA Sie müssen ruhig sein, Männer, sie malt das Bild, ihr seid nur Farbe auf Leinwand, ihr müsst Respekt haben.

BODO Haben wir ja prinzipiell.

ERNST Ja, aber trotzdem, man sollte vielleicht doch eine gewisse Vorstellung haben.

LOTTE Wenn ich es klar formulieren könnte, müsste ich es nicht malen.

ERNST Typische Künstlerausrede.

MARIA Ihr seid wie Kinder, die immer plappern, sie muss jetzt nachdenken, versteht ihr das nicht? Das ist nicht so schwer, jeder Dummkopf kann das verstehen!

TRAUTE Danke.

ERNST Bitte um Entschuldigung.

BODO Schließe mich an.

Stille. Dann nimmt Lotte Lise an der Hand und platziert sie in der Mitte des Tisches.

LISE Ich soll in die Mitte?

LOTTE Stütz dich auf dem Tisch ab, die Arme übereinander, müde und zufrieden, wie eben, als du von gestern Nacht erzählt hast. Ernst mit dem Hocker vor den Tisch, stütz den Kopf auf die Linke, ein Glas in der Rechten. Wie vorhin, als keiner mit dir sprach, genieße die Aussicht, ein bisschen hingeflegelt. Bodo neben Lise, du willst sie mit einem Scherz oder einem Kompliment aus ihrer Versunkenheit holen, du überlegst.

BODO Und wird es mir gelingen?

LOTTE Das überlasse ich dir. Traute? Du hast dich vorhin etwas gedehnt, nachdem du die Kisten abgestellt hast. Stell dich neben Ernst, als ob du deine Rückenmuskeln lockerst, entspannt, nur ein wenig, so, ja.

TRAUTE Ist das gut? Also ein gutes Gefühl? Oder schmerzhaft.

LOTTE Eher gut. Maria, du hast dir vorhin ein Glas Wasser eingeschenkt, als du ankamst. Nimm den Krug und schenke dir ein.

Maria nimmt die Pose ein. Lotte betrachtet die Szene.

LOTTE Etwas stimmt nicht.

MARIA Verzeihung. Darf ich etwas vorschlagen?

LOTTE Bitte.

Maria dreht sich etwas mehr zum Tisch.

LOTTE Ja, das ist besser.

BODO Darf ich auch meine Haltung ändern?

LOTTE Nein.

BODO Aber mir schläft der rechte Arm ein. Das Geländer ist zu hoch.

ERNST Frag meine linke Hinterbacke.

LOTTE Nicht bewegen. Ich mache ein Photo für die Ateliersitzungen. Ist nur eine Erinnerungsstütze.

Lotte Photographiert die Szene, die Silhouetten der Sitzenden erscheinen als Linien auf dem weißen Brett über der Bühne.

2. SZENE NOVEMBER 1929

Das Atelier von Lotte Laserstein in Berlin-Charlottenburg. Der gedeckte Tisch aus der ersten Szene, eine alte Ballettstange, welche die Brüstung andeutet. Seitlich ein Tisch mit Farbtuben, Kaffeekanne, Pinseln etc. Lotte mischt Farben auf der Palette an. Ernst kommt nervös und abgehetzt herein.

LOTTE Ich habe schon befürchtet, du kommst nicht mehr.

ERNST Tut mir leid, es geht gerade einfach drunter und drüber.

LOTTE Das weiß ich, Ernst.

ERNST Ich meine, auch im Theater.

LOTTE Danke, dass du trotzdem gekommen bist.

ERNST Ich habe mir zwei Stunden freigeschaufelt. Genügt dir das?

LOTTE Wunderbar.

ERNST Dann also los. Du musst mir auf die Sprünge helfen. Ich weiß nicht mehr genau, welche Pose ich einnehmen soll.

LOTTE Dort auf dem Tisch liegt die Photographie.

Ernst geht zum Tisch, sieht sich das Photo an.

ERNST Anderthalb Monate her. Da waren wir noch doof und unschuldig, was?

LOTTE Atme erst mal durch, so kannst du nicht stillsitzen. Kaffee?

ERNST Gern.

Ernst nimmt sich einen Kaffee.

LOTTE Du hast an die Kleidung gedacht.

ERNST Traute hat mich in den letzten drei Tagen etwa alle fünf Minuten daran erinnert. Viele Grüße übrigens.

LOTTE Danke, ich habe sie gestern kurz gesehen.

ERNST Dann bist du wahrscheinlich über alles auf dem Laufenden.

LOTTE Müsst ihr Leute entlassen?

ERNST Bisher noch nicht, aber wenn es so weitergeht mit dem Kartenverkauf ... wir haben schon die Preise gesenkt, aber seit dem Bankencrash halten die Leute ihr Geld zusammen. Wenn sie überhaupt welches haben.

LOTTE Verständlich.

ERNST Im Gegenteil. Sonst war die Hütte immer voll, wenn Krise war. Komödie funktioniert antizyklisch. Wenn es den Leuten schlecht geht, wollen sie abschalten. Aber diesmal? Wenn es weiter so schlecht läuft, können wir auch gleich politisches Theater machen.

LOTTE Würdest du denn?

ERNST Das war ein Scherz.

LOTTE Ich weiß, aber würdest du?

ERNST Das soll Piscator machen. Wir sind ein Volkstheater. Da kann man nicht einfach das Ruder herumreißen.

LOTTE Bedauerlich. Das wäre sicher etwas für dich.

ERNST Dank für die Blumen. Fangen wir an.

Ernst zieht sich einen Hocker heran.

LOTTE Das war nicht abschätzig gemeint.

ERNST Der eine betreut Possen, der andere malt gesellige Freundeskreise. Jeder, was er kann und will.

LOTTE Ich bin nicht die Kollwitz. Will ich auch nicht sein.

ERNST Und ich nicht Piscator. Der ohne seine Mäzene übrigens aufgeschmissen wäre. Wir können es nicht, weil wir zwanzig Angestellte haben und die bezahlen wir auch mit dem Geld, das die SA-Leute an der Abendkasse lassen. Ich bin leider erpressbar.

LOTTE Trotzdem danke, dass du dich für etwas zur Verfügung stellst, das für dich höchstens besserer Kaminschmuck ist.

Kurze Stille.

ERNST Ich wollte nicht flegelhaft wirken. Traute hat mir schon letztes Mal den Kopf gewaschen.

LOTTE Ich habe sie nicht darum gebeten.

ERNST Ich weiß. Ich respektiere deine Arbeit.

LOTTE Ich kann Kritik vertragen.

ERNST Dann wärst du kein Künstler. Und ich sitze im Glashaus, das ist mir bewusst. Alles geht zum Teufel und bei mir auf der Bühne wird der Liebhaber im Schrank entdeckt. Und der Saal johlt und jeden Abend werden es mehr Braunhemden. Furchtbare Montur. Aber sie gockeln damit in der Pause herum, als käme sie vom besten Herrenschneider am Hausvogteiplatz. Dann betrachtet man die anderen, noch in Zivil, und fragt sich, ob die auch so denken. Ich traue unserem Publikum nicht mehr. Da klatschen sie sich vor Vergnügen auf die Schenkel und den Sohn unserer Garderobiere haben sie letzten Freitag zusammengekloppt, weil er für die Rote Hilfe gesammelt hat. Mitten auf der Frankfurter. Fangen wir an, ich will dich nicht mit meinen Sorgen behelligen. Weiß man denn schon, was für einen Geschmack die nationale Revolution in der Malerei hat?

LOTTE Bei Gurlitt verkehren sie jedenfalls nicht. Außerdem schert mich nicht, wer meine Bilder schätzt.

ERNST Du hast mich falsch verstanden.

LOTTE Fangen wir an.

ERNST Ich versuche den Schnabel zu halten. Ich bin nur Form und Farbe, wie dieses Mädchen gesagt hat. Woher kommt sie?

LOTTE Aus einem Schtetl im Norden Polens, ihre Mutter lebt im Scheunenviertel, Maria muss für beide verdienen.

ERNST Das wird nicht leichter seit dem Schwarzen Freitag. Keiner weiß, was kommt.

LOTTE Wir haben die Inflation überstanden, schlimmer kann es nicht werden.

ERNST Schlimmer kann es nicht werden, heißt es bei uns immer kurz vor der Pause, danach wird es schlimmer.

Ernst setzt sich in Positur.

Etwa so?

LOTTE Das Bein weiter ausgestreckt.

ERNST Was soll der Pelz?

LOTTE Es wird ein Schäferhund unter dem Tisch liegen.

ERNST Eine Bestie. Ein Menetekel.

LOTTE Nein, ein schlafender Hund. Sonst ist die weiße Tischdecke zu präsent.

ERNST Ein Bild des Friedens. Ja, vielleicht ist es das. Ein Bild des Friedens, das wir alle irgendwann gerührt betrachten.

LOTTE Wir können die Sitzung verschieben, wenn du keinen Kopf dafür hast.

ERNST Verzeihung, ich lasse mich gehen. Ich sehe schwarz, Traute hat Recht.

Ernst nimmt seine Positur wieder ein.

Es fällt mir nur schwer, den Eindruck zu erwecken, entspannt eine schöne Aussicht zu genießen.

LOTTE Ich kann dir nicht vorschreiben, worüber du nachdenken sollst.

Lotte nimmt die Palette auf, wählt einen Pinsel, auf dem Bildträger füllt sich die Stelle mit Ernsts Profilansicht mit hellen Brauntönen, während die Figur nur im Umriss erscheint.

3. SZENE DEZEMBER 1929

Musik setzt ein: Nick Lucas „Tiptoe through the tulips“ (eventuell wird der Ausschnitt aus „Golddiggers of Broadway“ von 1929 auf den Bildträger projiziert). Auf der Bühne ist nun quer durch das Atelier eine Wäscheleine gespannt, an der mit Wäscheklammern Geldscheine aufgehängt sind. Auf dem Arbeitstisch stehen eine Flasche Sekt und Gläser, Spuren einer kleinen Feier. Lise kommt mit einem Koffergrammophon und einer Schellackplatte herein, sie legt die Platte auf, Lichtwechsel, sie tanzt zu Tiptoe, nimmt zwischendurch einen Schluck aus der Sektflasche. Lotte kommt herein und legt ihren Mantel ab.

LOTTE Kannst du das bitte ausmachen? Ich habe Kopfschmerzen.

Lise schaltet das Grammophon aus.

Na? Hat dich deine Mutter wieder verjagt?

LISE Habe ich ganz neu, das ist ein richtiger Ohrwurm.

LOTTE Ich habe es nicht so gern, wenn du hochkommst, wenn ich nicht da bin.

LISE Entschuldigung, ich wollte nur das Geschirr abwaschen und fegen. Mutter hat wieder Wasser in den Beinen.

LOTTE Hilf mir mal schnell.

Lotte beginnt die Geldscheine von der Leine zu nehmen.

LISE War das nass geworden?

LOTTE Ich habe gestern ein Bild verkauft und wollte mir das anschaulich machen. Man muss die Penunzen sehen, damit man weiß, dass es ein Beruf und kein Spleen ist.

LISE Wer hat denn da gestern so schön gesungen?

LOTTE Traute.

LISE Und Sie haben die Quetschkommode gespielt?

LOTTE *(lacht)* Waren wir zu laut?

LISE Nein, klang schön. Traute ist so richtig Ihre beste Freundin, oder?

LOTTE Warum siezt du mich? Willst du eine alte Frau aus mir machen?

Lotte legt das Geldbündel in eine leere Kaffeedose auf dem Arbeitstisch.

LISE Ich kann mich nicht daran gewöhnen, das habe ich einfach intus.

LOTTE Schon gut.

LISE Welches Bild haben Sie denn verkauft?

LOTTE Die Sechzig-mal-Vierziger-Garnisonskirche Potsdam. Man schätzt die Landschaften, wenn die Zeiten stürmisch sind.

LISE An einen Deutschen?

LOTTE Was spielt das für eine Rolle?

LISE Nur so.

LOTTE Ich will es aber wissen. Was soll diese Frage?

LISE Es haben doch so viele jetzt ihr Geld verloren und wer jetzt noch welches hat, muss Amerikaner oder Jude sein, also jemand, der Informationen hatte oder ganz oben mitgemacht hat, oder?

LOTTE Lise, was redest du denn da?

LISE Ich glaube das ja auch nicht, aber auf der Arbeit sagen das viele.

LOTTE Das ist Unsinn.

LISE Das habe ich denen auch gesagt. Und Sie sind ja auch Jüdin und ... ich freue mich so, dass Sie ein Bild verkauft haben, wirklich.

LOTTE Ich muss jetzt die Farben anmischen. Maria kommt gleich. Ist die Tür unten offen?

LISE Ja. Darf ich Ihnen helfen?

LOTTE Das musst du nicht.

Lotte beginnt Farben vorzubereiten, Lise nimmt ihr Grammophon und die Platte.

LISE Es tut mir leid, ich wollte nichts Dummes sagen.

LOTTE Schon gut.

Maria kommt.

MARIA Soll ich noch warten?

LOTTE Komm ruhig rein, wir können gleich anfangen. Lässt du uns allein, Lise?

Maria legt ihren Mantel ab, Lise beobachtet sie fasziniert.

MARIA Was ist, Mädchen?

LISE Ich habe versucht mir die Augen so wie du zu schminken, aber irgendwas habe ich falsch gemacht.

MARIA Soll ich dir zeigen?

LOTTE Lise, wir wollen anfangen.

LISE Natürlich.

Lise geht.

MARIA Wie lange soll ich bleiben?

LOTTE Zwei Stunden? Und nächsten Sonntag weiter?

MARIA Gut.

LOTTE Wir hatten fünf Mark die Stunde ausgemacht, oder? Ich gebe es dir besser gleich.

Lotte geht zur Kaffeedose und sucht einen Zehnmarkschein, Maria beobachtet sie, Lotte gibt ihr das Geld.

MARIA Haben Sie das Kleid, das ich tragen soll?

Lotte gibt ihr das dunkelgrüne Kleid.

LOTTE Du kannst dich in der Kammer umziehen.

Maria lacht und beginnt sich auszuziehen.

LOTTE Du hast schöne Haut.

MARIA Wir können auch ein Aktbild machen, wenn das fertig ist.

LOTTE Ich muss erst das hier beenden.

MARIA Oder Zeichnungen, ich wüsste auch, wer das kaufen kann, wir könnten das Geld teilen. Mit einer Frau ist das einfacher für mich.

LOTTE Ziehst du bitte das Kleid an?

Maria zieht das Kleid an.

Soll ich dir schon das Geld für die nächste Sitzung geben? Ich habe ein Bild verkauft.

Lotte nimmt einen zweiten Zehnmarkschein aus der Dose und gibt ihn Maria.

MARIA Ich danke Ihnen.

Maria kontrolliert kurz ihr Makeup und den Sitz des Kleides.

Haben Sie etwas gemerkt an meiner Sprache?

LOTTE Was?

MARIA Der Akzent.

Lotte ist irritiert, weil sich an Marias polnischem Akzent seit dem letzten Mal nichts geändert hat.

Es klingt nicht mehr polnisch oder nur noch ein bisschen. Ich habe geübt, mit einem Schauspieler, die sind auch billig geworden. Ich habe ihn für drei Mark die Stunde gemietet. Er hat Übungen mit mir gemacht ... weit wanderte Waltraud im winterlichen Walde ... er hat ganz scharf aufgepasst. Drei Mal habe ich ihn gemietet, es ist lustig, einen Mann zu mieten. Aber es hat geholfen, das hat sogar meine Mutter gesagt: Du klingst wie eine Schickse.

Maria sieht sie erwartungsvoll an.

LOTTE Ja, das ist verblüffend.

MARIA Keiner stellt mehr Polen an, Juden schon gar nicht. Und die reichen Amerikaner und Engländer, denen das egal ist, wollen nur Jungs. Ich werde auch meinen Namen ändern, ganz offiziell, auch im Pass. Müller, so wie der Kanzler. Maria Müller. Dann bin ich unsichtbar.

LOTTE Wenn das hilft.

MARIA Natürlich hilft das. Maria Müller aus Breslau.

LOTTE Der wahre Berliner kommt aus Breslau.

Sie lachen.

Ich finde Goldmann schöner.

MARIA Ich habe mich beworben, um bei einem Fest zu kellnern, riesige Villa, wie ein Schloss, die Mädchen standen Schlange bis auf die Straße, ich war die Erste in der Reihe und als ich meinen Namen sagte, wollte mich die Gnädige Frau nicht, sie wollte nur deutsche Bedienungen. Frau Doktor Ashkenasy will nur Deutsche. Kurwa. Aber Sie sind doch auch Jüdin, habe ich gesagt, so wie ich. Da ging es los, wir haben nichts mit euch zu tun, schafft das Polackenmädel hier raus, Unverschämtheit ... Weißt du, was ich gemacht habe? Ich habe „Judensau" geschrien und ausgespuckt. Alle Mädchen haben gekichert, der Diener hat mich am Arm gepackt und rausgeworfen und ich habe nochmal gebrüllt: „Judensau!" Alle raus hier, hat die Dicke gebrüllt, war mir egal. Das hat gut getan, einfach mal „Judensau" zu brüllen.

Stille.

LOTTE Wie geht es deiner Mutter?

MARIA Sitzt in ihrem Loch in der Schendelgasse und betet, sonst hat sie ja nichts gelernt. Jammern und Beten. Beten und Jammern, dass ich mich versündige und ein gefallenes Mädchen bin, das kein anständiger Mann haben will, weil ich in einer Kneipe arbeite. Mein Geld nimmt sie trotzdem.

LOTTE Du hast eine feste Stelle?

MARIA Einer jiddischen Mamme sollte man entweder die Wahrheit sagen, die sie hören will, oder eine, die sie grade noch ertragen kann.

LOTTE Was machst du außer Modell stehen?

MARIA Hunde ausführen.

LOTTE Reicht das denn zum Leben?

MARIA Das hat mich dieser Mann auch gefragt.

LOTTE Welcher?

MARIA Der neben mir auf dem Bild stehen soll. Er hat mich auf dem Anhalter Bahnhof noch eingeladen. Was der alles wissen wollte.

LOTTE Ich hoffe, er ist nicht aufdringlich geworden.

MARIA Ich gehe zu einem alten General im Grunewald, habe ich gesagt, ich ziehe mir schwarze Stiefel an, sonst nichts, und setze mich auf einen Stuhl und er kommt auf allen Vieren und muss die Stiefel sauber lecken, mit der Zunge, kein Fleckchen darf mehr zu sehen sein. Er fasst mich nie an, er darf mir nicht mal in die Augen sehen und ich sage ihm, dass er ein ganz Braver ist. Dann bekomme ich mein Geld.

LOTTE Das hast du Bodo erzählt?

MARIA Dann war er ganz still und ist bald gegangen.

Lachen.

LOTTE Machst du sowas wirklich?

MARIA Fangen wir an, Frau Laserstein. Sie bezahlen mich nicht für dumme Geschichten.

Maria stellt sich in Position an den Tisch. Lotte holt zur Kontrolle das Photo.

MARIA Gut so?

LOTTE Vollkommen.

Auf dem Bildträger erscheint die Silhouette der rechten Figur, Maria ab.

4. SZENE JANUAR 1930

Lotte alleine im Atelier, sie hat einen Brief entworfen. Während sie ihn laut vorträgt, kommt Traute herein und hört zu.

LOTTE Sehr geehrter Herr Gurlitt, es ist sehr bedauerlich, dass Sie nicht die Zeit erübrigen konnten, zu meinem kleinen Neujahrsempfang ins Atelier zu kommen. Ich hatte einige treue Sammler zu Gast, ebenso Galeristen, die sich für meine neuen Werke interessieren. Das sind im Moment vor allem Arbeiten auf Papier und kleine Stadtansichten, da eine große Arbeit mich völlig in Beschlag nimmt. Es handelt sich um ein Hundert-auf-Zweihundert-Format, Öl auf Holz, welches eine Gruppe von Freunden auf einer abendlichen Terrasse in Potsdam zeigt. Seit September arbeite ich daran und langsam nimmt das Bildgeschehen Form an. Ich bin eine langsame Arbeiterin, das habe ich sicher gesprächsweise einmal erwähnt. Gedacht war es als ein Bild der Zeit, gespiegelt in einer Figurengruppe, welche sich motivisch aus der Beschäftigung mit Vermeer und klassischen Abendmahlsdarstellungen speist. Nun aber frage ich mich zuweilen, was diese Zeit denn ist, die ich da einfangen will, ob sie über mich, über uns alle hinweg rast, sich von mir entfernt oder sich drohend hinter mir aufbaut, wie ein böser Dschinn. Keiner kann die heutige Zeit beschreiben, warum sollte es mir als bildender Künstlerin gelingen. Nun male ich nur noch, was ich in den Gesichtern lese, aber ob vom fertigen Gemälde Dorian Gray oder selige Erinnerung zurückblickt, müssen Sie entscheiden. Ihr Urteil wäre mir wichtig. Ich kann Ihnen gern Zustandsbilder zusenden, um Ihrer Entschlusskraft aufzuhelfen, und wäre froh, wenn Sie mir mitteilen würden, falls eine Präsentation meiner Arbeiten in Ihrer schönen Galerie für Sie völlig ausgeschlossen ist. Ich hoffe auf eine baldige Begegnung und verbleibe mit den besten Grüßen Ihre Lotte Laserstein.

Lotte dreht sich zu Traute um.

TRAUTE Zu unterwürfig. Genauer gesagt, es ist unterwürfig und gleichzeitig fordernd.

LOTTE Ich schreibe ihm besser nicht.

TRAUTE Aber nein, es stecken interessante Gedanken darin.

LOTTE Das könnte ihn abschrecken, der Mann kann es sich leisten, wählerisch zu sein.

TRAUTE Du bist nicht auf ihn angewiesen.

LOTTE Eine Arbeit dieser Größe darf man nicht an kleine Galerien verschleudern. Übrigens waren keine anderen Galeristen da. Aber viele Fremde. Ich hatte einige Einladungen verschickt und einen Zettel an die Haustür gehängt, dass mein Atelier im obersten Stockwerk ist. Und den ganzen Tag waren Menschen da, die ich noch nie gesehen habe. Manche haben sich schweigend die Bilder angesehen, andere haben interessiert nachgefragt, meinen Kaffee getrunken und lange auf die Bilder gestarrt, bis mir klar wurde, dass das Menschen sind, die sich nur aufwärmen wollten, sie hatten unten den Zettel gesehen. Keine Bettler: Beamtentypen, junge Burschen und ältere Ehepaare, die wahrscheinlich durch die Stadt laufen, weil sie sich keine Kohlen mehr leisten können oder aus der Wohnung geworfen wurden.

TRAUTE Was hast du mit ihnen gemacht?

LOTTE Was sollte ich machen? Sie waren still, höflich, müde, einer ist drüben im Schüleratelier einfach auf der Chaiselongue eingeschlafen ... sie waren diskret, haben zugehört, wenn ich mit einem Sammler gesprochen habe ... als wäre der Raum voller Geister, nach einiger Zeit gingen sie wieder, neue kamen ... es war unheimlich.

TRAUTE Ich treffe kaum noch Leute, keiner verabredet sich mehr. Ich dachte schon, dass es mit mir zu tun hat, aber die Leute haben kein Geld mehr fürs Restaurant, deshalb sagen sie lieber ab. Kürzlich sehe ich einen alten Freund bei Aschinger sitzen, ich habe ihm durch die Scheibe zugewunken, aber er tat so, als ob er mich nicht erkennt.

LOTTE Wir sind früher auch zu Aschinger, ohne Aschingers Freischrippen wäre die Hälfte der Berliner Maler in den letzten Jahren verhungert.

TRAUTE Aber der hat mal im Alsenviertel gewohnt. Und hast du schon gehört, dass die Vossische alle freien Journalisten rausgeworfen hat?

LOTTE Ich habe mich schon gewundert, dass Bodo nicht mehr schreibt.

TRAUTE Ernst vermutet, dass er jetzt für den Völkischen Beobachter arbeitet. Da unterzeichnet einer mit „Bodim“. Traust du ihm das zu?

LOTTE Genug davon, das interessiert mich alles nicht.

TRAUTE Was ist denn?

LOTTE Nichts. Mich lenkt das alles ab.

TRAUTE Gut. Das kann ich verstehen.

LOTTE Nein, das kannst du nicht! Wie willst du das denn verstehen? Du weißt doch gar nicht, was es bedeutet, so etwas nicht zu Ende bringen zu können, was für ein Mühlstein das ist.

TRAUTE Aber das wird großartig, wirklich.

LOTTE Du musst mir jetzt nicht schmeicheln.

Stille.

Entschuldige, ich bin etwas gereizt, das hat nichts mit dir zu tun.

TRAUTE Vielleicht brauchst du deine Ruhe.

LOTTE Ich will einfach keine schlechten Nachrichten mehr.

TRAUTE Soll ich dir den Nacken massieren?

Traute beginnt Lotte den Nacken zu massieren.

Willst du gute Nachrichten hören?

LOTTE Ja.

TRAUTE Ich werde eine Ausbildung zur Photographin machen. Dann stehst du mir Modell, ja?

LOTTE Für so etwas tauge ich nicht.

TRAUTE Das ist alles, was du dazu zu sagen hast?

LOTTE Was willst du denn hören? Du willst Photos machen, schön, aber was soll ich denn dazu sagen? Ich bin Malerin. Für mich sind Photos nur Erinnerungsstützen.

Traute steht auf.

TRAUTE Ich komme wieder, wenn du bessere Laune hast.

LOTTE Was habe ich denn gesagt? Willst du dafür gelobt werden wie ein kleines Kind?

TRAUTE Nein. Ich wollte nur etwas Eigenes beginnen.

LOTTE Aber du arbeitest doch hier mit mir, ohne dich kann ich nicht arbeiten. Du musst wegen mir doch nicht ...

TRAUTE Ich mache es für mich.

LOTTE Aber dann hat es nichts mit mir zu tun.

TRAUTE Ist schon gut.

LOTTE Wenn dieses Monstrum fertig ist, habe ich den Kopf wieder frei und dann will ich ein Bild von uns beiden machen. Ich habe auch schon eine Bildidee. Willst du sie hören?

TRAUTE Ja.

Lotte rollt einen Standspiegel heran, schiebt eine kleine Staffelei heran, zieht einen weißen Malerkittel an, nimmt einen Pinsel in die Hand.

Und ich?

LOTTE Stell dich hinter mich. Näher. Kannst du deinen Pullover ausziehen?

Traute zieht ihren Pullover aus.

Nicht in den Spiegel sehen, sieh mir über die Schulter auf das Bild. Leg die Hand auf meine Schulter. Ist das gut?

TRAUTE Für mich ja, für dich?

LOTTE Ja. Sehr. Einen Moment so halten, dann kann ich es mir einprägen. Kannst du dir das auch merken?

TRAUTE Ja.

Freeze, eventuell eine Projektion des Gemäldes auf dem Bildträger. Lise kommt herein.

LISE Störe ich?

LOTTE Herrgott nochmal, Lise, du kannst hier nicht einfach reinstürmen, wie oft soll ich dir das noch sagen!

LISE Entschuldigung.

LOTTE Verzieh dich bitte.

LISE Sie dürfen nicht so mit mir reden, Frau Laserstein, ich bin ein erwachsener Mensch.

LOTTE Wer hat dir das denn eingeredet. Und jetzt raus, komm in einer halben Stunde wieder.

Lise geht tief beleidigt.

TRAUTE Sei nicht so streng mit ihr.

LOTTE Als sie noch von ihren nächtlichen Eskapaden erzählt hat, war es noch ganz lustig, aber neuerdings wirft sie sich auf die Politik, hetzt gegen den Youngplan und dass wir unsren Enkeln noch die Kriegsschuld vererben werden, das ganze Gedröhne. Neulich kommt sie in Tränen aufgelöst, weil die Kommunisten irgendeinen SA-Mann aufgemischt haben. Kennst du den Kerl, habe ich sie gefragt, tut sie natürlich nicht, reines Sentiment und Pathos. Als sie noch erzählt hat, wie sie irgendwelchen grünen Jungs nachts am Wannsee einen geblasen hat, war sie amüsanter. Warum beschäftigt sich so eine Göre auf einmal mit Politik?

TRAUTE Weil das alle tun.

Traute beginnt sich umzuziehen.

LOTTE Ich nicht. Vielleicht, wenn das Bild fertig ist, vorher nicht. Und wenn es fertig ist, ist auch der Spuk vorbei. Die Reparationen sind geregelt, Demonstrationen sind verboten und in Thüringen werden sich die Nazis in der Regierung so blamieren, dass sie entzaubert sind, und dann hat es ein Ende mit dieser Schreckensstille, dann schimpfen sie wieder, und wenn geschimpft wird, ist Berlin wieder, was es immer war, die Hauptstadt der Meckerköppe.

Traute geht in Positur.

Wir werden dieses Bild von uns beiden malen, ja?

5. SZENE MÄRZ 1930

Ein Radio steht auf dem Ateliertisch, Lotte dreht am Senderknopf, Nachrichtenstimmen, ein Vortrag, sie dreht weiter, bis Musik kommt, eine Operette, Lotte hört ein Weilchen zu, dann beginnt sie mit den Vorbereitungen zur Sitzung und zieht sich ihren weißen Kittel an. Bodo kommt herein, umarmt Lotte und überreicht ihr einen kleinen Blumenstrauß.

LOTTE Wie komme ich zu der Ehre?

BODO Ich war so froh, endlich von dir zu hören. Ich hatte schon befürchtet, du hättest mich gestrichen. Aber das sagt man in deinem Metier wahrscheinlich nicht. Sagt man ausgewischt?

LOTTE Dazu muss es erst einmal etwas zum Auswischen geben.

BODO Ich werde alles tun, um das zu verhindern. Du bist meine letzte Chance, unsterblich zu werden.

LOTTE Wolltest du das nicht als Schriftsteller werden?

BODO Hast du das je ernst genommen? Knabenträume, nichts weiter, der Bedarf an Dichterfürsten scheint gedeckt. Der an Journalisten übrigens auch. Die Vossische hat alle Freien entlassen.

LOTTE Ich weiß.

BODO Ach ja?

LOTTE Traute hat es mir erzählt.

BODO Ich hatte gehofft, du hättest meine geistreichen Kolumnen bei der morgendlichen Zeitungslektüre schmerzlich vermisst.

LOTTE Ich lese keine Zeitungen mehr.

BODO Natürlich, wer ein Radio hat, braucht keine Zeitungen. Aber ich will dich nicht dafür verantwortlich machen, dass ich den Winter von gedünstetem Stiefelleder gelebt habe. Natürlich nur bildlich gesprochen.

LOTTE Ich male gerne bei Musik, deshalb habe ich es mir angeschafft.

BODO Verständlich, wer will diese Nachrichten hören. Darf ich sehen, womit du eine so immense Ausgabe finanzieren kannst?

Bodo sieht sich das Bild lange an. Lotte schaltet das Radio aus.

BODO Es wird ein Meisterwerk, Lotte.

LOTTE Darin stecken jetzt schon fast sechs Monate Arbeit.

BODO Gut Ding will Weile haben.

LOTTE Ich habe diese Künstlerallüren von der schweren Geburt des Werkes immer verachtet, aber dieses ... Ding ... egal, ich male zum Ausgleich Potsdamer Ansichten.

BODO Kann ich sie sehen?

LOTTE Alle schon beim Galeristen.

BODO Ja, die Kunst geht nach Brot, darauf kann man sich zumindest verlassen.

LOTTE Ich male sie, weil es mich entspannt und weil ich dann einen Tag aus der Stadt komme.

BODO Das war nicht böse gemeint. Wer bin ich, das zu verurteilen: ein Köter, der nach jedem Brosamen schnappt, der vom Tisch fällt. Eine Mietfeder und es ist kein sonderlicher Trost, dass man mit solchen wie mir in Berlin gerade Straßen pflastern kann.

LOTTE Und wer mietet dich? Sei ehrlich.

BODO Irre ich mich oder bekommt das Gespräch gerade einen leicht inquisitorischen Charakter?

LOTTE Schreibst du für dieses Naziblatt?

BODO Ich weiß nicht, was du meinst.

LOTTE Ernst meint, er hätte deine Initialen unter einem Artikel im Völkischen Beobachter gelesen.

BODO Dann hast du ihn doch hoffentlich gefragt, warum er so eine Zeitung liest.

LOTTE Ernst liest alles, was er in die Finger bekommt.

Stille.

BODO Ja, ich schreibe manchmal für diese Leute, sie bezahlen gut, ich muss leben. Ernst als Festangestellter kann sich moralische Grundsätze leisten – übrigens in einem zutiefst reaktionären Theater – ich kann mit meinen Idealen leider nicht die Wohnung heizen.

LOTTE Diese Leute sind gefährlich.

BODO Sie werden dämonisiert. Sie kämpfen für Leute, die nicht so viel Glück und Talent haben wie du beispielsweise, die Menschen haben Angst, machen sich Sorgen, über ihre Existenz, über Deutschland, das muss man respektieren.

LOTTE So wie sie die Juden respektieren?

BODO Leg das nicht auf die Goldwaage, dieser Antisemitismus ist im Kern ein Antikapitalismus, das ist die eigentliche Stoßrichtung und gegen die Auswüchse des Börsenkapitalismus zu sein, ist nachvollziehbar, oder? Außerdem wirst auch du nicht bestreiten können, dass ein Großteil des Finanzkapitals in jüdischen Händen liegt. Das wird man wohl noch sagen dürfen, oder?

LOTTE Da wird der alte Sauerteig breit getreten.

BODO Das ist eine junge Bewegung.

LOTTE Junge Arbeitslose, die man fürs Brüllen und Zuschlagen bezahlt.

BODO Studenten, vierzig Prozent an den Universitäten. Soll man der Jugend verwehren, eine bessere Zukunft zu denken? Die Demokratie hat versagt, Brüning regiert mit Notverordnungen, wer nimmt die Quasselbude denn noch ernst? Die Jungen schon lange nicht mehr, die wollen politische Führer, die ihnen sagen, wo es lang geht, die wollen Gemeinschaft, die wollen, dass ihnen jemand zuhört, die wollen sich in ihrer Regierung wiederfinden, in der Gesellschaft, in der sie leben und übrigens auch in der Kunst. Mit uns kommt eine neue Kunst. Die ganzen Experimente, Expressionismus, Dada, Kubismus ... das war Kunst für rebellierende höhere Töchter oder versnobte Knaben, die sich interessant machen wollten. Die neue Sachlichkeit war Schonungslosigkeit für eine Bourgeoisie, die sich den ganzen Tag schonen konnte und in der Kunst den abendlichen Kitzel der Lustmörder, Huren und Krüppel suchte – falls sie das nicht bei Herrn Brecht am Schiffbauerdamm auf der Bühne besichtigen. Eine kleine Blase bürgerlicher Revolutionäre, der Rest die Nachäfferei kleiner Büromädchen, die Mode mit Moderne verwechseln.

LOTTE Du verschwendest deine Zeit, meine übrigens auch.

BODO Du solltest nicht so schlecht von Leuten denken, die genau deine Kunst zu schätzen wissen. Deine Meisterschaft. Übrigens hat dich diese ganze sogenannte Avantgarde auch nie interessiert, du hast bei diesem Rattenrennen nie mitgemacht, du hast Haltung bewahrt und getan, was du tun musstest, und das ist das Deutsche an dir.

LOTTE Ich bin aber Jüdin.

BODO Ja, das ist nun mal eine Tatsache. Aber das spielt für mich keine Rolle.

LOTTE Wie generös und mutig von dir.

BODO Ich meine es ernst.

LOTTE Es wird viel Engagement von einer Mietfeder verlangt heutzutage. Und irgendwann fängt man an zu glauben, was man schreibt, oder?

BODO Die Zeiten ändern sich, schon bald wird alles anders und wenn ich das nicht wüsste, wäre ich schon längst zugrunde gegangen.

LOTTE Ist das eine Entschuldigung?

BODO Nein, eine Erklärung in jedem Sinne des Wortes.

LOTTE Setz dich bitte, wir müssen anfangen, bevor sich das Licht ändert.

Bodo setzt sich hinter den Tisch, Lotte wirft einen Blick auf das Photo.

Den Arm auf das Geländer. Und in diesem speziellen Fall würde ich dich bitten, deine Haltung nicht zu ändern.

6. SZENE OSTERSONNTAG, 20. APRIL 1930

Ostern, Lotte und Traute räumen den Arbeitstisch frei, packen Käse, Wurst und Brötchen aus, waschen Geschirr ... Frühstücksvorbereitungen. Ernst sitzt in der Ecke und liest in der Weltbühne, vielleicht läuft das Radio.

ERNST Ich kann euch wirklich nicht helfen?

TRAUTE Bleib uns aus den Füßen, so geht es schneller.

LOTTE Sei nicht so altmodisch. Wenn er doch will?

TRAUTE Er kann es einfach nicht, du kannst einem alten Hund keine neuen Kunststücke beibringen.

ERNST Wusstet ihr eigentlich, dass Hunde ein sehr feines Gehör haben?

TRAUTE Wir sind gleich fertig.

ERNST Es war sowieso eine rhetorische Frage, ich wollte mich nur beliebt machen.

LOTTE Lass gut sein, Ernst, du bist beliebt.

Ernst vertieft sich wieder in seine Lektüre. Lotte überlegt.

LOTTE Wir nehmen den Motivtisch. Seit Monaten sitzt ihr vor einem Gastmahl, jetzt muss man das mal nutzen.

TRAUTE Und das Arrangement?

LOTTE Wollte ich sowieso überdenken.

TRAUTE Sicher?

Traute und Lotte beginnen den Motivtisch zu decken.

ERNST Die Weltbühne schreibt über die Neue Sachlichkeit. Soll ich euch vorlesen?

LOTTE Nein, danke.

ERNST Hier: „Die Sättigung durch die Wirklichkeit kann auch auf einer sehr begrenzten Berührungsfläche erfolgen – in einem Stillleben etwa oder in einer kleinen Landschaft, in einem Portrait oder wenigen Figuren."

TRAUTE Niemand hört dir zu, Ernst.

ERNST Gleich fertig: „Es kommt auf die Bauspannung und die Atmosphäre an, auf jene innere Weite und Beweglichkeit, die selbst bei letzter Beschränkung im Gegenstand und Format zugleich greifbare Wirklichkeit und visionäre Steigerung dieser selben Wirklichkeit ist." Was sagt man dazu?

LOTTE „Leider lässt der detailbegrenzte Realismus unserer sogenannten jungen Kunst solche Steigerung vermissen." So geht es doch weiter, oder?

Kurze Stille.

ERNST Ich wusste nicht, dass du die Weltbühne liest.

LOTTE Man muss seine Feinde besser kennen als seine Freunde.

TRAUTE Mein lieber Mann, könntest du versuchen, heute Morgen alle Reizthemen zu vermeiden?

ERNST Kunst ist ein Reizthema? In einem Maleratelier?

LOTTE Nein, natürlich nicht.

ERNST Könnte ich eine Liste bekommen, welche Themen bei einem Osterfrühstück unpassend sind?

TRAUTE Deine sämtlichen Lieblingsthemen. Sprich über alles, was du uninteressant findest, dann kannst du nichts falsch machen.

ERNST Habe ich zumindest das Menschenrecht auf Notwehr? Wenn zum Beispiel dieser Wendehals von der völkischen Presse mit seiner jüdisch-bolschewistischen Verschwörung des Kapitals anfängt?

TRAUTE Lass ihn reden und sprich über das Wetter.

ERNST Er unterschreibt inzwischen übrigens mit vollem Namen.

LOTTE Ach Gottchen, soll er doch.

Ernst will etwas erwidern, ein Blick von Traute lässt ihn stumm bleiben. Er steht auf und betrachtet die Bilder im Atelier.

TRAUTE Werden alle kommen?

LOTTE Ich habe Maria eine Nachricht bei ihrer Hauswirtin hinterlassen. Die sagt, dass sie jetzt im Grunewald wohnt, aber das muss nicht stimmen. Sie ist weg, spurlos. Dabei hatten wir noch zwei Sitzungen vereinbart. Im Voraus bezahlte Sitzungen.

TRAUTE Machst du dir Sorgen um sie?

LOTTE Was denkst du denn? Natürlich.

TRAUTE Ich wusste nicht, dass ihr euch so nahesteht.

LOTTE Tut sie nicht und wenn, dann wüsstest du es.

Ernst lüftet ein wenig das Leintuch über „Abend über Potsdam" und wirft einen Blick auf das Bild.

ERNST Wann malst du die Bildmitte?

LOTTE Nächste Woche, falls Maria nicht auftaucht.

ERNST Ich hätte immer angenommen, dass man vom Zentrum her arbeitet.

LOTTE Ich wollte erst die äußeren Farbverläufe.

ERNST Wir sind die dunkle Seite, Traute. Der Nazi ist bis jetzt die hellste Figur.

TRAUTE Hör doch auf.

LOTTE Es sind warme Erdfarben.

ERNST Es war nur ein Scherz.

TRAUTE Warum hast du Maria eigentlich nicht in die Mitte gesetzt?

LOTTE Lise hatte ein offeneres Gesicht.

ERNST Hatte?

LOTTE Nicht so wichtig.

TRAUTE Willst du nicht noch etwas lesen, Ernst? Oder an die frische Luft?

ERNST Ich könnte mir noch schnell Zigaretten holen.

Ernst geht.

TRAUTE Er wollte nur nett sein.

LOTTE Einen ganzen Morgen habe ich mich über diesen Artikel geärgert. Und dann noch den ganzen Nachmittag darüber, dass mich so etwas verärgert. Aber vielleicht stimmt es ja, für mich zumindest, ich schaffe die Steigerung nicht. Es ist ein Haufen stummer Menschen um ein leeres Zentrum. Pappkameraden, ohne ein Vorher und Nachher, reine Erstarrung ohne Erzählung, drei Schuss ein Groschen und dafür verschwende ich ein halbes Jahr meines Lebens.

TRAUTE Warum lädst du uns zum Frühstück ein, wenn dich das Bild nur deprimiert? Vielleicht bräuchtest du etwas Abstand davon.

LOTTE Ich habe Abstand, das ist mein Problem. Ich brauche Nähe. Ich muss hören, was da gesprochen wurde. Vor dieser Stille.

TRAUTE Aber das wird nicht mehr das Gespräch vom Spätsommer sein.

LOTTE Ihr seid auch nicht mehr diese Menschen im Spätsommer. Außer dir. Du bist dir treu geblieben, dich kenne ich noch. Den anderen will ich zuhören.

TRAUTE Und wenn Maria nicht kommt?

LOTTE Sie ist auf dem Bild sowieso mit ihren Gedanken woanders.

TRAUTE Ernst wird sich mit Bodo streiten.

LOTTE Warum nicht. Sollen sie doch.

TRAUTE Und die Kleine?

LOTTE Ich weiß es nicht. Ich muss sie beobachten, muss sehen, wie sich die Muskeln in ihrem Gesicht bewegen, wie ihr Körper sich spannt, wie sie reagiert, auch wenn ich es nicht malen kann, ich brauche irgendeinen Ausdruck.

TRAUTE Und wenn sie einfach nur ein dummes Gör ist?

LOTTE Glaubst du Vermeers Dienstmägde waren große Kirchenlichter?

TRAUTE Ich weiß nicht, was du suchst.

LOTTE Ich auch nicht. Und wenn ich es nicht finde, zerschneide ich das Bild. Ein Doppelportrait für euch zu Ostern, eine Frau in Grün für Gurlitt und Bodo kann sich aus seinem Kopf einen Lampenschirm schneidern.

Bodo kommt.

BODO Frohes Osterfest die Damen. Und vielen Dank für die Einladung. Ist es denn vollbracht?

LOTTE Nein, die Mittelfigur und Details fehlen noch.

BODO Dann haben wir noch eine Sitzung?

LOTTE Wenn du es einrichten kannst?

BODO Ich bitte darum.

LOTTE Dein rechter Arm fehlt noch.

BODO Ist mir noch gar nicht aufgefallen. Entschuldige, das war platt. *(zu Traute)* Ist Ernst heute verhindert?

Ernst kommt wieder herein.

ERNST Ich muss Sie enttäuschen.

BODO Waren wir nicht per du?

ERNST Das Du hätte nicht zu diesem dramatischen Auftritt gepasst.

BODO Polonius hinter der Tapete?

ERNST Dann wäre ich jetzt abgespielt.

TRAUTE Möchte jemand einen Kaffee?

Ernst bemerkt Bodos Parteiabzeichen.

ERNST Und stolz glänzt das Fettauge am Revers des edlen Recken. Gratulation zum Teufelspakt.

BODO Ich dachte, du schätzt Menschen, die Gesicht zeigen und ihre Haltung vertreten.

ERNST Soldatische Haltung. Und das Fähnchen flattert im Wind.

TRAUTE Lasst es gut sein.

ERNST Es ist gut, wir schärfen nur die Klingen.

TRAUTE Bei Frauen würde man sagen, sie zicken sich an.

BODO Wir verstehen uns, oder? Hast du meine Kritik gelesen?

ERNST Eine Eloge. Vielen Dank, es hat sich sofort an der Kasse bemerkbar gemacht.

BODO Ich helfe, wo ich kann.

ERNST Cum grano salis. Es bedeutet, dass ein Großteil unseres Publikums den Völkischen Beobachter liest.

BODO Es ist eine Zeitung wie jede andere auch.

ERNST Einspruch.

BODO Stattgegeben. Sie wird vom Volk gelesen. Im Gegensatz zur Systempresse.

ERNST Sagen wir, sie wird von verängstigten Kleinbürgern gelesen, das ist genauer.

LOTTE Zucker? Milch?

BODO Keine Umstände, ich bediene mich.

ERNST Ich bin schon bedient.

TRAUTE Ernst, bitte.

BODO Kommen die Fräuleins auch noch?

LOTTE Lise kommt noch, Maria wahrscheinlich nicht. Ihr habt noch ein wenig geplaudert das letzte Mal?

BODO Eine ... interessante Person, Messalina in natura.

TRAUTE Wollen wir schon anfangen?

ERNST War diese Kritik eine Gefälligkeit oder mochtest du den Abend wirklich?

BODO Die Rote Fahne hat verrissen, oder?

ERNST Weil der Völkische gelobt hat.

BODO Nicht sehr souverän.

ERNST Aber immerhin gut geschrieben.

TRAUTE Bitte, es ist Ostern, vor dem Frühstück.

Lise kommt, sie hat sich offensichtlich herausgeputzt.

LISE Entschuldigung, ich bin zu spät, das tut mir leid.

LOTTE Das macht nichts, Kindchen.

ERNST Dann können wir jetzt beginnen.

Man sieht Lotte an.

LOTTE Ich werde jetzt nicht feierlich, fangt einfach an, das ist nur ein Frühstück, als kleines Dankeschön fürs Modellstehen. Also keine Förmlichkeiten, bitte.

TRAUTE Sollen wir uns auf Position platzieren?

LOTTE Nicht nötig, setzt euch so, dass ihr alle an die Schrippen kommt.

BODO Aber wir sollten vorher einen gemeinsamen feierlichen Blick auf das Bild werfen.

Lotte zieht ein Leintuch von der Staffelei.

LOTTE Die Mitte fehlt.

ERNST Ein Bild unserer Zeit.

Sie sehen sich das Bild an.

LISE Ich habe richtig Bammel vor der ersten Sitzung.

LOTTE Du kannst nichts falsch machen.

LISE Oh doch. Vielleicht kann ich nicht so lange stillsitzen. Oder ich werde rot, weil man mich so genau betrachtet, mich hat noch nie jemand so lange angesehen und wer weiß, was Sie dann so alles sehen und wie ich dann sehe, wie Sie mich sehen, und vielleicht haben Sie dann Recht und nicht mein Spiegel, weil sie genauer hingucken ... ich weiß auch nicht, das ist wie bei den Hottentotten, die Angst haben, dass man ihnen die Seele klaut, wenn man sie photographiert.

Lachen.

TRAUTE Na, wenn dir danach was fehlt, weißt du ja, wen du fragen kannst.

LISE Oder vielleicht muss ich auch lächeln, wenn ich da so Stunden stillsitze und nachdenke.

BODO Vielleicht sollst du ja lächeln.

LISE Hoffentlich, ich könnte nämlich den ganzen Tag lächeln.

ERNST Da gehörst du zu einer kleinen Minderheit im Reich.

LISE Ach nein, das hat private Gründe.

Ernst summt Lehárs „Lächeln, immer nur lächeln".

BODO Nehmen wir uns einen Moment der Stille vor dem Werk. Lotte macht uns unsterblich.

LOTTE Nun bleib mal auf dem Teppich. Zu Tisch.

ERNST Unsterblich? Ich würde sagen, es kommt darauf an.

TRAUTE Worauf denn?

ERNST Wer weiß, was aus der bildenden Kunst wird, wenn ein gewisser Herr an die Macht kommt, der als Maler kläglich gescheitert ist.

BODO Da der Führer eine Künstlernatur ist, hat er großes Verständnis für die bildende Kunst.

ERNST Du sagst wirklich „Führer"?

LISE Aber das sagen doch alle, oder?

ERNST Ich fasse es nicht.

TRAUTE Das ist jetzt egal, sehen wir uns das Bild an.

LOTTE Nun lasst den Kokolores, das Bild ist noch nicht fertig, jetzt wird gegessen.

LISE Danke, Frau Laserstein, ich hab solchen Kohldampf. Ich bin ja auch noch gar nicht auf dem Bild.

LOTTE *(lacht)* Ganz genau.

Alle gehen langsam zum Tisch und beginnen zu frühstücken.

LISE Ich kann auch nicht so lange, ich werde nachher noch abgeholt.

ERNST Immer dran denken: Nur zugeben, was man dir nachweisen kann.

TRAUTE Nun frag doch einer das Mädchen endlich, die platzt uns sonst.

LOTTE Da muss man doch nicht fragen, das sieht man an der Nasenspitze.

ERNST *(singt)* Ich bin von Kopf bis Fuß auf Liebe eingestellt, das ist meine Welt ...

LISE Haben Sie den gesehen? Ist der nicht spitze?

TRAUTE Du wolltest doch was erzählen.

LISE Nein, das passt, da war ich nämlich mit ihm drin, zwei Stunden standen wir an, da kannten wir uns gerade eine Woche, und er wollte erst nicht, aber ich habe gesagt, ich bin das Mädchen, ich suche den Film aus, so gehört sich das: Das Mädchen sucht aus und der Junge zahlt.

ERNST Stimmt, das ist fair.

TRAUTE Wie heißt denn der Glückliche?

LISE Richard! Richard Mahlow.

LOTTE Wie hast du ihn denn kennengelernt?

LISE Das ist eine ganz verrückte Geschichte. Ich muss ja zur Arbeit Jannowitzbrücke umsteigen und da stand er immer an der Treppe und hat mir Flugblätter in die Hand gedrückt und immer so nett gelächelt und eines Abends fragt er mich, ob ich die auch wirklich lese, habe ich nicht, habe ich ihm auch gesagt, und dass mir das leidtut. Ich bin eben immer so müde nach Feierabend und dann sagt er, egal, wir können ja irgendwann zusammen ausgehen und dann erklärt er mir das alles. Und das hat er so nett gesagt und dann sind wir einen Samstag auf den Schlesischen Rummel.

TRAUTE Ist das nicht gefährlich da?

LISE Da waren noch ein paar Kameraden dabei und das sind Jungs, an die sich keiner rantraut. Wenn die in Uniform übern Rummel gehen ... aber das müssen sie auch, damit sie nicht angegriffen werden. Richard haben sie im Winter in der Mulackei abgepasst und verdroschen, einfach so. Weil die das nicht haben können, dass einer sagt, was er denkt, und dafür einsteht, und in der Presse heißt es dann, die würden den Krawall machen.

ERNST Können wir das Thema wechseln?

BODO Lass sie doch erzählen.

ERNST Entschuldigung, ich muss mir hier nicht die Casinoballade vom aufrechten SA-Mann anhören! Wirklich nicht!

Kurze Stille.

BODO Darf sich das Mädchen nicht verlieben? Das ist eine ganz private Geschichte, da sollte man sich einfach mitfreuen.

ERNST Der nette Kerl, der verdroschen wird. Wir reden hier über die übelsten Schlägertypen von Berlin und wenn dieses Mädel mit einem Sturmtrupp übern Rummel marschiert, ist das politisch. Wenn einer Flugblätter verteilt auch und wenn einer von der SA durchs Scheunenviertel marschiert, will er Radau, damit die Bewegung wieder einen Grund hat, auf ihre Feinde loszugehen.

LISE Das stimmt überhaupt nicht! Die werden angegriffen, das sind alles Presselügen.

ERNST Bodo, ich appelliere an deinen Verstand. Willst du mir hier erzählen, dass die SA friedliche Pfadfinder sind, die von neidischen bolschewistischen Bestien angegriffen werden? Ist das deine Meinung?

BODO Natürlich schlagen sie manchmal über die Stränge ...

ERNST Über die Stränge? Eine Truppe, welche die öffentliche Ordnung massiv zerstört, um sich dann als Retter der öffentlichen Ordnung anzubiedern? Rechtfertigst du den Straßenterror?

BODO Das sind Randerscheinungen ...

ERNST Randerscheinungen?!

BODO Solltest du mich als Demokrat nicht ausreden lassen? Danke. Es sind Randerscheinungen, die von der Parteileitung auch verurteilt werden. Aber grundsätzlich muss man die Sorgen des Volkes ernst nehmen, die Krise ist real, die Arbeitslosigkeit, der Schandvertrag von Versailles, die Demütigung des Deutschen Reiches. Und Brüning regiert mit Notverordnungen, die Demokratie ist am Ende, weil sie eine Regierungsform für Schönwetterzeiten ist. Im Sturm braucht es einen Kapitän, der sagt, wo es langgeht.

ERNST Diktatur.

BODO Ich sage nur, dass die Demokratie nicht funktioniert. Und dass die Menschen Hoffnung brauchen. Arbeit. Und Brot! Und dass die Deutschen das Recht haben, auf ihr Land stolz zu sein.

LISE Genau.

TRAUTE Ich glaube, das genügt.

BODO Ich habe damit nicht angefangen. Ernst scheint von diesem Thema besessen zu sein.

ERNST Ich habe diese ewige Propaganda satt! Ich will nicht bei einem Osterfrühstück diese Lügen hören.

BODO Wenn du das sowieso für Propaganda hältst, dann solltest du mich vielleicht nicht provozieren!

ERNST Das ist der Terror, der sich als Vaterlandsliebe tarnt. Und du machst ihnen den Leierkastenmann, weil es für einen Saint-Just nicht reicht.

TRAUTE Lass es, Ernst, auch wenn du gerne diskutierst, man muss auch mal fünf Minuten Ruhe von der Politik haben!

Ein Moment der Stille, alle sitzen in sich versunken am Tisch, es ähnelt dem Motiv des Gemäldes.

ERNST Ich gehe mal kurz an die frische Luft,

Ernst steht auf und geht ab. Stille.

LISE Ist das jetzt meine Schuld? Hätte ich das nicht erzählen sollen?

TRAUTE Das konntest du nicht wissen.

LISE *(zu Bodo)* Aber Sie verstehen, was ich sagen wollte.

Bodo steht auf.

BODO Ich glaube, es ist besser, wenn ich jetzt aufbreche. Ich möchte nicht die Stimmung verderben und wenn Ernst noch bleiben will, dann muss ich es wohl sein, der das Feld räumt.

LOTTE Tut mir leid, ich dachte, es ist eine Verständigung möglich.

Ernst kommt wieder herein und bleibt an der Tür stehen.

BODO Vielleicht ist die Zeit der Verständigung einfach vorbei, so bedauerlich ich das auch finde. Empfehle mich.

Bodo küsst Lotte die Hand, nickt den anderen kurz zu und geht ab. Stille.

LISE Richard ist nicht so, er ist ein ganz lieber Mensch und er ist voller Hoffnung, er glaubt an etwas und das kommt von Herzen. Das spürt man doch. Jeder will an etwas glauben, oder? So ein stolzer Mensch, der macht einen auch selbst stolz. Er kommt gleich, ich kann ihn kurz hochbitten, ihr werdet sehen, dass er ganz anders ist.

LOTTE Ich glaube, das ist heute keine gute Idee, Lise.

ERNST Wenn hier jetzt ein SA-Mann hereinmarschiert, kann ich für nichts garantieren.

Lise steht auf.

LISE Wegen Leuten wie Ihnen ...

ERNST Ja? Was?

LISE Der kämpft auch für Sie.

LOTTE Schon gut, Lise, mach dir einen schönen Ostersonntag.

Lise geht ab. Ernst zittert vor Wut, Traute will ihn umarmen, Ernst wehrt sie ab.

ERNST Jetzt bitte nicht. Ich „diskutiere" lieber.

TRAUTE Das war dumm von mir, tut mir leid.

ERNST Ich hätte mir das nicht antun sollen. Das geht mir an die Nieren. Und da bin ich wohl leider der Einzige. Wundert mich. Hätte ich nicht erwartet.

LOTTE Du hast ja Recht.

ERNST Das wäre vor fünf Minuten ein wunderbarer und hilfreicher Satz gewesen. Ich gehe jetzt.

Ernst nimmt seinen Mantel.

TRAUTE Bleib bitte hier.

ERNST Ich versuche hier das Leben zu verteidigen, dass nicht nur ich führe, sondern ihr auch, gerade ihr. Aber komischerweise war ich der Querulant, weil diese Nazibrut peinlich berührt ist, wenn man ihren Lügen widerspricht. Ich, ich war hier der Störenfried, weil ich das nicht hinnehmen will, und muss mir anhören, dass ich gerne diskutiere ...

TRAUTE Ich habe gesagt, dass es mir leidtut!

ERNST Das bringt mir jetzt nichts mehr! Die konnten sich als die bürgerliche Normalität inszenieren, als nette Menschen, die voller Sorgen sind und Träume haben, und das ist das Schlimme! Versteht ihr das nicht? Ich habe einen Redakteur beleidigt, der mir Gutes will und einer blonden deutschen Maid die große Liebe madig gemacht, so sind die hier rausmarschiert, als empörte Unschuld. Dabei reden wir über Totschläger, Rassefanatiker, Büttel der Großindustrie ... über den Hass im Schafspelz und ihr haltet den Mund, ihr haltet einfach den Mund!

LOTTE Ernst. Ich bin Jüdin. Ich bin eine berufstätige Frau. Ich bin alleinstehend. Ich bin eine der ersten Frauen, die auf der Akademie zugelassen wurde. Ich stehe auf allen schwarzen Listen ganz oben. Ich kann es mir nicht leisten.

ERNST Das musst du dir aber leisten, gerade du. Ich bin Deutscher, blond, Vorfahren im Märkischen seit vierhundert Jahren, Dramaturg eines Possentheaters in einem Nazibezirk. Ich bin nicht in Gefahr. Du schon.

LOTTE Das habe ich doch gerade gesagt. Aber ich bin Malerin, ich habe nicht die Kraft und den Willen, dauernd meine Meinung vor mir herzutragen.

ERNST Das könnte ja deine Karriere gefährden. Deine Kunden. Aber manchmal muss man es sich mit Leuten verderben.

LOTTE So wie du.

ERNST Ich gehe jetzt, ich habe genug Porzellan zerschlagen. Hast du genug Geld für ein Taxi, Traute?

TRAUTE Ich komme mit.

ERNST *(zu Lotte)* Ich werde dich sicher morgen anrufen und mich für alles entschuldigen, was heute passiert ist. Heute schaffe ich das noch nicht.

Ernst ab. Traute umarmt Lotte.

TRAUTE Ich kann ihn jetzt nicht alleine lassen. Er nimmt sich immer alles so zu Herzen.
LOTTE Rufst du mich an?
TRAUTE Ja.
LOTTE Bald?
TRAUTE Ja.
LOTTE Habe ich etwas falsch gemacht?
TRAUTE Ich weiß es nicht. Ich muss zu Ernst.
Traute ab.

7. SZENE MAI 1930

LOTTE Sehr geehrter Herr Gurlitt, lange habe ich Sie um einen Besuch im Atelier gebeten und nun, da Sie den Wunsch geäußert haben, meine neuen Arbeiten zu sehen, muss ich Ihnen leider absagen. Oder um eine Verschiebung bitten, um genau zu sein. Ich muss an dem beschriebenen Werk noch einen Schritt weiterkommen, um selbst beurteilen zu können, ob es sich lohnt, dass ein vielbeschäftigter Mann wie Sie den Weg nach Friedenau dafür auf sich nimmt. Ich habe Ihnen schon im letzten Brief beschrieben, welches Eigenleben dieses Bild für mich entwickelt hat und wenn Sie nun den Kopf schütteln, weil das sicher dem üblichen Künstlergeschwätz ähnelt, muss ich das hinnehmen. Das Bild braucht noch eine klare Entscheidung, dann wird sich weisen, ob es für eine Galerie oder eine Schießbude im Lunapark taugt. Nicht dass das Werk wider mich aufsteht, solche Schnurren sind bei Hoffmann besser aufgehoben als in einem Brief an einen Galeristen. Aber ich fürchte Entscheidungen, denn alles, was ich male, verschwindet. Ich habe währenddessen ein Selbstportrait mit Modell gemalt, welches mir gelungen erscheint. Es ist stilistisch den Impressionisten näher als die vorigen Werke und ein Liebermannscher Trost geht von dem Bild aus, der mir den Mut gibt, manchmal wieder einen Blick auf meinen Fluch zu werfen. Aber ich bin eine Kämpfernatur, ich werde bald berichten können, ob das Bild galeriewürdig ist oder kommenden Winter mein Atelier heizen wird.

8. SZENE JUNI 1930

Lotte legt eine Platte von Beniamino Gigli auf. Dann beginnt sie den Motivtisch mit den Requisiten zu decken. Es klopft, Maria kommt herein, ihre Haare sind nun wasserstoffblond gefärbt, es wächst am Ansatz schon dunkel nach, ihr gesamtes Erscheinungsbild ist abgerissen und etwas verwahrlost, sie trägt einen zu roten Lippenstift und wirkt übermüdet. Lotte sieht sie einen Moment staunend an.

MARIA Erkennen Sie mich nicht mehr, Frau Laserstein? Habe ich mich so verändert?

LOTTE Nein, ich habe nur nicht damit gerechnet, dich wiederzusehen.

MARIA Darf ich hereinkommen?

LOTTE Bitte sehr.

Lotte macht die Platte aus, Maria setzt sich, zieht ihre Schuhe aus und reibt sich die schmerzenden Füße, sie sieht sich um und bemerkt das Bild.

MARIA Es wird schön.

LOTTE Ich habe einen Monat Pause gemacht. Gerade wollte ich den Motivtisch wieder einrichten.

MARIA Dann komme ich ja genau richtig.

LOTTE Du kommst vier Monate zu spät. Wir hatten einen Termin.

MARIA Ich war da. Aber Sie nicht.

LOTTE Und wann?

MARIA Vor vier Monaten? Ich habe einen Zettel an die Tür gesteckt.

LOTTE Ich habe nichts gefunden.

MARIA Mit allem. Mit Adresse und allem. Sie können sich auf mich verlassen.

LOTTE Warum hast du es nicht nochmal probiert?

MARIA Ich konnte nicht.

LOTTE Wo warst du?

MARIA Jetzt bin ich da. Ist nicht meine Schuld.

Kurze Stille.

LOTTE Willst du einen Kaffee?

Lotte bringt ihr einen Kaffee.

MARIA Schön, wie der Tisch gedeckt ist. Wie im Sommer.

LOTTE Greif zu.

MARIA Aber das ist für das Bild.

LOTTE Hast du Hunger oder nicht?

MARIA Darf ich?

Lotte nickt, Maria geht zum Tisch und beginnt zögernd zu essen, dann immer gieriger. Lotte beobachtet sie.

LOTTE Wie geht es deiner Mutter?

MARIA Zurück in Białystok, sie war krank. Ich konnte ihr nicht mehr helfen.

LOTTE War?

MARIA Ist krank. War. Ich weiß nicht. Sie dürfen mich nicht so ansehen, Frau Laserstein, ich will das nicht.

LOTTE Das gehört zu meinem Beruf.

MARIA Aber man sieht nicht zu, wie Leute essen. Nur gemeine Menschen wollen sehen, wie andere essen, wenn sie hungrig sind. Wollen Sie so etwas sehen? Nein, oder? Wollen Sie sehen, wie ich scheiße? Nein. Oder wie ich von einem Mann gefickt werde? Nein, wollen sie nicht, weil man das nicht tut, wenn man nicht ein Schwein ist. Sie sind kein Schwein, also schauen sie nicht zu. Bitte.

Lotte geht zum anderen Tisch, nimmt sich Kaffee, sieht Maria nicht mehr an.

LOTTE Iss nicht so viel auf einmal, dein Magen muss sich wieder gewöhnen.

MARIA Ich weiß, wie ich essen muss.

LOTTE Du kannst dir den Rest einpacken.

MARIA Danke. Es ist nicht für mich.

LOTTE Sagst du mir, für wen?

MARIA Freunde, die auf mich aufpassen. Haben Sie ein Tuch oder eine Tasche?

Lotte wirft ihr ein Tuch hin, Maria packt die restlichen Esswaren vom Tisch in das Tuch.

Und Sie? Ist alles gut bei Ihnen?

LOTTE Alles gut.

MARIA Auf Ihnen ruht ein Segen. Noch einen Kaffee, dann fangen wir an, ja? Haben Sie das Kleid?

Lotte sucht in einer Kiste nach dem grünen Kleid und gibt es ihr. Maria zieht ihr Kleid aus, darunter hat sie verschlissene Unterwäsche, sie hat blaue Flecken und entzündete Schürfungen an den Oberschenkeln und den Armen. Lotte sieht sie an.

MARIA Sie finden mich schön, oder? Ich weiß das, ich kenne diesen Blick. Schauen Sie ruhig.

LOTTE Was ist passiert?

MARIA Was wollen Sie sehen?

LOTTE Was ist los mit dir?

Sie mustern sich.

Ich habe dich was gefragt.

MARIA Du bist nicht meine Mutter, du Fotze.

Stille.

LOTTE Raus hier.

MARIA Willst du nicht, dass ich so mit dir spreche? Ich kann auch anders. Ganz wie du willst.

LOTTE Ich habe gesagt, raus hier.

MARIA Dann will ich das Geld für die letzten Sitzungen. Sie haben mich betrogen, ich will sofort, was mir zusteht.

LOTTE Raus, sofort, ich sage es nicht nochmal.

MARIA Ich kann auch sagen, dass Sie mich angefasst haben, mich küssen wollten. Wenn das meine Freunde erfahren, werden sie sehr wütend. Sie müssen mir nur das Geld für die Sitzungen geben, dann ist alles gut.

Lotte geht zu Maria, dann gibt sie ihr eine schallende Ohrfeige.

LOTTE So redest du nicht mit mir! Verstanden?

Maria hält sich die Wange. Stille.

MARIA Entschuldigung.

Lotte geht zu der Kaffeedose und entnimmt ihr einen Zehnmarkschein, gibt ihn Maria.

LOTTE Du weißt genau, dass ich dir nichts schulde. Das ist ein Geschenk. Wie das Essen. Ich will nichts von dir. Ich will auch nicht wissen, warum du im Gefängnis warst. Oder ob du anschaffen gehst, wer deine Freunde sind. Interessiert mich nicht. Ich bin dir gut. Noch. Aber überspann den Bogen nicht. Ist das klar?

Maria nickt.

MARIA Meine Mutter ist krank. Ich muss ihr Geld schicken.

LOTTE Ich habe dir gerade welches gegeben.

MARIA Danke.

LOTTE Was ist das an deinen Schenkeln?

MARIA Weiß nicht mehr.

LOTTE Es hat sich entzündet, du musst Jod darauf machen.

MARIA Das ist nicht schlimm.

Lotte holt Watte und ein Jodfläschchen.

LOTTE Hier, mach das auf die Wunde.

MARIA Machen Sie, ich kann das nicht.

Lotte zögert kurz, dann kniet sie vor Maria und tupft vorsichtig die Wunde ab.

MARIA Es waren drei. Erst nur einer, plötzlich kamen noch zwei.

LOTTE Deine Freunde?

Maria schüttelt den Kopf, dann fährt sie Lotte einmal durch die Haare.

MARIA Sie sind ein guter Mensch.

Lotte steht auf, bringt das Fläschchen weg.

LOTTE Du stinkst, du musst dich waschen. Drüben im Schüleratelier ist eine Schüssel und Seife. Nimm das Handtuch, das neben dem Wasserhahn hängt. Ich sehe nach, ob ich noch Ersatzwäsche für dich habe.

Maria geht ab, Lotte beginnt in den Kisten unter dem Arbeitstisch zu suchen. Lise kommt.

LOTTE Lise, kannst du mir Unterwäsche leihen?

LISE Sie haben doch gar nicht meine Größe.

LOTTE Es ist nicht für mich. Warte, ich habe hier etwas. Kannst du es Maria bringen? Sie wäscht sich im kleinen Atelier.

Lise wirkt völlig verständnislos.

Nun sieh mich nicht an wie eine Kuh beim Blitz, bring es ihr schnell. Ihr seid ein Alter, dann ist es einfacher.

LISE Wieso einfacher? Daran ist nichts schwierig.

LOTTE Herrgott, dann mache ich es eben selbst.

LISE Ich komm später wieder.

LOTTE Was immer du jetzt denkst, ist falsch.

Maria kommt wieder, sie hat nur ein Handtuch um. Lise starrt sie an.

LOTTE Willst du deine alten Sachen mitnehmen?

MARIA Ja.

LOTTE Zieh dich um, ich packe sie dir inzwischen ein, hier sind frische Sachen.

Lotte ab. Maria setzt sich.

LOTTE *(off)* Du hast ja alles unter Wasser gesetzt!

MARIA Entschuldigung, ich mache gleich sauber.

LOTTE *(off)* Nein, lass, zieh dich an, ich mache das schnell.

MARIA Du bist das Mädchen, das in die Mitte soll, oder?

LISE Warum fragst du, wenn du es weißt?

MARIA Warum guckst du so böse? Du musst nicht eifersüchtig sein.

LISE Willst du dir nicht was anziehen?

MARIA Du wolltest wissen, wie ich mich schminke. Ich erinnere mich.

LISE Das will mein Freund nicht.

MARIA *(lacht)* Keine Schminke bei seinem Mädchen? Ist er ein Bauer?

LISE Nicht so eine Schminke. Zieh dich endlich mal an.

MARIA Dann dreh dich um, ich bin schüchtern.

LISE Kann ich mir nicht vorstellen.

MARIA Dann sieh es dir eben an, wenn du gern möchtest.

LISE Muss nicht sein.

Lise dreht sich um, Maria schlüpft in die neue Unterwäsche, packt schnell die Kaffeedose mit dem Geld in das Tuch, streift sich dann das grüne Kleid über und nimmt das Tuch mit den Esswaren. Sie geht zur Tür, Lise dreht sich wieder um.

LISE Was gibt das denn?

Maria ab. Lise zögert, ob sie ihr hinterhergehen soll.

LISE Lotte?

Lotte kommt wieder herein.

LISE Sie ist weg. Irgendwas stimmt da nicht.
Lise bemerkt, dass die Kaffeedose fehlt.
Die hat Sie beklaut! Diese Nutte hat Ihre Geldbüchse geklaut.
Lise will Maria hinterher. Lotte hält sie auf.
LOTTE Das ist in Ordnung so. Das wollte ich ihr sowieso geben, alles gut.
LISE Das stimmt doch nicht.
LOTTE Es waren nur noch fünfzig Mark drin.
LISE Ja und? Das ist viel Geld.
LOTTE Und es ist mein Geld. Lass gut sein.
Lise sieht Lotte misstrauisch an.
LISE Sie wollen mich für dumm verkaufen.
LOTTE Sie war in Not, ich habe ihr geholfen.
LISE Und dann beklaut Sie diese Polackenhure und Ihnen ist das schnurzegal? Das ist pervers. Jetzt zieht sie weiter und schädigt andere und das ist dann Ihre Schuld. Weil Sie das zulassen.
LOTTE Beruhige dich, es gibt Wichtigeres als fünfzig Mark.
LISE Wenn Sie ohne Strafe davonkommt, weil Ihnen das gleichgültig ist, sind Sie moralisch genauso verkommen wie die!
LOTTE Du hast keine Ahnung, Kindchen!
LISE Sie lassen Gesindel davonkommen und das gehört sich nicht. Oder Sie haben mich angelogen.
LOTTE Ist dir das Wort Mitgefühl geläufig? Aus dem Konfirmandenunterricht oder dem Weihnachtsgottesdienst?
LISE Ich habe Mitgefühl mit dem armen Deutschen, den sie als Nächstes bestiehlt, weil Sie etwas für Judenhuren übrig haben.
Lise ab.

9. SZENE JULI 1930
Lotte alleine.

LOTTE Liebes Hundchen, ich habe ein Problem, das ich nur mit dir lösen kann. Könntest du bitte recht bald zu mir kommen? Ich bin diese Woche jeden Tag ab zwei Uhr im Atelier. Komm, wann immer du Zeit hast, ich bitte dich und ich warte auf dich. Dein Lotteken.
Nach Ende des Briefes kommt Traute herein, Lotte umarmt sie.
TRAUTE Was ist passiert?

LOTTE Danke, dass du gleich gekommen bist.
TRAUTE Was ist denn?
LOTTE Kannst du für Marias Beine Modell stehen? Sie kommt nicht mehr.
Stille.
TRAUTE Deswegen schickst du mir einen Rohrpostbrief? Weißt du, was für Sorgen ich mir um dich gemacht habe? Ich dachte, es ist wer weiß was passiert, ich habe alles abgesagt ... dafür?
LOTTE Ich bin dir sehr dankbar. Ich muss dieses Bild beenden, sonst erdrückt es mich.
TRAUTE Kannst du immer nur an dich denken? Weißt du, was bei Ernst und mir gerade los ist?
LOTTE Nein, woher soll ich das wissen, du lässt ja nichts mehr von dir hören.
TRAUTE Es geht nicht immer nur um dich auf der Welt.
LOTTE Wen hätte ich sonst fragen sollen?
TRAUTE Ich habe gesagt, ich melde mich bei dir!
LOTTE Aber das hast du nicht getan!
TRAUTE Lotte ... wirklich ...
Traute will gehen, Lotte hält sie auf, umarmt sie.
LOTTE Hundchen, nicht gehen, bitte nicht gehen. Bitte!
Lotte und Traute stehen umarmt, Traute beginnt Lotte über die Haare zu streichen. Lotte lässt Traute unvermittelt los und setzt sich.
Entschuldige.
TRAUTE Schon gut.
LOTTE Ich will dich nicht auch noch verlieren.
TRAUTE Was redest du denn da?
LOTTE Wen habe ich noch außer dir.
Traute setzt sich neben Lotte.
Ich habe Kopfschmerzen.
TRAUTE Alles gut, Lotteken, du arbeitest nur zu viel.
LOTTE Zu wenig. Oder das Falsche, ich weiß überhaupt nicht mehr weiter.
Traute legt den Arm um sie.
TRAUTE Das Bild von uns beiden ist wunderschön geworden.
LOTTE Ich brauche keinen Kindertrost. Du bist schön darauf, ja. Aber ich sehe aus wie ein blasierter barocker Malerfürst, alles nur Pose und Kunsthandwerk. Egal. Nicht jammern, klar bleiben. Fehler sehen. Niederlagen eingestehen.
TRAUTE Du hast immer gesagt, dass Zweifel dazugehören.
LOTTE Akademiegeschwätz, Künstlerweihrauch ... sieh dir das Potsdamer Bild an. Fällt dir etwas auf?

Traute sieht sich „Abend über Potsdam" an.

TRAUTE Es wird immer besser.

LOTTE Sieh genau hin. Bodos Arm auf der Brüstung setzt zu hoch an, seine Hände sind Pranken, die Rechte kommt zu steil von unten, anatomisch unmöglich, passt nicht zum Oberarmansatz ... Frankensteins Monster.

TRAUTE Wenn du ihn so siehst.

LOTTE Ach was. Er hat nicht mehr auf meine Briefe reagiert, ich habe nach dem Photo gemalt, Pfusch, überall Pfusch auf diesem Bild. Ich habe kein Talent für große Formate. Oder für gar nichts, ich habe keine Kontrolle über das Bild, damit bin ich erledigt.

TRAUTE Der leere Tisch gefällt mir besser. Es passt zur Stimmung.

LOTTE Leere Tische und Brot kann jeder meiner Schüler nach der ersten Stunde.

TRAUTE Hör auf, dir so unendlich leidzutun. Vier Millionen in dieser Stadt hätten gern deine Probleme.

Traute geht zum Grammophon, sucht eine Platte heraus und legt sie auf: Greta Keller: „Das Lied vom schwachen Stündchen". Sie hören zu, sehen sich an, dann streckt Traute den Arm aus, Lotte reagiert nicht, Traute beginnt zu tanzen, Lotte sieht ihr eine Weile zu, dann kommt sie zu Traute, sie tanzen bis zum Ende des Liedes, dann nimmt Traute Lottes Hand und küsst sie.

TRAUTE Vielen Dank, Madame.

LOTTE Nochmal?

Traute schüttelt den Kopf.

TRAUTE Soll ich dir die Füße massieren?

LOTTE Würdest du?

Lotte zieht ihre Schuhe und Strümpfe aus.

TRAUTE Leg dich hin.

Lotte legt sich auf das Sofa. Traute beginnt, ihre Füße zu massieren.

LOTTE Du kannst das so gut.

TRAUTE Irgendwas muss ich auch können.

LOTTE Sei nicht so schrecklich kokett.

Stille, Traute massiert Lottes Füße.

Weißt du, wann du mir das letzte Mal die Füße massiert hast?

TRAUTE Als wir in Holland waren vor zwei Jahren.

LOTTE In dem Hotel an der Keizersgracht, nach dem Tag im Rijksmuseum. Weil ich so dumm war, mit hochhackigen Schuhen ins Museum zu gehen.

TRAUTE Weil du dich dafür schöner gemacht hast als für den Abend in der Bar. Sechs Stunden.

LOTTE Ich habe dich nicht gezwungen, mich zu begleiten.

TRAUTE Doch, das hast du.

LOTTE Man muss das im Original sehen. Und da ist diese dumme Idee entstanden, dieses Bild zu malen. Vor all diesen Gilden und Kaufleuten, den Dienstmägden und Kupplerinnen, den satten roten Gesichtern, der Selbstzufriedenheit der Pfeffersäcke, vor ihrem Witz, ihrer Intelligenz, ihrem Bürgersinn und dem Selbstbewusstsein, in einer goldenen Republik zu leben. Der Spott und die Menschenliebe dieser Maler, das warme Licht und diese Farben ... und dann will man das auch als dummes Akademiehuhn. Ein kolossaler Irrtum, eine grandiose Selbstüberschätzung.

TRAUTE Es war schön, das mit dir zu sehen.

LOTTE Alles war schön in Holland. Auch die versoffene Idee, ein Abendmahl zu malen, nicht mit einem Christus in der Mitte, sondern mit einer Frau, einem Backfisch, einem Büromädchen mit Kodderschnauze und einem frechen Gesicht. Wenn die Holländer aus ihrem Christus einen friesischen Bauern machen können, dann mache ich daraus eine Berliner Göre, der die Zukunft gehört. Wahrscheinlich gibt es da oben einen alttestamentarischen Gott, der mich für diese Hybris bestraft, und es ist ihm egal, ob ich an ihn glaube oder nicht.

TRAUTE Holland war unsere schönste Zeit.

Lotte richtet sich auf.

LOTTE Hundchen, was soll das?

TRAUTE Was ist?

LOTTE Du legst so einen pastoralen Ton auf, ich fühle mich wie auf meiner eigenen Aussegnung.

Kurze Stille.

TRAUTE Ernst hat ein Angebot, ans Ronacher nach Wien zu gehen. Er fühlt sich nicht mehr wohl in Berlin.

LOTTE Man kann nicht von Berlin nach Wien ziehen. Das ist widernatürlich.

TRAUTE Er hat Angst, dass es nicht mehr lange gutgeht in Deutschland.

Stille.

TRAUTE Noch ist nichts entschieden.

LOTTE Wer entscheidet?

TRAUTE Wir beide. Aber er verdient natürlich das Geld.

LOTTE So schlimm wird es nicht kommen mit Deutschland.

TRAUTE Ich würde auch lieber bleiben.

Stille.

LOTTE Alle auf diesem Bild verlassen mich, alle. Und du jetzt auch.

TRAUTE Das hat nichts mit dir zu tun.

LOTTE Nein, die einen gehen wegen der anderen und ich kann es mir nur ansehen, ansehen, wie alles zerbricht und in tausend Scherben fällt.

TRAUTE Dann beende es. Schaff es dir von der Seele.

LOTTE Mit einem kleinen Nazimädchen in der Mitte? Einem antisemitischen Balg, das einer der Gründe ist, dass du und Ernst gehen? Dann hätte ich nicht die Zukunft in der Mitte, sondern Judas.

TRAUTE Vielleicht ist das ja die Zukunft.

Lotte steht auf und zieht sich ihren Kittel an.

LOTTE Sag mir, dass ich eine gute Malerin bin, dann fangen wir an.

TRAUTE Bist du. Und vergiss nicht: Es ist noch nichts entschieden.

LOTTE Dann denke ich auch nicht darüber nach.

Traute geht in Position.

Die Judasfarbe ist gelb, das passt auch besser, ich gebe ihr ein gelbes Kleid.

TRAUTE Stimmt die Position?

LOTTE Jetzt müsstest du nur noch so schöne Beine wie Maria haben.

TRAUTE Dann benutz doch einfach mal deine Phantasie beim Malen.

10. SZENE AUGUST 1930

Lise hat sich ein gelbes Kleid angezogen, betrachtet sich im großen Spiegel. Lotte kommt aus dem Schüleratelier, eine Kanne Kaffee, sie schenkt sich ein.

LOTTE Auch einen Kaffee?

LISE Nein, sonst werde ich zu nervös und kann nicht stillhalten.

Lise wirft noch einen Blick in den Spiegel.

Eigentlich steht mir Gelb nicht.

LOTTE Es steht dir wunderbar. Es ist Vermeers Farbe. Und es harmoniert viel besser mit den anderen Farbenverläufen auf dem Bild.

LISE Von sowas habe ich keine Ahnung. Kann ich doch einen kleinen Kaffee haben, bevor es losgeht?

Lise nimmt sich einen Kaffee.

Nochmals danke. Ich dachte wirklich ... es tut mir leid, ich wollte nicht so schimpfen, ich war nur so sauer, dass Sie sich einfach so beklauen lassen.

LOTTE Schwamm drüber.

LISE Ich habe nichts gegen Juden, wirklich. Ich gehe immer noch zu Wertheim, auch wenn Richard sagt, dass ich nicht soll, aber da lasse ich mir keine Vorschriften machen. Ich kenne viele nette Juden und nur weil Richard da so ein Hundertfünfzigprozentiger ist ...

LOTTE Lise, ich sagte: Schwamm drüber.

LISE Entschuldigung.

Kurze Stille.

Ich war nur so froh, dass ich Ihnen Modell stehen darf, ich dachte später: So, das hast du dir verscherzt, selber schuld. Was kannst du auch nicht deine Klappe halten.

LOTTE Ehrlich gesagt habe ich darüber nachgedacht.

LISE Dann lag ich gar nicht so falsch.

LOTTE Nein.

LISE Und warum nun doch, wenn ich fragen darf?

LOTTE Nicht wichtig. Setz dich, wir fangen gleich an, ich muss noch die Farben mischen.

Lotte trägt Farben auf der Palette auf, Lise setzt sich, beobachtet Lotte.

LISE Weil ich mich verändert habe? Weil ich nicht mehr das naive Trampel vom letzten Sommer bin?

LOTTE Und was bist du jetzt? Erwachsen?

LISE Ich habe einen Freund, ein Ziel, ich ludere nicht mehr herum und ich habe einen Plan für mein Leben. So wie es war, konnte es nicht weitergehen.

LOTTE Warum nicht?

LISE Das wissen Sie wirklich nicht?

LOTTE Ich mochte das Trampel, ich mochte deine Geschichten, wie du dich schminkst und dein Leben genießt, ausgehst, arbeitest, unabhängig bist, dein eigenes Geld verdienst, deine Frechheit, alles, was du tust und was ich in deinem Alter nicht konnte. Und jetzt plapperst du nach, was dir dein Freund vorsagt.

Stille.

Vergiss es, nur ein Anfall von Nostalgie.

LISE Sind Sie eifersüchtig auf Richard?

LOTTE Du verstehst überhaupt nichts.

LISE Ich hätte nie gedacht, dass Sie mich überhaupt ernst nehmen.

LOTTE Ich war stolz auf dich. Auf dich und all die anderen schönen jungen Mädchen da draußen, die getan haben, was ihnen gefällt.

LISE Normale Frauen wollen irgendwann eine Familie haben. Zumindest in Deutschland ist das so. Wer nur das tut, was ihm gefällt, vernachlässigt seine Pflicht. Das können Sie wahrscheinlich nicht verstehen.

LOTTE Ja, völlig richtig, Lise.

Stille.

LOTTE Ich könnte dich als deutsche Frau von heute malen. Wäre dir das recht?

LISE Natürlich.

LOTTE Kennst du den Faust?

LISE Goethe?

LOTTE Gelesen?

LISE Nein.

LOTTE Gretchen ist ein schönes deutsches Mädchen, das sich in Faust verliebt. Im Film war das Camilla Horn.

LISE Echt? Aber ich hab doch nichts von der Horn.

LOTTE Aber auf der Bühne ist das oft so ein Mädchentyp wie du.

LISE Kann ja sein. Aber Faust ist mit dem Teufel im Bund.

LOTTE Das weiß sie ja nicht. Sie ist einfach nur verliebt in ihn. Und Faust ist schließlich der deutsche Mann schlechthin.

LISE Aber stirbt die nicht am Schluss? Oder fährt zur Hölle?

LOTTE Das weiß sie ja auch noch nicht. Mir geht es nur um deinen Ausdruck. Du hast Faust gesehen, er hat um dich geworben, du hast dich verliebt und denkst den ganzen Tag an ihn.

LISE Haben Sie den anderen auch Geschichten erzählt, damit sie wissen, wie sie gucken sollen?

LOTTE Natürlich.

LISE Passt das denn in das Bild?

LOTTE Sonst würde ich dir das nicht erzählen.

LISE Ich glaube, ich hab es noch nicht verstanden. Also Liebeskummer? Oder traurig? Wie soll das gehen mit Gretchen?

LOTTE Trauer, eine große Trauer, weil etwas unwiederbringlich vorbei ist. Eine Seelenruhe, eine goldene Zeit ... oder eine große Liebe.

LISE Ich dachte, ich muss einfach nur stillhalten.

LOTTE Versuche es mal.

Lise konzentriert sich, Lotte beobachtet sie, Stille, nach einiger Zeit kommen Lise die Tränen.

Sehr schön. Woran hast du gedacht?

LISE Ganz was anderes. Ich dachte, wie es wohl sein wird, in zehn Jahren das Bild anzusehen. 1940. Da bin ich dann schon Anfang dreißig. Was dann wohl ist? Ob ich mit Richard verheiratet bin? Wo ich wohne, ob ich Kinder habe oder ob ich überhaupt noch da bin? Man weiß ja nie, was passiert. Oder wenn ich irgendwann als verhutzeltes altes Reff, was weiß ich, 1990, mich sehe, wie ich da so sitze und an die Zukunft denke ... Entschuldigung, das ist blöd, oder?

LOTTE Nein, das war gut. Danke. Wir fangen an.

11. SZENE 15.SEPTEMBER 1930

Ernst, Traute und Lotte. Das Gemälde „Abend über Potsdam" ist fertig. Der Bildträger ist mit einem Leintuch verhüllt. Lotte hat eine Flasche Champagner in einem Eiskübel bereit stehen, drei Gläser.

LOTTE Danke, dass ihr gekommen seid.

ERNST Sind wir die Einzigen?

LOTTE Lise ist unten und wartet mit ihrer SA-Clique auf die Ergebnisse. Ich habe ihr nicht Bescheid gesagt, sonst wären wohl alle hochgekommen.

ERNST Leider kein guter Tag für einen so festlichen Anlass.

TRAUTE Doch, gerade. Sonst hätte ich den ganzen Tag mit dir am Radio verbracht. Ich bin froh um jede Ablenkung.

ERNST Warst du heute wählen?

LOTTE Nein.

TRAUTE Das ist jetzt egal, Ernst.

ERNST Was habe ich denn gesagt?

LOTTE Ich war den ganzen Tag im Atelier.

TRAUTE Sei froh, dass du nicht draußen warst, es ist eine seltsame Stimmung in der Stadt. Als ob was brodelt.

ERNST Es kann sein, dass die Nazis ihre Mandate vervierfachen, vielleicht werden es sogar sechzig Mandate für sie. Kann ich nachher schnell das Radio anschalten?

LOTTE Wann kommen die Ergebnisse?

ERNST Irgendwann jetzt, jeden Moment.

TRAUTE Jetzt geht es erst einmal um dein Bild, Lotteken.

LOTTE Wollen wir zuerst etwas trinken?

TRAUTE Du bist der Zeremonienmeister.

LOTTE Ich mache schon mal die Flasche auf.

ERNST Lass mich das machen.

Ernst öffnet die Champagnerflasche.

LOTTE Ich wechsle schnell meine Schuhe, man trinkt keinen Schampus in Galoschen.

Lotte geht ab.

ERNST Warum ist sie so nervös?

TRAUTE Sie hat ein Jahr an dem Bild gearbeitet.

ERNST Macht sie immer so einen Hokuspokus, wenn ein Bild fertig ist?

TRAUTE Nein, es ist was Besonderes.

ERNST Muss ich auch irgendwas Besonderes sagen?

TRAUTE Werde nicht humoristisch, das ist alles.

Lotte kommt wieder, sie trägt hochhackige Schuhe.

LOTTE So geht es besser. Lasst uns schon mal ein Glas trinken.

TRAUTE Du machst es spannend.

LOTTE Nein, ich habe einfach Schiss, dass es euch nicht gefällt. Ihr müsst ehrlich sein.

TRAUTE Natürlich.

ERNST Schließlich ist es meine Ehrlichkeit, die dich am meisten an mir nervt.

LOTTE Ich schätze deine Ehrlichkeit, Ernst, wirklich.

TRAUTE Geh nicht darauf ein, er wollte nur geistreich sein.

LOTTE Also?

Lotte enthüllt das Bild. Traute und Ernst sehen es sich lange an.

LOTTE Und?

Traute umarmt Lotte.

TRAUTE Es ist ein Meisterwerk, Lotteken.

LOTTE Ich danke dir. Und du, Ernst?

ERNST Gleich, ich muss es mir genau betrachten.

Ernst sieht sich das Bild an. Von draußen hört man plötzlich Jubelschreie, es wird gesungen, das Horst-Wessel-Lied, Ernst geht wortlos zum Radio, wo die Ergebnisse der Reichstagswahl bekanntgegeben werden: „In der Wahl zum Reichstag hat die Kommunistische Partei siebzig Mandate errungen, die Hugenberg-Partei 41, die NSDAP 107 Mandate, was einem Stimmenanteil von 6,4 Millionen entspricht ..." Ernst schaltet das Radio wieder aus und geht zurück zu dem Bild. Traute und Lotte sitzen schweigend am Tisch.

ERNST Ich muss mich bei dir entschuldigen, Lotte. Für alles, was ich über deine Kunst gesagt habe. Ich habe dir Unrecht getan.

LOTTE Warum?

ERNST Das ist nichts, was man über einen Kamin hängt. Das ist ein Bild der Zeit. Das taugt mehr als tausend Artikel und Analysen. Das sind wir. Was wir waren. Was wir sind. Nicht wissend, was wir sein werden. Und wo.

Stille.

LOTTE Ich danke dir, Ernst.

ERNST Ich habe dir zu danken. Was wird nur aus uns allen werden? Entschuldigt mich, ich muss an die frische Luft.

Ernst ab.

LOTTE Hat ihn das Wahlergebnis so erschüttert?

TRAUTE Nein, dein Bild.

LOTTE Du schmeichelst mir.

TRAUTE Du weißt gar nicht, was du da gemalt hast, oder?

LOTTE Wenn ich es gewusst hätte, hätte ich es nicht malen können. Ich weiß nur, dass ich so etwas nie wieder malen kann.

TRAUTE Und warum nicht?

LOTTE Weil ich jetzt weiß, wie schwer die Aufgabe ist. Und als ich Ernst betrachtet habe, als er das Bild betrachtet hat, wurde mir klar, dass da nicht die Freunde voneinander Abschied nehmen, sondern ich von ihnen.

TRAUTE Wir werden nicht nach Wien gehen.

LOTTE Das ist sehr schön, aber das meine ich nicht.

TRAUTE Du bist niedergeschlagen, weil du erschöpft bist.

LOTTE Erschöpft von der Arbeit an einem Bild erschöpfter Menschen aus einem erschöpften Land.

Traute umarmt Lotte.

TRAUTE Ich muss jetzt nach Ernst sehen. Ich komme morgen bei dir vorbei, dann fahren wir nach Caputh und machen uns einen schönen Tag, ja?

Lotte nickt, Traute geht. Lotte zieht sich die hochhackigen Schuhe wieder aus, setzt sich und betrachtet das Bild. Von unten hört man SA-Kampflieder, Lotte trink Sekt.

Fade out.

Black.

Phantom (Ein Spiel)

PERSONEN

1 Schauspielerin, ca. zwanzig Jahre alt
2 Schauspielerin, ca. dreißig Jahre alt
3 Schauspielerin, ca. vierzig Jahre alt
4 Schauspieler, ca. 25 Jahre alt
5 Schauspieler, ca. vierzig Jahre alt

Die Rolle der Blanca wird von den Schauspielerinnen 1–3 abwechselnd gespielt, je nachdem, welcher Aspekt ihrer Persönlichkeit (oder welche Mutmaßung) gezeigt werden soll. Auch bei den anderen Schauspielern gibt es vor Beginn der Szene manchmal kurze Absprachen, wer für welche Rolle am besten passt. Die Schauspielerebene ist also während des gesamten Verlaufs des Stückes präsent.

BÜHNE

Das Bühnenbild ist ein leerer Raum, der hinten von einer Leinwand begrenzt wird. Davor eine Reihe von Stühlen, auf denen die Darsteller sitzen, wenn sie nicht in der Szene spielen. An den Seiten Tische mit Requisiten, Bistrotische, Kleiderstangen für offene Umzüge etc. Eventuell kann auch Musik von dort eingespielt werden. Vielleicht werden auf die Leinwand manchmal kurze Straßenszenen projiziert, Handyfilme oder Photosequenzen. Alles in allem soll es den Spiel- bzw. Laborcharakter des Stückes betonen. Ausgangspunkt ist immer das Schauspielerteam, das eine Geschichte (re-)konstruiert.

1. SZENE

Die Schauspieler kommen auf die Bühne, setzen sich.

> *(chorisch oder alternierend gesprochen)* Am Rande eines großen Waldes wohnte ein armer Holzhacker mit seiner Frau und seinen zwei Kindern. Sie waren so arm, dass sie oft nichts zu essen hatten. Als nun eine große Teuerung kam, mussten sie jeden Abend hungrig zu Bett gehen. In ihrer Not beschlossen die Eltern, die Kinder in den Wald zu führen und sie dort zurückzulassen. Gott sollte ihnen helfen.

Lichtwechsel.

SPIELERIN 3 Okay?

SPIELER 4 Ja.

Die Schauspieler setzen sich Burger-King-Mützen auf und sind im Folgenden Burger-King-Mitarbeiter.

MITARBEITER 5 Feierabend.

Dann starten sie: Bistrotische werden hektisch auf die Spielfläche gestellt, Stühle geschoben, einer holt Schrubber und Putzeimer, ein anderer verteilt leere Becher und Tabletts mit Essensresten, während andere diesen Müll in eine Mülltüte räumen, einer fegt ... die Hektik einer Freitagnacht in einer Burger-King-Filiale ca. 1:30 Uhr. Mitarbeiterin 3 geht an den Requisitentisch und beginnt dort mit einem Taschenrechner die Tagesabrechnung zu machen. Alle Dialoge überlappend und in hohem Tempo.

MITARBEITERIN 2 Ist vorne zu?

MITARBEITERIN 1 Ja.

Mitarbeiter 5 geht vor an die Rampe und wedelt vor imaginären Gästen verneinend mit den Armen.

MITARBEITER 5 Nein! Geschlossen!

Mitarbeiter 5 klopft auf seine Armbanduhr und geht wieder zurück zu den anderen.

MITARBEITER 5 Da draußen liegt alles voll mit Servietten. Echt, diese besoffenen Idioten.

MITARBEITERIN 3 Sammle ich nachher auf, wenn ich gehe.

Mitarbeiterin 1 hat begonnen, die Stühle hochzustellen.

MITARBEITERIN 2 Die Tische sind doch noch gar nicht abgewischt.

MITARBEITER 4 Woher soll ich das denn wissen?

MITARBEITERIN 2 Sieht man doch, man, man, man ...

MITARBEITERIN 3 Dann mach mal Tempo, wir sind hier fertig.

MITARBEITER 4 Wie viele Hände habe ich? Wie viele siehst du?

MITARBEITERIN 1 Kann jemand das Fett aus der Fritteuse lassen?

MITARBEITER 5 Das kann auch mal die Frühschicht machen.

MITARBEITERIN 1 Das müsste schon längst gewechselt werden.

MITARBEITER 5 Ja wenn die das nie machen? Die können das nicht immer uns aufdrücken.
MITARBEITERIN 2 Hilfst du mir mal?
MITARBEITERIN 3 Ich mache die Abrechnung.
MITARBEITER 5 Sind die Tische jetzt fertig? Ich muss in zehn Minuten meinen Bus kriegen.
MITARBEITERIN 2 Dann mache es einfach selbst, wenn du solche Eile hast.
MITARBEITER 5 Ist das meine Aufgabe?
MITARBEITERIN 2 Noch irgendwas für den Müll? Sonst bringe ich den jetzt raus.
MITARBEITERIN 3 Kann weg. Und bitte in den Container. Nicht daneben.
MITARBEITERIN 2 Das war ich nicht.
MITARBEITERIN 3 Ja, klar.
MITARBEITERIN 2 Wirklich nicht.
MITARBEITER 4 Komm, ich mache das ...
MITARBEITERIN 1 Aah, der Kavalier.
MITARBEITER 4 ... dann fegst du das hier fertig.
MITARBEITERIN 1 *(lacht)* Doch nicht.
MITARBEITER 5 Schafft ihr den Rest alleine?
MITARBEITERIN 3 Du bleibst hier, bis alles gemacht ist.
MITARBEITER 5 Wenn ich den verpasse, muss ich eine Stunde auf den nächsten warten.
MITARBEITERIN 3 Ich sage es nicht nochmal.
MITARBEITERIN 2 Da klebt schon wieder ein Kaugummi, das ist so eklig.
MITARBEITERIN 1 Lass mich mal.
MITARBEITERIN 2 Ich fass das nicht an.
Mitarbeiterin 1 beginnt den Kaugummi vom Tisch zu schaben, Mitarbeiterin 2 geht mit einem Besen in die vordere Ecke, beugt sich über die Sitzgruppe, dann ein Schrei, alle erstarren.
MITARBEITERIN 2 *(leise)* Da ist ein Baby.
MITARBEITERIN 1 Was?
MITARBEITERIN 2 Kommt mal.
Alle kommen zu Mitarbeiterin 2, vor ihr auf dem Stuhl liegt die Babypuppe vom Requisitentisch, alle sammeln sich um das Baby, keiner traut sich, es zu berühren.
MITARBEITERIN 1 Ist das tot?
MITARBEITER 4 Nimm es hoch.
MITARBEITERIN 2 Traue ich mich nicht
MITARBEITERIN 3 Lass mich.
Mitarbeiterin 3 kommt und sieht sich das Baby an.

MITARBEITERIN 3 Das schläft.
MITARBEITERIN 2 Oder ohnmächtig?
MITARBEITERIN 3 Das schläft, du dumme Kuh. Ich weiß, wie schlafende Kinder aussehen.
Mitarbeiterin 3 hat das Baby hochgenommen.
MITARBEITER 4 Bei dem Lärm?
MITARBEITERIN 3 Wenn Kinder schlafen, dann schlafen sie. Die meisten. Und wenn Trubel ist, schlafen sie gerne.
Alle sehen sich scheu das Baby an.
MITARBEITERIN 1 Das ist ganz frisch.
MITARBEITERIN 3 Ein Tag, denke ich.
MITARBEITER 5 Wie kann man denn hier sein Baby vergessen?
MITARBEITER 4 iPhone wäre besser, oder?
Die Männer lachen.
MITARBEITERIN 2 Idioten, das ist nicht witzig!
MITARBEITERIN 1 Das wurde ausgesetzt.
MITARBEITER 5 Ja, schon klar.
Kurze Stille.
MITARBEITERIN 2 Das lag da einfach so in der Ecke. Ein lebendes Baby.
MITARBEITER 4 Verhungern die nicht ganz schnell, wenn die so klein sind?
MITARBEITERIN 1 Wer weiß, wie lange das da schon liegt.
MITARBEITERIN 3 Wenn es Hunger hat, schreit es.
MITARBEITERIN 1 Und wenn es schon ohnmächtig vor Hunger ist?
MITARBEITERIN 3 Dann hätten wir es vorher schreien gehört.
MITARBEITER 5 Bei dem Lärm hier?
MITARBEITERIN 3 Ich schwöre, sowas hörst du.
Mitarbeiter 4 hat eine Handvoll Kaffeemilchkapseln geholt.
MITARBEITER 4 Hier, das ist doch quasi wie Muttermilch, oder?
MITARBEITER 5 So, ich muss jetzt sofort los, sorry.
MITARBEITERIN 3 Du bleibst hier, verdammt nochmal! Wir müssen was machen.
MITARBEITERIN 1 Krankenwagen.
MITARBEITERIN 2 Das ist doch nicht krank.
MITARBEITERIN 1 Polizei.
MITARBEITERIN 2 Was sollen die denn mit einem Baby?
MITARBEITERIN 1 Und wir? Was sollen wir damit?
MITARBEITER 4 Wer es findet, darf es behalten.
MITARBEITERIN 1 Lass doch endlich mal deine saudummen Witze! *(zu Mitarbeiterin 2)* Du hast doch ein Auto. Du fährst zur Babyklappe und legst es da ab.

MITARBEITERIN 2 Ich?!
MITARBEITERIN 3 Ja, man legt das rein, klingelt und dann hat man Zeit abzuhauen.
MITARBEITERIN 2 Und wenn die mich sehen?
MITARBEITERIN 1 Die sehen dich ja nicht.
MITARBEITERIN 2 Und wenn doch?
Mitarbeiter 5 hat sich inzwischen von der Gruppe entfernt und hat telefoniert. Er kommt zur Gruppe zurück.
MITARBEITER 5 Ich habe die Polizei gerufen, die kommen jetzt und sagen auch den Sanitätern Bescheid.
MITARBEITERIN 3 Danke.
MITARBEITER 5 Also, jetzt muss ich wirklich ...
MITARBEITERIN 2 Ja, dann hau doch endlich ab!
MITARBEITERIN 1 Gott, ist das niedlich.
Mitarbeiter 5 geht.
MITARBEITERIN 2 Hast du der Polizei gesagt, dass es ein Baby ist?
MITARBEITER 5 Was denn sonst? Ein Pferd?
MITARBEITERIN 2 Nur dass die ein Fläschchen mitbringen
MITARBEITER 5 Klar, sowas haben die bestimmt tonnenweise auf der Wache.
Mitarbeiter 5 legt seine Burger-King-Mütze ab, setzt sich auf den Stuhl und beginnt wie ein Baby zu schreien.
MITARBEITER 4 Jetzt ist es aufgewacht.
MITARBEITERIN 2 Wären wir ohne dich nie draufgekommen.
Mitarbeiterin 3 läuft herum und versucht das Kind zu beruhigen, Mitarbeiter 5 hat sich eine Polizeimütze aufgesetzt und schaltet auf dem Requisitentisch ein Blaulicht an und ein Tape mit Babygeschrei. Mitarbeiterin 3 gibt Mitarbeiterin 2 das Baby und zieht sich einen Schwesternkittel an.

2. SZENE

5 = Polizist, 3 = Sanitäterin, 1, 2, 4 = weiterhin Burger-King-Mitarbeiter. Mitarbeiterin 2 trägt das Baby herum, der Polizist folgt ihr für die ersten Fragen, dann nimmt Sanitäterin 3 ihr das Kind ab, um es auf dem Requisitentisch zu untersuchen. Das Schreien hört im Laufe der Szene auf.

POLIZIST 5 Also, der Reihe nach. Wo lag das Baby?
Mitarbeiterin 2 zeigt es ihm.
MITARBEITERIN 2 Hier, hinter dem Tablettwagen.

POLIZIST 5 Okay, und wie lange lag es da? Was schätzen Sie?

MITARBEITERIN 2 Ich habe hier um elf eine Runde zum Müllsammeln gemacht.

POLIZIST 5 Also um 23 Uhr. Wann gefunden?

MITARBEITERIN 1 Muss so halb zwei gewesen sein, oder? Um eins haben wir abgeschlossen.

POLIZIST 5 Also zwischen 23 und ein Uhr.

SANITÄTERIN 3 Das Kind ist gesund, notdürftig versorgt, ein Mädchen, etwa einen Tag alt.

POLIZIST 5 Irgendwelche Besonderheiten? Ein Zettel? Halskette oder Armbändchen?

SANITÄTERIN 3 Die Kleidung ist gebraucht, sieht sehr verwaschen aus. Riecht nach Weichspüler.

POLIZIST 5 Das war klar.

MITARBEITER 4 Wieso?

POLIZIST 5 Egal.

SANITÄTERIN 3 Der Geruch der Armut. Weichspüler.

Polizist 5 und Sanitäterin 3 lachen.

MITARBEITERIN 2 Was kann man denn gegen Weichspüler haben?

POLIZIST 5 Weiter. Irgendwas Auffälliges passiert heute Abend?

MITARBEITERIN 1 Eine Gruppe Romafrauen war da, die hatten auch Kleinkinder dabei.

MITARBEITER 4 Das war doch vorher.

MITARBEITERIN 1 Aber es war auffällig.

POLIZIST 5 Was war auffällig?

MITARBEITERIN 1 Na ja, dass die überhaupt noch reinkommen.

MITARBEITER 4 Das sind eben immer andere.

POLIZIST 5 Warum sollten die denn nicht reinkommen?

MITARBEITERIN 1 Weil Stephan die immer hochkant rauswirft. Der ist Rumäne.

MITARBEITER 4 Ist er nicht, er ist Ungar.

MITARBEITERIN 1 Ja, das sagt er zumindest. Der kann aber Rumänisch.

POLIZIST 5 Wie auch immer. Wo ist er?

MITARBEITERIN 2 Der ist schon weg, der musste seinen Bus kriegen.

POLIZIST 5 Das kann ja wohl nicht ...

MITARBEITERIN 1 Der hat die angebrüllt und dann sind sie auch gleich wieder abgehauen. Muss er machen, das will der Chef so.

MITARBEITER 4 Aber das war vorher.

POLIZIST 5 Und warum höre ich mir das jetzt an?

MITARBEITERIN 2 Später kam noch eine Einzelne rein.

POLIZIST 5 Eine Romni?

MITARBEITERIN 2 Was?

POLIZIST 5 Eine einzelne Romafrau.

MITARBEITERIN 2 Die hat aber nicht gebettelt, die ist nur aufs Klo gehuscht und war schnell wieder draußen.

MITARBEITER 4 Das war keine Roma.

POLIZIST 5 Romni.

MITARBEITERIN 2 Die sah aber romamäßig aus.

MITARBEITER 4 Das kann auch eine Bulgarin gewesen sein oder Rumänin. Oder Bosnierin.

Mitarbeiterin 1 hat begonnen weiter zu putzen.

POLIZIST 5 Wir sind hier noch nicht fertig.

MITARBEITERIN 1 Aber wir wollen auch mal nach Hause. Und das Baby nehmt ihr ja mit, oder? *(zu Sanitäterin 3)* Macht ihr doch?

SANITÄTERIN 3 Was denken Sie denn?

POLIZIST 5 Sonst war nichts? Denken Sie nochmal nach.

MITARBEITER 4 Wissen Sie, was hier an einem Freitagabend los ist? Da ist man froh, wenn man hinterherkommt.

MITARBEITERIN 1 Dürfen wir langsam gehen? Es ist spät.

POLIZIST 5 Ich schreibe mir Ihre Adressen auf, falls noch Fragen sind.

Sanitäterin 3 hat das Baby hochgenommen.

SANITÄTERIN 3 Wir fahren schon mal.

MITARBEITERIN 1 Was passiert denn jetzt mit dem Kind?

SANITÄTERIN 3 Das kommt erst mal in eine Bereitschaftpflegefamilie und wenn die Kindesmutter nicht ermittelt werden kann, wird irgendwann die Adoptionsvermittlungsstelle eingeschaltet.

Sanitäterin 3 legt die Puppe auf dem Requisitentisch ab, zieht ihren Kittel aus, Burger-King-Mütze wieder auf und setzt sich. Mitarbeiterin 2 und Mitarbeiter 4 beginnen die Tische wegzuräumen.

MITARBEITERIN 1 *(zu Polizist 5, der Adressen notiert)* Und weiter?

POLIZIST 5 Wir ermitteln wegen § 221 Kindesaussetzung. Man könnte einen Gentest machen oder mit Spürhunden arbeiten. Aber wenn das eine Romni ist ...

MITARBEITERIN 1 Was dann?

POLIZIST 5 Mit Q-Tips durchs Bulgarenhaus, das fehlt mir noch. Wir überprüfen, ob es anonyme Geburten gab, machen ein Fahndungsplakat, alles Routine, aber letztendlich ...

Mitarbeiterin 1 hat zu weinen begonnen.

MITARBEITERIN 1 Entschuldigung.
POLIZIST 5 Ja, ist alles nicht so schön. Aber das hätte auch schlimmer für das Baby ausgehen können. Viel schlimmer.
MITARBEITER 4 Schon klar.
Polizist 5 setzt seine Polizeimütze ab, setzt sich seine Burger-King-Mütze wieder auf und geht nach hinten, die anderen setzen sich ebenfalls, alle haben einen Kloß im Hals, kurzes Schweigen.
MITARBEITERIN 2 Stephan?
MITARBEITER 5 Tut mir leid, aber ich musste den Bus kriegen, ich wollte euch das nicht anhängen ... echt ... ich bin sonst die ganze Nacht unterwegs ...
MITARBEITERIN 2 Was brüllst du eigentlich immer, wenn du die rausschmeißt?
MITARBEITER 5 Ich mache das ja nicht, weil es mir Spaß macht.
MITARBEITER 4 Sag schon.
MITARBEITER 5 Die können das auch ab, manchmal lachen die mich sogar aus.
MITARBEITERIN 1 Los jetzt.
Mitarbeiter 5 zögert kurz, dann geht er an die Rampe.
MITARBEITER 5 *(sehr laut und aggressiv)* Du-te! Out cu tine. Imediat. Sau chem poliţia! Hard a auzi? Vei pleca. Sau, în căutarea de beat-uri? Ieşi afară!
MITARBEITERIN 1 Und was heißt das?
MITARBEITER 5 *(etwas verschämt)* Ist doch egal.
Die anderen sehen Mitarbeiter 5 befremdet an, der verlegen zurück zu seinem Stuhl geht.
MITARBEITER 5 Besser Ärger mit denen als mit den Gästen, oder? Ich meine, wenn ich es nicht mache, dann ...
MITARBEITER 4 Schon gut.

3. SZENE

Alle beginnen die restlichen Burger-King-Requisiten und Möbel abzuräumen, währenddessen hat sich Mitarbeiterin 3 vom Requisitentisch eine Zeitung geholt und liest die Pressemeldung vor.

MITARBEITERIN 3 Angestellte haben Freitagnacht in der Burger-King-Filiale Breitbachstraße ein Findelkind gefunden. Das Baby ist ca. 24 Stunden alt, es wurde in der vierzigsten Schwangerschaftswoche entbunden, wahrscheinlich zuhause. Es war in eine rosa-weiße Decke mit Schmetterlingsapplikationen gewickelt, mit einer türkisfarbenen Strumpfhose, einem rosafarbenen Hemdchen sowie einem rot-weiß gestreiften Mützchen bekleidet. Zur Mutter ist bislang nichts bekannt.

Die Angestellten wollen eine junge Frau mit südländischem Aussehen beobachtet haben, die im Tatzeitraum den Gastraum betreten hat. Hinweise unter ...

MITARBEITERIN 2 Ich kann mir nicht vorstellen, dass die das war.

MITARBEITERIN 1 Warum?

MITARBEITERIN 2 Die setzen doch ihre Kinder nicht aus.

MITARBEITERIN 3 Woher willst du das denn wissen?

MITARBEITERIN 2 Die sind doch total kinderlieb, die haben ja auch immer so viele.

MITARBEITER 4 Die kaufen sogar manchmal Kinder. Habe ich gelesen.

MITARBEITERIN 3 Nicht dein Ernst jetzt, oder?

MITARBEITER 4 Ich sage nur, was ich gelesen habe.

MITARBEITERIN 3 Also das Kind ist nun mal da.

MITARBEITERIN 2 Es muss einem schon ziemlich dreckig gehen, um so etwas zu machen.

MITARBEITER 5 Denen geht es ziemlich dreckig.

MITARBEITERIN 1 Aber das ist nochmal ein Unterschied.

MITARBEITER 4 Die war allein. Das machen die nicht. Die sind immer in der Gruppe.

MITARBEITERIN 3 Quatsch.

MITARBEITER 4 Vielleicht haben die anderen draußen gewartet?

MITARBEITERIN 3 Klar, im Planwagen mit Kupferkesseln, die ganze Sippe im Halteverbot, logisch vergisst man da mal ein Kind, vor allem wenn man so viele hat.

MITARBEITER 4 Super, jetzt kommt die Rassismusklatsche.

MITARBEITERIN 2 Also, wenn diese Romni, diese Bulgarin, die Rumänin, Bosnierin, diese Mazedonierin ...

MITARBEITER 4 ... diese Frau mit südländischem Aussehen.

MITARBEITERIN 2 ... warum kommt die hier herein und legt ihr Kind ab?

Mitarbeiterin 1 geht im Folgenden zum Kleiderständer und zieht sich einen langen Rock, ein Kopftuch und eine rote Strickjacke an.

MITARBIETERIN 3 Weil es im Gastraum warm ist, weil hier Menschen sind und weil es hier auf jeden Fall gefunden wird.

MITARBEITERIN 1 Warum geht die nicht zur Babyklappe?

MITARBEITER 4 Kennt sie nicht.

MITARBEITERIN 2 Wenn diese Romni, diese Bulgarin, diese ...

MITARBEITERIN 1 Blanca.

MITARBEITERIN 2 Was?

MITARBEITERIN 1 Nur ein Vorschlag. Ist kürzer.

MITARBEITERIN 2 Diese Blanca ist alleine und hat offensichtlich niemanden, der ihr die Idee ausredet, ihr frischgeborenes Kind in einem Burger-Restaurant abzulegen.

Mitarbeiterin 1 zieht sich weiter um.

MITARBEITERIN 1 Hatte sie ein Kopftuch?

MITARBEITER 5 Mal sehen.

Auf der Leinwand sieht man die s/w-Einzelbilder der Überwachungskamera, eine Frau geht auf die Toilette, sie trägt ein Kopftuch sie wirkt etwas hektisch und kommt kurz danach mit einem Stapel Papierhandtücher wieder heraus, man kann ihr Gesicht nicht erkennen.

MITARBEITER 5 Die hat den Spender leergeräumt.

MITARBEITERIN 1 Also Kopftuch.

MITARBEITER 4 Ja, aber nicht so schariamäßig.

MITARBEITERIN 3 Du solltest dir manchmal zuhören, echt.

Mitarbeiterin 1 wird Blanca 1, die anderen Mitarbeiter ab jetzt Spieler.

4. SZENE

Lichtwechsel, Blanca 1 nimmt sich einen Stuhl und setzt sich vorne an die Rampe.

BLANCA 1 Mein Name ist Blanca, ich bin 19 Jahre alt. Ich komme aus ...

Blanca 1 überlegt, dreht sich zu den anderen um.

SPIELERIN 2 Rumänien, Bulgarien, Mazedonien, Bosnien, Kosovo ...

BLANCA 1 Wie auch immer. Ich habe vier Geschwister, zwei Schwestern, zwei Brüder. Ich bin die Zweite. Mein großer Bruder arbeitet in einer Autowerkstatt. Nein, es ist ein Schrottplatz, auf dem auch Autos repariert werden ...

SPIELER 4 Das ist doch jetzt nicht so wichtig.

Blanca 1 dreht sich um und sieht Spieler 4 an.

Okay, du entscheidest.

BLANCA 1 Er wohnt noch zuhause, weil er nicht genug verdient. Wir haben zwei Räume, meine Eltern schlafen im Wohnzimmer, wir Kinder im anderen Raum. Wir haben einen kleinen Hinterhof, dort ist ein Verschlag, den mein Vater gebaut hat, ein Zimmer, dort wohnt meine Großmutter. Sie bekommt eine Rente, weil sie früher in der staatlichen Molkerei gearbeitet hat. Sie unterstützt uns, dafür macht ihr meine Mutter den Haushalt. Sie ist der Chef der Familie, auch wenn mein Vater denkt, er sei das. Nein, er weiß es eigentlich auch, denn wenn es Streit gibt, dann schließt sie ab. Der Fernseher steht bei ihr. Dann guckt sie alleine und das ist schlimm an den Tagen, an denen unsere Lieblingsserie kommt. Manchmal hören meine Eltern dann im Hof zu, damit sie wenigstens wissen, wie es weitergeht. Mich lässt sie immer herein, wenn „Muhteşem Yüzyıl" kommt.

Dann heulen wir gemeinsam über die Geschichten, während die anderen im Hof stehen und schimpfen. Ich bin ihre Lieblingsenkelin, weil ich ihren Namen trage. Das sagt sie. Aber vielleicht nicht nur deshalb. Ich darf aber erst fernsehen, wenn ich meine Hausaufgaben gemacht habe. Sie kann das kontrollieren, weil sie selbst zur Schule gegangen ist. Alle Kinder mussten damals zur Schule gehen, nach 1989 hat keiner mehr darauf geachtet. Mein Vater war nur drei Jahre auf der Schule, meine Mutter fünf, dann ist sie nicht mehr hingegangen. Meine Mutter sagt, man war dort gemein zu ihr, meine Großmutter sagt, dass sie einfach nur faul war. Die beiden streiten oft. Sie mag meinen Vater nicht besonders. Meine Geschwister sind ihr egal.

Spielerin 3 = Großmutter 3.

GROSSMUTTER 3 Nein, du hast mir nicht zugehört. Deine Brüder können arbeiten und deine Schwestern heiraten. Dafür muss man nicht so lange zur Schule. Aber du bist klug, also gehst du zur Schule. Das habe ich gesagt.

BLANCA 1 Glaubst du, dass sie dumm sind?

GROSSMUTTER 3 Nein, ich habe gesagt, dass du klug bist. Du musst zuhören. Also, du wirst jeden Tag gewaschen und gekämmt zur Schule gehen. Ich will nicht, dass jemand über dich sagen kann, dass du stinkst und faul bist. Zeig deine Hände.

Blanca 1 geht zu Großmutter 3, zeigt ihre Hände.

Umdrehen.

Blanca 1 dreht sich.

Jetzt die Hefte.

Blanca 1 holt Hefte vom Requisitentisch und zeigt sie ihr.

Da ist ein Fleck, den musst du noch ausradieren.

Blanca 1 geht zum Requisitentisch und beginnt mit einem Radiergummi den Fleck auszuradieren.

BLANCA 1 Also bin ich hingegangen. Jeden Tag. Wenn es heiß war und alle zum See gingen. Im Winter, wenn die Scheiben auch von innen zugefroren waren. Auch wenn ich krank war.

GROSSMUTTER 3 Du bist nicht krank.

BLANCA 1 Ich habe Schnupfen, meine Nase läuft.

GROSSMUTTER 3 Dann nimm Klopapier mit.

BLANCA 1 Ich kann nicht.

Großmutter 3 winkt sie heran, gibt ihr ein Geldstück, legt den Finger an die Lippen.

GROSSMUTTER 3 Du wirst alles können, was du brauchst.

BLANCA 1 Wann wird das sein?

GROSSMUTTER 3 Das werde nicht ich entscheiden.

Blanca 1 wendet sich den anderen zu, die nun Bruder 4, Vater 5 und Mutter 2 spielen.

BLANCA 1 Warum gehen wir nicht weg?

BRUDER 4 Wir werden gehen.

VATER 5 Wo sollen wir denn hin? Uns will doch keiner.

BLANCA 1 Und die anderen, die Geld schicken? Die Häuser bauen?

MUTTER 2 Ich kann deine Großmutter nicht alleine lassen.

BRUDER 4 Aber irgendwann gehen wir.

VATER 5 Einer muss zuerst gehen und holt die anderen nach.

BRUDER 4 Ich.

VATER 5 Nein, ich, das ist meine Aufgabe. Ich gehe und hole euch nach.

BLANCA 1 Wohin?

BRUDER 4 Deutschland.

MUTTER 2 Frankreich, dort sind die Brüder von Munar.

VATER 5 Ja, dann Frankreich.

GROSSMUTTER 3 Spanien, da ist es nicht so kalt.

VATER 5 Ja, das ist gut.

BRUDER 4 Aber in Deutschland finden wir leichter Arbeit.

VATER 5 Ja, dann nach Deutschland.

BLANCA 1 Und wann? Und wohin jetzt?

VATER 5 Ich habe alle deine Fragen beantwortet. Willst du so lange fragen, bis du die Antworten bekommst, die du gerne hören willst?

GROSSMUTTER 3 Ein Nichtsnutz, ich habe es dir gesagt.

VATER 5 Was bin ich?

GROSSMUTTER 3 Nie hört er, was man ihm sagt, aber da hat er feine Ohren.

BLANCA 1 Ich bin in einem Monat mit der Schule fertig, dann will ich, dass wir gehen.

MUTTER 2 Jetzt wollen die Kinder etwas und die Eltern sollen hören?

BLANCA 1 Warum bleiben wir? Alle gehen.

VATER 5 Alle? Ich treffe hier noch jeden Tag Menschen auf der Straße.

GROSSMUTTER 3 Und so geht das weiter und weiter.

MUTTER 2 Das ist alles nicht so einfach.

VATER 5 Und wenn jemand zuerst geht, dann einer deiner Brüder, für ein Mädchen ist das zu gefährlich.

Spieler 4 hat sich in der Zwischenzeit ein Jackett angezogen und die Haare gekämmt, er wird zu Todor 4 und kommt zu Blanca 1. Lichtwechsel. Musik, ein Auftritt wie in einer türkischen Serie.

TODOR 4 Ich habe gehört, dass du nach Deutschland willst. Ich hätte da Arbeit für dich. Interessiert?

Blanca 1 steht auf, sieht ihn an, Todor 4 streckt seine Hand nach ihr aus. Die Musik endet.

SPIELERIN 2 Nein, ich glaube, dass es anders war.

BLANCA 1 Und wie?

Spielerin 2 steht auf und geht zu Blanca 1, nimmt ihr die Kostümteile ab und verwandelt sich in Blanca 2.

BLANCA 2 Lass mich mal.

Blanca 1 = Spielerin 1 geht zu den Stühlen setzt sich auf den Platz von Spielerin 2. Auch Todor 4 hat sich noch einmal gesetzt.

5. SZENE

SPIELERIN 1 Was ist anders?

BLANCA 2 Vielleicht habe ich all die Geschichten gehört von den Mädchen, die sich dort verkaufen müssen, in Bars, auf dem Strich. Oder Geschichten von den Deutschen, die alle immer noch Nazis sind, auch wenn sie jetzt alle viel Geld haben. Ich will nicht weg.

VATER 5 Hör zu, Blanca, das ist dein Vetter Todor, erinnerst du dich noch an ihn?

BLANCA 2 Nein.

TODOR 4 Es ist zu lange her.

VATER 5 Er lebt in Deutschland und möchte etwas mit dir besprechen.

TODOR 4 Ich habe dort eine Firma gegründet. Vor zwei Jahren. Ich vermittle Putzfrauen, weil die Deutschen es immer sauber haben wollen. Jetzt arbeiten acht Frauen für mich, aber weil es den Deutschen nie sauber genug ist, kann ich noch zusätzliche Frauen anstellen. Du verdienst gutes Geld, kannst etwas nach Hause schicken und hast immer noch genug zum Leben dort. Wenn du dich anstrengst, kannst du schnell eine Putzkolonne leiten.

GROSSMUTTER 3 Sie ist schlau, sie kann noch viel weiter kommen.

TODOR 4 Viele machen dort ihr Glück. Ich kenne viele. Oder sieh nur mich an.

Blanca 2 sieht Todor 4 an, sie wirkt nicht sonderlich überzeugt.

VATER 5 Sie kann nähen, putzen, etwas kochen und sie war in der Schule. Sag ihm, wie lange du in der Schule warst.

BLANCA 2 Und wie lange soll ich dort bleiben?

GROSSMUTTER 3 Was willst du denn hier, Blanca. Ich habe nicht auf dich aufgepasst, damit du in diesem traurigen Nest versauerst.

VATER 5 Außerdem kommen wir nach. Du bereitest alles vor, dann kommen deine Geschwister und wenn alles gut läuft, kommen wir beide auch. Das hängt von dir ab.

BLANCA 2 Warum geht nicht einer meiner Brüder?

TODOR 4 Weil ich eine Putzfirma habe. Und da lasse ich keine Männer arbeiten, weil viele Deutsche denken, dass Männer nicht putzen können und welche von hier schon gar nicht.

BLANCA 2 Und das ist eine richtige Arbeit?

TODOR 4 Mit Papieren und allem, was du brauchst.

VATER 5 Es ist gut, dass du etwas für deine Familie tust, Todor.

GROSSMUTTER 3 So muss das sein in einer Familie, wem kann man sonst trauen.

TODOR 4 150 Lew.

VATER 5 So viel kostet es, in Deutschland Papiere zu besorgen?

GROSSMUTTER 3 Aber du bist reich, du hast eine Firma.

TODOR 4 Für wen sind die Papiere? Für sie oder für mich?

VATER 5 Und die Fahrt?

TODOR 4 Wer fährt mit dem Bus, sie oder ich?

Kurze Stille.

Ihr müsst einmal investieren, ab dann fließt das Geld. Es gibt nichts umsonst. Das hat sie in einer Woche wieder drin. Und ich könnte für den Job Dutzende hier finden. Aber man muss zuerst an die Familie denken. Oder hat sich das geändert, seit ich weggegangen bin?

Großmutter holt aus ihrem Portemonnaie einige Scheine und gibt sie Todor 4.

GROSSMUTTER 3 Er gehört zur Familie und er will etwas für uns tun. Wenn man der Familie nicht mehr trauen kann, kann man niemandem mehr trauen.

Vater 5 ist aufgestanden und hat Todor 4 die Hand zum Einschlagen geboten, der Handel ist gemacht. Todor 4 holt sein Smartphone heraus, winkt Blanca 2 heran, die sich neben ihn stellt. Todor 4 zeigt Bilder auf seinem Handy: ein Ladenschaufenster, auf dem mit Klebebuchstaben eine Reinigungsfirma angekündigt wird, dann eine Gruppe Frauen mit einem Putztrolley, Todor 4 vor einem alten C-Klasse-Combi, auf dem der Name seiner Firma steht, ein Schreibtisch mit einem alten Computer und einer Zimmerpflanze ... die Bilder werden hinten auf den Screen projiziert. Währenddessen schreibt Todor 4 Blanca 2 eine Adresse und eine Telefonnummer auf. Dann ziehen sich Vater 5 und Todor 4 wieder auf Spieler um. Großmutter 3 winkt Blanca 2 zu sich.

GROSSMUTTER 3 Beschwere dich nicht.

BLANCA 2 Ich habe nichts gesagt.

GROSSMUTTER 3 Wenn man eine Brücke bauen will, muss zuerst einer mit dem Seil durch den Fluss und dafür nimmt man den Besten, der eine Chance hat, drüben anzukommen, und das bist du. Du ernährst jetzt die Familie. Wenn du untergehst, gehen alle unter. Hier ist alles schlecht und es kann nur schlechter werden.

Besser wird es nur durch dich. Vergiss das nicht. Wird dein Vater krank, musst du ihn heilen, sterbe ich, musst du mich ersetzen, verliert dein Bruder seinen Job, musst du für ihn arbeiten, fällt einer von ihnen, musst du ihm aufhelfen. Du bist jetzt die Schutzheilige der Familie, also bleib mit dem Kopf über Wasser. Lerne schwimmen und beklage dich nicht, wenn du Wasser schluckst, lerne einfach, über das Wasser zu gehen. Und lass das Seil nicht los. Und jetzt geh, Blanca. *(sie lacht)* Santa Blanca, meine Kleine.

6. SZENE

Die Stühle werden in Zweierreihen aufgebaut, eine scheppernde übersteuerte Aufnahme von „Dschinghis Khan" läuft in der Szene durch, Spielerin 1 verwandelt sich wieder in Blanca 1 und holt sich eine große Tasche vom Requisitentisch, nimmt sie auf den Schoß, stützt den Kopf darauf, während die anderen – bis auf Spielerin 3 – ebenfalls Taschen holen und in den Busreihen Platz nehmen. Zu Anfang singen alle bei „Dschinghis Khan" mit, keiner kann den deutschen Text, deshalb klingt es eher wie Lautmalerei.

ALLE Dsching... Dsching... Dschingis Khan.
Heeraitahooraitaheeraitaimmaweita...

Die Reisenden unterhalten sich leise, Blanca 1 versucht zuzuhören, dann sackt ihr Kopf wieder nach vorne, sie ist unglaublich müde.

Dsching... Dsching... Dschingis Khan.
Heeraitahooraitaheeraitaimmaweita...
Mit der Zeit werden sie immer lethargischer, bis auch sie schlafen.

SPIELERIN 3 *(als Offvoice von Blanca 1 spricht sie von hinten, eventuell mit Mikro)* Das bin ich in einem Bus, der mich nach Deutschland bringt. Ich sitze alleine, vorne eine Gruppe Männer, die sich kennen und schon seit einer Weile dort wohnen, sie reden leise miteinander, über ihre Familien, ihre Arbeit, ich versuche etwas über die Stadt zu erfahren, über Deutschland, aber die Musik ist so laut und irgendwann schlafen sie oder dösen und ich will sie nicht stören, irgendwann sind alle müde, auch der Fahrer, der 27 Stunden fahren muss und wenn er müde wird, macht er die Musik an und dann hören wir „Dschinghis Khan", immer nur dieses Lied, je müder er wird, desto lauter. Egal. Ich kann sowieso nicht schlafen, ich denke nach, nein, ich denke nicht nach, ich habe Angst, nicht nur Angst, aber auch Angst ... etwas falsch zu machen. Ich habe alle wichtigen Sachen bei mir, ich trage sie in einem Gurt um den Bauch, ich soll mich nie von meinem Geld und meinem Ausweis trennen, niemandem trauen und ich frage mich, ob ich Todor trauen kann. Aber meine Eltern haben sich umgehört, er hat wirklich eine Firma dort und wenn einer wie Todor in Deutschland eine Firma gründen kann, dann kann es jeder dort schaffen, sagt meine Großmutter. Die meisten im Bus sind Männer, es steigen auch fast nur Männer zu. Ich bin froh, eine Bank für mich alleine zu haben, auch die Reihe vor mir bleibt frei, dort sind die hintere Tür und das Klo und bald weiß ich auch, warum dort niemand sitzen wollte. Aber mit der Zeit rieche ich es gar nicht mehr, ich dämmere vor mich hin und sehe immer wieder nach, ob ich noch den Zettel mit der Adresse und der Nummer habe. Aber Todor wird mich abholen. Ich habe auch noch eine andere Adresse, die hat meine Großmutter besorgt. Sie hat gesagt, dass es immer gut ist, noch einen zweiten Plan zu haben. Meine Großmutter hat mir nochmal Geld zugesteckt, sie ist froh, dass ich gehe, aber sie ist trotzdem nicht mitgekommen, als die anderen mich zum Busbahnhof gebracht haben. Ich weiß nicht viel über die Deutschen, ich werde es erfahren. Manche sagen, sie würden immer noch gern alle umbringen, die keine Deutschen sind, andere sagen, sie sind gutmütig und haben viel Geld. Es ist auf jeden Fall besser dort als bei uns und darauf kommt es an. Ein schlechter Tag dort ist wie ein guter Tag bei uns. Ein armer Mann dort ist ein reicher Mann bei uns. Die Stadt liegt an einem Fluss und das beruhigt mich, ich weiß nicht, warum. Dann sind wir in Deutschland und wir halten an einer Raststätte, weil das Klo im Bus inzwischen völlig verstopft ist. Ich gehe auf das Klo der Raststätte, dort ist es sauber und es riecht nach Zitrone. Deutschland riecht nach Zitronen. Ich beeile mich, ich habe Angst, dass der Bus ohne mich weiterfährt. Der Busfahrer raucht zwei Zigaretten hintereinander, dann sagt er:

BUSFAHRER 4 Endspurt.

Alle wachen auf, sortieren sich, rudimentäre Körperpflege, es kommt Bewegung in die Gruppe, es werden Koffer und Taschen geholt, auf engstem Raum versuchen alle, ihre Habseligkeiten zusammenzubekommen. Blanca 1 wird herumgeschubst, sucht sich ihre Tasche, alle sitzen wieder auf ihren Stühlen, Lichtwechsel, alle stehen auf und gehen. Blanca 1 sieht sich um, es ist niemand da, der sie abholt, das Licht wird dunkler, die anderen stellen ihre Taschen wieder zu den Requisitentischen, Blanca 1 wird immer unruhiger, nach und nach verschwinden alle in Richtung der Stühle. Blanca 1 hält einen von ihnen auf.

BLANCA 1 Kann ich bitte dein Handy benutzen?

REISENDER 5 Nach Bulgarien?

BLANCA 1 Nein, Deutschland.

Reisender 5 holt ein Handy aus seiner Tasche, gibt es ihr.

REISENDER 5 Aber nur kurz.

Blanca 1 wählt, eine Ansage kommt, sie ist irritiert.

BLANCA 1 Was sagt sie?

Reisender 5 nimmt das Handy, hört zu.

REISENDER 5 Der Teilnehmer ist nicht erreichbar.

BLANCA 1 Kann ich eine Nachricht hinterlassen?

REISENDER 5 Nein, da ist keine Mailbox.

Blanca 1 holt einen Zettel aus ihrer Tasche.

BLANCA 1 Wo ist das?

Reisender 5 wirft einen Blick auf den Zettel und zuckt mit den Schultern.

REISENDER 5 Ich weiß nicht. Ich muss jetzt gehen.

BLANCA 1 Danke.

Reisender 5 geht, Blanca 1 setzt sich auf ihre Tasche, wartet. Die anderen Spieler sitzen hinten auf den Stühlen im Dunkeln, Blanca 1 im Spot.

BLANCA 1 Er kann immer noch kommen.

SPIELERIN 2 *(von hinten)* Glaubst du das wirklich?

BLANCA 1 Nein.

SPIELERIN 3 *(von hinten)* Warum wartest du dann?

BLANCA 1 Was soll ich denn sonst machen?

SPIELERIN 3 Du hast doch noch diesen Zettel mit der Adresse von den Freunden von Freunden aus deinem Viertel.

BLANCA 1 Und wie soll ich da hinkommen?

SPIELERIN 3 Frag dich durch.

Blanca 1 nimmt ihre Tasche, holt den Zettel aus der Tasche und geht zu den hinten sitzenden Schauspielern, sie streckt Spieler 5 den Zettel entgegen, er weicht aus, sie geht zu den anderen, aber auch die weichen aus, sie geht ihnen hinterher, manche reagieren wütend, andere sehen weg.

BLANCA 1 Tŭrsya tozi adres.

PASSANT 5 Ich habe kein Geld dabei.

BLANCA 1 Tŭrsya tozi adres.

PASSANTIN 3 Jetzt rück mir nicht so auf die Pelle. Das geht doch nicht!

Nach einiger Zeit gibt Blanca 1 auf, setzt sich wieder in die Mitte der Bühne auf ihre Tasche, die anderen wieder hinten auf die Stühle.

BLANCA 1 Lasst mich hier nicht so hängen!

SPIELER 5 Du musst dir halt was einfallen lassen, das ist jetzt dein Job.

BLANCA 1 Wie denn! Ich kenn mich hier doch nicht aus, ich habe noch fünfzig Euro von meiner Großmutter und wenn ich die ausgegeben habe, weiß ich nicht mehr weiter. Ich bin hier, weil meine Mutter denkt, dass man sich in der Familie nicht betrügt, und weil mein Vater glaubt, dass man hier nur seine Tasche aufhalten muss und es regnet Sterntaler. Außerdem habe ich keine Lust, den ganzen Scheiß hier alleine zu stemmen.

SPIELER 4 Aber genau das ist deine Rolle. Du bist nach Deutschland gekommen, weil du dir hier ein besseres Leben erhoffst. Du bist hier, weil du jemanden vertraut hast, dem man nicht vertrauen sollte. Du bist hier, ohne ein Wort Deutsch zu sprechen ...

BLANCA 1 ... ich spreche drei Sprachen. Bulgarisch, Türkisch und Romanes.

SPIELER 5 Ich dachte, du bist keine Romni.

BLANCA 1 Bin ich auch nicht.

SPIELERIN 3 ... kein Deutsch, du weißt nicht, wie das Leben hier funktioniert, du hast keine besonderen Ressourcen ...

BLANCA 1 Keine was?

SPIELER 5 Was du kannst ...

BLANCA 1 ... Nähen, Kochen, Putzen, Lesen, Schreiben ...

SPIELER 5 ... und was du hast.

BLANCA 1 Fünfzig Euro.

SPIELERIN 3 Eben. Keine besonderen Ressourcen und jetzt erwartest du, dass wir uns um dich kümmern? Sieh zu, wie du klarkommst.

BLANCA 1 Tŭrsya tozi adres.

7. SZENE

Die anderen besprechen sich leise miteinander, dann geht Spielerin 2 nach vorne und nimmt sich das Blancakostüm und den Zettel, sie scheucht Spielerin 1 nach hinten. Dann beginnt sie langsam zu sprechen.

BLANCA 2 Ich. Suche. Diese. Adresse. Mühlenstraße 4.

Es kommt Bewegung in die Gruppe der anderen, sie stellen sich an den Requisitentisch, winken Blanca 2 zu, die zu ihnen geht.

MIETER 4 Hier, das ist hier.

Blanca 2 nimmt ihre Tasche und geht zu der Gruppe.

BLANCA 2 Kann ich hier wohnen?

Die anderen sehen sich an.

Nur für eine kurze Zeit?

Die anderen sehen sich an.

Ich kann auch bezahlen.

MIETER 4 Du musst mit Hassan sprechen, er hat im Keller noch Schlafplätze. Er ist der Eigentümer.

BLANCA 2 Hier bei euch geht es nicht?

MIETER 4 Zu voll.

Spieler 5 = Hassan 5 setzt sich wieder auf einen der Stühle, Blanca 2 geht zu ihm.

BLANCA 2 Ich soll Sie fragen wegen einem Schlafplatz.

HASSAN 5 Woher kommst du?

BLANCA 2 Bulgarien.

HASSAN 5 Roma?

BLANCA 2 Nein.

HASSAN 5 Was kannst du bezahlen?

BLANCA 2 Was kostet es?

HASSAN 5 Hast du Arbeit?

BLANCA 2 Ja.

HASSAN 5 Gute Arbeit?

BLANCA 2 Das weiß ich morgen.

HASSAN 5 Also hast du keine Arbeit. Wie viel Geld hast du?

BLANCA 2 Was kannst du anbieten?

Hassan 5 steht auf, nimmt eine Matratze und stopft sie unter den Requisitentisch, er stellt eine Lampe dazu, dann präsentiert er die enge Koje Blanca 2.

HASSAN 5 Fünfzig in der Woche und du musst vorher bezahlen.

BLANCA 2 Dafür?

HASSAN 5 Du musst nicht. Such dir etwas anderes.

BLANCA 2 Ich nehme es.

Blanca 2 gibt ihm die fünfzig Euro und kriecht unter den Requisitentisch. Lichtwechsel. Die anderen nehmen sich ebenfalls Matratzen und legen sich dicht an dicht neben den Requisitentisch. Hassan 5 = Spieler 5, er bleibt auf dem Stuhl sitzen und erzählt.

SPIELER 5 Da kam das arme Mädchen in die goldene Stadt und stellte sich auf den Markplatz, auf dass ihr jemand Arbeit gebe und sie ihr Brot verdiene. Da kam ein Mann, der in feinsten Zwirn gewandet war und eine goldene Kette trug und frug sie, ob sie auch fleißig sei. Ja, sagte das Mädchen, keine sei fleißiger als sie. Und ob sie auch genug Gold habe, um zu arbeiten, und diese Frage verstand das arme Mädchen nicht, weil sie aus einem fernen Land kam, wo man arbeitete, um seinen Lohn zu empfangen. Du brauchst Gold, um dein Haupt zu betten, sonst bist du zu müde zum Arbeiten und keiner wird dich haben wollen, du brauchst Gold, um Brot zu kaufen, um Kraft für die Arbeit zu haben, der Besen wird nicht von alleine fegen, Gold, damit die Wache am Stadttor ein Auge zudrückt, Gold, um mir den Besen zu bezahlen, den ich dir anvertraue, nur der Staub ist umsonst, also zähle deine Groschen, ich habe es nicht anders gemacht, als ich hierherkam. Verzage nicht, ich will dir Gold geben, aber bis du es mir zurückgezahlt hast, gehörst du mir. Eines Tages kommt ein armer Junge, aus einem fernen Land, der dein Haus fegen will und er wird deine Schuld bezahlen. Da dachte das Mädchen nach und ...

Einer der Schlafenden richtet sich auf, brüllt.

MIETER 4 Gib jetzt endlich Ruhe! Wir müssen morgen alle früh raus!

Hassan 5 wird Mieter 5, er legt sich zu den anderen. Dunkel.

MIETERIN 1 Todor ist weg, er hatte seine Frauen nicht versichert, dann hat ihn ein Konkurrent angezeigt, es gab eine Razzia und er musste abhauen.

MIETERIN 3 Es lief aber schon vorher nicht gut für ihn.

MIETERIN 1 Wie kann man so blöd sein, ihm vorher Geld zu geben. Du hättest ihm das Geld erst geben dürfen, wenn er etwas für dich getan hat.

MIETERIN 3 Und nicht einmal das Busticket zu bezahlen. Warum hast du dich auf so etwas eingelassen?

BLANCA 2 Ich werde ihn finden, ich will mein Geld zurück.

MIETERIN 3 Du kannst einem nackten Mann nicht in die Tasche greifen.

BLANCA 2 Ich will nach Hause zurück, was soll ich in dieser Stadt.

MIETERIN 1 Ein schlechter Tag hier ist immer noch besser als ein guter Tag dort.

MIETERIN 3 Du bist jung, du bist kräftig, du wirst etwas finden.

BLANCA 2 Wenn Gott wollte, dass ich hierher komme, dann ist es sein Wille. Und wenn er dafür keinen besseren Boten als Todor hatte, dann wird er schon wissen, warum. Er wird wissen, wofür es gut ist.

MIETERIN 1 Du sprichst Türkisch, das ist ein Anfang.

BLANCA 2 Wo soll ich morgen hingehen?

MIETERIN 3 Wir werden uns umhören.

Die Frauen stehen auf.

BLANCA 2 Was macht ihr? Es ist mitten in der Nacht.

MIETERIN 1 Wir putzen in einem Burger-Restaurant, es schließt um zwei Uhr, dann kommen wir.

Die Frauen gehen im Dunkeln zu ihren Stühlen und werden wieder Spielerinnen.

Die Männer stehen auf.

MIETER 5 Ich werde um vier Uhr abgeholt zur Baustelle.

Mieter 5 geht. Mieter 4 liegt still, Blanca 2 will wieder schlafen, ist aber unruhig.

Mieter 4 rutscht etwas näher heran.

MIETER 4 Wie viel nimmst du?

BLANCA 2 Was?
MIETER 4 Ich gebe dir dreißig Euro.
BLANCA 2 Dreißig Euro?
MIETER 4 Das ist viel Geld. Du brauchst Geld. Ist leicht verdient.
BLANCA 2 Lass mich in Ruhe.
MIETER 4 Ist nur ein Vorschlag.
SPIELERIN 3 Machst du das?
BLANCA 2 Nein!
MIETER 4 Okay, es war nur eine Frage.
Mieter 4 steht auf, nimmt seine Tasche und geht. Blanca 2 bleibt noch liegen. Mieter 4 setzt sich hinten zu den anderen Schauspielern. Blanca 2 bleibt liegen.
SPIELERIN 3 Dann wäre es einfach gewesen: Sie schläft mit ihm ohne Kondom, weil er noch etwas draufgelegt hat und sie wird schwanger.
BLANCA 2 Könnt ihr leiser reden? Ich bin müde.
SPIELERIN 1 Und wie geht es jetzt weiter?
BLANCA 2 Ich schlafe lange, weil ich von der Fahrt erschöpft bin.
SPIELER 5 Ja, das müssen wir aber jetzt nicht spielen. Das können wir uns vorstellen.

8. SZENE

Blanca 2 steht auf, legt ihr Kostüm ab und setzt sich zu den anderen. Lichtwechsel. Alle sitzen in der Reihe. Kurze Stille.

SPIELERIN 2 Der erste Tag in einer neuen Stadt.
SPIELERIN 3 Die man nicht kennt.
SPIELER 4 In der man Unkosten hat.
SPIELER 5 In der man bezahlen muss.
SPIELERIN 1 Sobald die letzten Brote von der Fahrt gegessen sind.
SPIELERIN 2 Der einzige Platz, auf den man ein Anrecht hat, ist bis zum Abend abgeschlossen.
SPIELERIN 1 Eine Kellerbox.
SPIELERIN 2 In der man zumindest seine Tasche lassen kann.
SPIELER 5 Geht man zuerst zum Fluss?
Kurze Einspielung türkische Serienmusik.
SPIELERIN 3 Nein, die Zeit läuft, jede Minute kostet Geld.
SPIELER 4 Auf die Plätze! Fertig! Los!

SPIELERIN 1 Wer ist da, um einem zu sagen, wohin man gehen kann?

SPIELERIN 3 Man muss zuhören, den richtigen Leuten zuhören,

SPIELERIN 2 Man muss sich Menschen anschließen.

SPIELERIN 3 Man muss lernen, man muss sehr viel lernen.

SPIELER 4 Wer auf dem Ozean treibt, muss schwimmen, muss sich bewegen.

SPIELER 5 Und wer sich nicht bewegt, geht unter.

Spieler 5 klatscht in die Hände und steht auf.

SPIELER 5 Ich zeige dir das mal, das ist alles keine Hexerei. Das eine ist ja zuallererst mal die Wahl eines guten Platzes und da musst du vorher immer erst klären, ob die Plätze vergeben sind, also ob dort schon jemand sein Revier hat, sonst wird das schnell ungemütlich. Da gibt es öffentliche Plätze, Fußgängerzonen, Plätze vor Kaufhäusern ... das muss man genau überlegen. Menschen, die gerade viel eingekauft haben und mit riesigen Tüten aus dem Kaufhaus kommen, haben oft ein schlechtes Gewissen, weil sie so viel Geld ausgegeben haben. Entweder werden sie jetzt geizig, weil sie ab jetzt ihr Geld zusammenhalten wollen, oder sie denken, mein Gott, das arme Mädchen, ich ballere hier Unsummen für irgendwelche Klamotten raus und die braucht jeden Cent ... dann gibt es was. Zettel zeigen ist eine Möglichkeit, musst du dir von jemandem schreiben lassen.

SPIELER 4 Das kostet natürlich Geld.

SPIELER 5 Knien, Blick auf den Boden. Finden viele herzerweichend, andere sind völlig genervt.

SPIELER 4 Ist auch eher etwas für ältere Frauen oder wirklich heruntergekommene Männer.

SPIELER 5 Du musst entscheiden. Bist du der Typ, der auf Abstand wirkt ...

SPIELER 4 ... also Karstadt, Haupteingang

SPIELER 5 ... oder Straßen und Durchgänge, wo die Menschen eng aneinander vorbei müssen.

SPIELER 4 Hier kann eine gemurmelte Bitte um Unterstützung helfen. Sprache egal.

SPIELER 5 Dritte Variante. Unterführungen, da ist meist weniger los, aber die Leute sehen dich schon von Weitem. Hier ist es besser, keinen Blickkontakt zu haben, weil die Leute alleine mit einem bettelnden Menschen Angst haben. Oder zumindest ein unbehagliches Gefühl. Oder sie fühlen sich verantwortlich. Dann gibt es oft mehr Geld.

SPIELER 4 Bioläden. Gute Plätze, meistens schon vergeben, aber wenn man dort einen Stammplatz hat, ist es einfach. Du musst damit rechnen, öfters einmal in ein Gespräch verwickelt zu werden. Woher du kommst, ob deine Familie auch da ist ...

SPIELER 5 Nur manchmal gibt es auch Leute, die dir nichts geben, weil sie der Meinung sind, das müsse politisch gelöst werden. Oder dass das nur in den Taschen der Clanchefs verschwindet. Diese Männer geben dir triumphierend nichts.

SPIELER 4 Frauen dagegen kaufen dir oft etwas zu essen. Das ist natürlich nett, aber es hilft dir nicht, deinen Schlafplatz zu bezahlen.

SPIELER 5 Vorsicht mit den Müttern. Sie sind hilfsbereit, fühlen sich aber auch schnell bedroht.

SPIELER 4 Woanders kann es hilfreich sein nachzuhaken, wenn man etwas bekommen hat, dafür brauchst du eine Geschichte. Wo ein Euro ist, sitzt manchmal auch ein zweiter. Das kann aber auch nach hinten losgehen.

SPIELER 5 Menschen auf der Straße anzusprechen, ist anspruchsvoll, dafür braucht man Menschenkenntnis. Und man darf nicht empfindlich sein.

SPIELER 4 In Cafés und Restaurants wird man meistens vertrieben, das ist schwieriges Gelände, im Sommer an den Tischen draußen wird man oft von den Gästen angeschnauzt, aber wenn man aus einem Lokal vertrieben wurde, kommen manchmal welche hinterher, die einem etwas geben, weil es ihnen peinlich war, Zeuge dieser Szene gewesen zu sein.

SPIELER 5 So, das waren die Grundlagen.

SPIELER 4 Was für ein Betteltyp bist du?

Spielerin 2 hat sich zu Blanca 2 umgezogen.

BLANCA 2 Ich mach das nicht.

SPIELER 4 Probier das doch einfach mal.

BLANCA 2 Nein!

SPIELER 5 Komm, einfach mal was ausprobieren.

BLANCA 2 Ich will das aber nicht.

SPIELER 4 Kleine Impro. Du kommst aus dem Kosovo oder so, du hast kein Geld, Hunger …

SPIELER 5 Das gehört irgendwie auch ein bisschen zum Job, oder? Von nichts kommt nichts.

SPIELER 4 Du kannst ja auch an Andersens Märchen denken, das Mädchen mit den Schwefelhölzern. Kommst du dann besser rein?

BLANCA 2 Sagt mal, hört ihr schwer?

Spieler 4 wendet sich an die anderen beiden Frauen.

SPIELER 4 Einer von euch vielleicht?

Die beiden Frauen winken ab. Spieler 4 sieht ratlos zu Spieler 5.

SPIELER 5 Okay, wenn jetzt keiner will, machen wir einfach weiter, okay?

Stille.

SPIELER 5 Können wir jetzt?
BLANCA 2 Nein, ich will arbeiten.
SPIELER 4 Okay, kann mal jemand anderes, damit wir weiterkommen?
BLANCA 2 Nein, arbeiten.
Spieler 4 sieht Spielerin 3 an.
SPIELERIN 3 Versuch es erst gar nicht.
SPIELER 4 Sagt mal, wie stellt ihr euch das denn vor? Glaubt ihr denn, hier sucht keiner Arbeit? Wieso glaubt eigentlich alle Welt, dass man hier sofort Arbeit findet? Das ist nun mal nicht so einfach. Gut, wenn man jetzt Spezialist ist …

9. SZENE
Spielerin 3 zieht sich um auf Blanca 3.

BLANCA 3 Ich kann lesen, schreiben, kochen, putzen …
SPIELER 4 Ja, das wissen wir ja nun. Das können die Leute hier auch.
BLANCA 3 Ich will arbeiten. Darf ich das? Wo muss ich da hin?
SPIELERIN 2 Du brauchst keine Papiere. Du kannst hier Arbeit suchen, das ist ganz legal. Dann bekommst du eine Aufenthaltsgenehmigung und alles ist gut.
BLANCA 3 Also suche ich mir Arbeit. Gut.
SPIELERIN 1 Arbeit, bei der dich dein Arbeitgeber regulär anmeldet. Nach Bestimmungen des deutschen Arbeitsrechts. Dann bekommst du die Genehmigung.
BLANCA 3 Das ist doch gut!
SPIELERIN 2 Ja, dann bist du abgesichert.
SPIELER 5 Nur dass deine Leute oft denselben Job schwarz machen.
SPIELERIN 1 Also meldet dich keiner an, das wäre viel teurer.
BLANCA 3 Also bekomme ich keine Aufenthaltsgenehmigung.
SPIELER 5 Es sei denn, du hast Papiere.
BLANCA 3 Ich dachte, ich brauche keine Papiere.
SPIELER 5 Gewerbeschein. Scheinselbstständigkeit. Anmeldung zur Krankenkasse.
SPIELERIN 1 Dann zahlst du deine Sozialabgaben selbst.
BLANCA 3 Meine Sozialabgaben?
SPIELERIN 1 Du bist dann Unternehmer
BLANCA 3 Wo werde ich Unternehmer?
SPIELERIN 1 Das weiß ich jetzt auch nicht.
SPIELERIN 2 Du gehst aufs Amt …
BLANCA 3 Welches Amt.

SPIELERIN 2 *(zu den anderen)* Wo geht man da denn hin?
SPIELERIN 1 Das müssen deine Leute eigentlich wissen.
Spieler 4 = Vermittler 4 kommt zu Blanca 3.
VERMITTLER 4 Ich kann dir helfen, alle Anträge auszufüllen, ich kann dich auch aufs Amt begleiten und alles regeln, damit du Papiere hast. Das kostet pro Formular zehn Euro und vierzig Euro, wenn ich dich aufs Amt begleite.
BLANCA 3 Ich habe kein Geld.
VERMITTLER 4 Das sind die Preise.
Vermittler 4 geht wieder zurück = Spieler 4. Die anderen sind ratlos, Blanca 3 steht auf und holt sich vom Requisitentisch Besen, Kehrblech und Putzmittel aus der Burger-King-Szene. Sie beginnt die Bühne zu fegen. Die anderen sehen ihr ratlos zu.
SPIELER 5 Was gibt das denn?
BLANCA 3 Ich mache hier sauber. Das ist alles dreckig hier.
SPIELERIN 2 Das ist nicht nötig, nach der Vorstellung kommt die Putzkolonne.
BLANCA 3 Heute mache ich das.
SPIELER 5 Nichts gegen deine Eigeninitiative, aber das ist Quatsch, die putzen hier sowieso, egal, wie viel Dreck wir machen.
BLANCA 3 Die müssen eine Stunde weniger arbeiten und ihr gebt mir das Geld.
SPIELERIN 1 Nein, das geht nicht. Die Reinigungsfirma kriegt sicher einen festen Betrag.
BLANCA 3 Eben, ich bin ja in Deutschland, um bei einer Reinigungsfirma zu arbeiten.
SPIELERIN 1 So einfach geht das hier nicht.
SPIELER 5 Im Prinzip ist das eine super Idee, aber willst du nicht warten, bis du eine Genehmigung hast?
BLANCA 3 Ich mache das ja, um eine zu bekommen.
SPIELER 5 Bitte, lass den Dreck liegen.
Blanca 3 putzt ungerührt weiter.
SPIELERIN 1 Du kannst hier jetzt nicht ernsthaft putzen.
BLANCA 3 Warum?
SPIELER 4 Du bist nicht versichert. Wenn du dir ein Bein brichst, musst du das Krankenhaus selbst bezahlen.
SPIELER 5 Nein, ich glaube, das Theater hat dann Schuld.
BLANCA 3 Dann versichert mich doch!
SPIELER 4 Dafür brauchst du einen Job!
BLANCA 3 *(putzend)* Ich mach hier einen Job. Und beim Putzen habe ich mir noch nie ein Bein gebrochen. Ich putze nicht so, dass man sich dabei ein Bein bricht. Und wenn, dann muss man mit einem gebrochenen Bein auch nicht in ein Krankenhaus. Ich putze, ich mache nicht Eiskunstlauf.

SPIELER 4 Herrgott, das war ja nur ein Beispiel!

Blanca 3 putzt weiter, die anderen Schauspieler besprechen sich.

SPIELER 5 Okay, hör zu, du kannst heute hier putzen, aber das ist dann kein Job!

SPIELERIN 1 Eine Performance – es ist ja im Rahmen der Vorstellung.

SPIELER 5 Genau, eine Performance! Das ist jetzt eine Kunstaktion. Das ist rechtlich kein Problem.

BLANCA 3 Wie?

SPIELERIN 1 Das ist Arbeitsrecht.

BLANCA 3 Aber mit Bezahlung.

SPIELER 5 Wir würden zusammenlegen, oder?

Die anderen nicken, Spielerin 2 geht zum Inspizientenpult und holt von dort ihren Geldbeutel, sie legen zusammen, es ist etwas Münzgeld und ein paar kleine Scheine. Spieler 5 geht zu Blanca 3 und will es ihr geben. Blanca 3 putzt weiter.

BLANCA 3 Ist noch nicht sauber.

SPIELERIN 1 Das ist wunderbar so.

BLANCA 3 Wenn ich Geld bekomme, will ich auch arbeiten.

SPIELER 4 Es ist ja keine Arbeit! Es ist jetzt Kunst, verdammt nochmal!

BLANCA 3 Ich brauche aber Arbeit!

Blanca 3 stellt den Besen und die Putzutensilien zurück. Spieler 5 gibt ihr das Geld.

SPIELER 4 So weit waren wir schon.

Blanca 3 legt das Blancakostüm ab und geht zurück in die Reihe, Lichtwechsel, sie singen leise „Sixteen tons" von Tennessee Ford.

10. SZENE

Spieler 5 geht zu der Kleiderstange und holt sich einen Blaumann, setzt sich einen kurzkrempigen Hut auf, eventuell Gummistiefel. Die anderen singen weiter. Spieler 5 = Bauer 5, geht an den Singenden vorbei, dann winkt er Spielerin 1 heran, sie zieht sich um auf Blanca 1, geht mit ihm nach vorne.

BAUER 5 Kannst du arbeiten? Arbeit?

Blanca 1 nickt.

Spargelstechen. Spargel?

Bauer 5 versucht pantomimisch Spargelstechen anzudeuten. Blanca 1 nickt etwas verständnislos. Der Bauer malt eine Acht in die Luft.

Acht Euro fünfzig in der Stunde. Acht. Verstehen?

SPIELER 4 Jetzt lass doch diesen Quatsch mit dem Ausländerdeutsch.

BAUER 5 Also gut, du bekommst acht Euro fünfzig, aber es gibt Abzüge, klar? Du bekommst eine Unterkunft, dafür muss ich was berechnen, die Fahrt zum Feld und zurück und das Essen da draußen, das kostet mich auch einiges. Den Rest kannst du behalten und ich frage auch nicht, ob du krankenversichert bist. Hast du irgendwelche Papiere?

BLANCA 1 Ja, ich habe irgendwelche Papiere. Soll ich die jetzt zeigen?

BAUER 5 Ich habe auch nicht ewig Zeit. Und ich will, dass du arbeitest, bei mir wird nicht gefaulenzt, ist das klar. Wenn ich sehe, dass jemand nicht arbeitet, ist er ganz schnell draußen. Ist das klar? Wo kommst du her?

Blanca 1 zeigt in Richtung der Stühle.

SPIELERIN 2 Sag mal, was bleibt denn da über, drei Euro oder was?

BAUER 5 Habt ihr Arbeit für sie gefunden? Also irgendwas Sinnvolles außer Solidarität und Kunstkacke? Eine Unterkunft zum Beispiel. Oder Essen, einen Job mit zwanzig Euro auf die Hand jeden Tag.

SPIELERIN 2 Wie? Das wären ja keine drei Euro die Stunde!

BAUER 5 Bei mir kann sie arbeiten, darauf kommt es an.

SPIELERIN 2 *(zu Blanca 1)* Mach das nicht.

Blanca 1 holt ihre Tasche vom Requisitentisch.

SPIELER 4 Und dort in der Unterkunft lernt sie jemanden kennen, verliebt sich, will auch etwas vom Leben haben, passt nicht auf, wird schwanger, verliert ihren Job und weiß nicht weiter.

BAUER 5 Nach einem Tag auf dem Feld haben die abends andere Sorgen.

BLANCA 1 *(zu Bauer 5)* Wir können gehen.

11. SZENE

Lichtwechsel, Spielerin 3 spricht als Offvoice für Blanca 1, die an der Rampe sitzt.

SPIELERIN 3 Das bin ich vor dem Baucontainer, in dem ich mit den anderen Spargelstechern wohne. Alle, die dort sitzen, sind Bulgarinnen, viele kennen sich schon vom letzten Jahr, auch viele von den polnischen Männern dort drüben sind schon oft da gewesen. Sie sind die schnellsten Arbeiter und das wissen sie. Sie führen sich auf wie die Kapos und treiben uns an, wenn uns der Rücken wehtut und wir eine kurze Pause machen. Aber ich weiß, dass sie uns beobachten, wenn wir abends vor dem Container sitzen und reden. Ich sage nicht viel, ich höre zu und versuche so viele Informationen wie möglich zu sammeln. Bald ist der 24. Juni, dann ist die Spargelzeit vorbei und ich muss sehen, wie es dann weitergeht.

Es gibt hier einen jungen Mann, der mich am ersten Tag eingearbeitet hat. Wir reden abends miteinander, er bringt mir etwas Deutsch bei. Ich weiß, was er will, ich halte ihn hin, ich brauche ihn, aber nicht dafür, abends bin ich so erschöpft, dass ich es kaum auf meine eigene Matratze schaffe. Ich will wissen, wo die Tür ist, durch die ich als nächstes gehen kann.

Das bin ich bei Western Union, ich überweise meinen Eltern Geld, manchmal melde ich mich aus dem Internetcafé, in dem man auch billig telefonieren kann. Sie fragen, ob ich schon eine Wohnung habe und wann mein Bruder nachkommen kann. Sie machen sich falsche Vorstellungen von meinem Leben. Der Bus in die Stadt ist teuer, ich kann nur einmal in der Woche dorthin, ich laufe durch die Straßen, es tut gut, etwas Geld in der Tasche zu haben. Ich habe von einer Frau die Adresse einer Wohnung bekommen, dort kann ich ab Juli in einem Zimmer mit drei anderen wohnen, es ist nicht billig, aber ich habe keine Wahl, ich will nicht wieder in einen Keller. Ich habe auch von einer Frau gehört, dass eine Recycling-Firma Leute sucht, ich werde dorthin gehen, bevor sie es tut.

Leiser Unmut von den Spielern hinten.

BLANCA 1 Ich kann es mir nicht leisten, gut zu sein. Später vielleicht, jetzt nicht! Wenn ihr hier eine Heilige wollt, müsst ihr euch eine andere suchen. Wollt ihr es so, wie es ist, oder so, wie es euch passt? Es ist ganz einfach. Entweder man schwimmt oder man geht unter. Ich lerne Schwimmen. Einmal sehe ich durch ein Fenster in einer türkischen Kneipe einen Fernseher, dort läuft „Muhteşem Yüzyıl". Ich habe die Folge schon mal mit meiner Großmutter gesehen, ich denke an sie. Dann starren mich die Männer durch die Scheibe an und ich gehe schnell weiter.

SPIELER 4 Und wo kommt jetzt das Kind her?

BLANCA 1 Welches Kind?

Lichtwechsel, man hört die türkische Soapmusik, Spieler 4 zieht sich das Jackett an und wird zu Todor 4. Er geht zu Blanca 1. Sie sieht ihn wütend an, streckt ihre Hand aus, sie will ihr Geld, Todor 4 lächelt, schüttelt ihr die Hand.

TODOR 4 Wo warst du denn? Ich konnte dich nicht erreichen.

BLANCA 1 Wo warst du? Wo ist mein Job, wo ist mein Geld.

TODOR 4 Hat dir das keiner gesagt?

BLANCA 1 Was! Wer hätte mir was sagen sollen!

TODOR 4 Ich war in Schwierigkeiten. Großen Schwierigkeiten.

BLANCA 1 Ich will mein Geld.

TODOR 4 Bekommst du. Mit Zinsen.

BLANCA 1 Also?

TODOR 4 Wir reden über alles. Ich helfe dir. Du bekommst dein Geld.

Todor 4 winkt den anderen, sie stellen schnell einen Bistrotisch auf, zwei Stühle.

Ich lade dich ein. Was willst du? Eine Cola? Kuchen? Kaffee?

Todor 4 winkt wieder, man bringt schnell zwei Cola und zwei Stück Kuchen.

Man hat mich verpfiffen, es kam eine Kontrolle und sie haben meine Firma geschlossen. Ich musste schnell weg.

BLANCA 1 Ich dachte, alle haben Papiere? Ich habe dir Geld für Papiere gegeben.

TODOR 4 Wenn man jemandem etwas anhängen will, findet man etwas, das ist hier nicht anders als bei uns. Aber ich baue etwas Neues auf. Besser. Ich lerne. Und du? Du schaffst es auch ohne mich, da bin ich mir sicher. Du erntest Spargel, kein leichter Job.

BLANCA 1 Woher weißt du das?

TODOR 4 Deine Hände. Man sieht es.

BLANCA 1 Gib mir mein Geld.

TODOR 4 Dräng mich nicht. Ich will dir helfen. Hast du einen Gewerbeschein? Dann bist du versichert.

BLANCA 1 Das weiß ich. Ich höre zu. Ich lerne auch.

TODOR 4 Ja, du bist klug, das weiß ich. Und du bist schön, du könntest andere Arbeit finden. Nein, nicht das. Aber es ist einfacher, wenn man schön und klug ist. Und die geraden Wege sind manchmal länger als die krummen. Auf den Feldern kann jeder arbeiten, der zwei Hände hat.

BLANCA 1 Es ist bald zu Ende.

TODOR 4 Ich weiß. Und dann?

BLANCA 1 Ich suche.

TODOR 4 Gut. Sehr gut. Das Leben kostet.

BLANCA 1 Ich weiß.

TODOR 4 Wie viel schickst du ihnen?

BLANCA 1 Alles, was ich nicht zum Leben brauche.

TODOR 4 Du musst investieren. Geld kommt von Geld. Schick weniger. Kauf dir etwas Schönes, nimm ein paar Abkürzungen.

BLANCA 1 Warum sollte ich ausgerechnet auf dich hören?

TODOR 4 Man hat mir ein Bein gestellt, nochmal passiert mir das nicht. Bei mir geht es immer bergauf, auch wenn ich falle. Ich kann dich Leuten vorstellen.

BLANCA 1 Gib mir jetzt mein Geld.

Todor 4 holt seinen Geldbeutel heraus, sieht hinein.

TODOR 4 Ich muss schnell zum Automaten.

BLANCA 1 Ich komme mit.

TODOR 4 Okay, ich gehe schnell rein und bezahle, dann können wir los.

Todor 4 geht nach hinten, legt sein Jackett ab und setzt sich, Blanca 1 wartet, dann kommt Spielerin 3 = Bedienung 3 an ihren Tisch und legt eine Rechnung hin.

BEDIENUNG 3 Kann ich kassieren?

BLANCA 1 Mein Freund bezahlt gerade.

BEDIENUNG 3 Nein. Der ist gegangen. Elf Euro bitte.

Blanca 1 reagiert nicht.

Hallo? Kann ich kassieren?

Blanca 1 steht auf und geht.

Moment mal. Ich kriege noch das Geld.

Bedienung 3 will Blanca 1 an der Schulter festhalten, Blanca 1 schüttelt sie ab, Bedienung 3 will nachgreifen, Blanca 1 schubst sie weg.

BLANCA 1 Lass mich in Ruhe, verdammt! Hau ab!

Blanca 1 setzt sich an die Rampe, Bedienung 3 dreht sich zu den anderen.

BEDIENUNG 3 Das kann die nicht bringen! Das muss ich aus eigener Tasche zahlen!

SPIELER 4 Der geht's gerade nicht so ... lass sie am besten.

BEDIENUNG 3 Das ist für mich auch ein Haufen Geld!

BLANCA 1 Leck mich am Arsch! Leckt mich alle am Arsch! Alle!

Blanca 1 rollt sich zusammen, sie scheint zu schlafen, die anderen sehen sie etwas ratlos an.

BEDIENUNG 3 *(leise)* Okay. Aber solche bediene ich nicht mehr. Oder nur auf Vorkasse. Und wenn dann einer sagt, dass ich ausländerfeindlich bin, dann ...

SPIELER 4 Ist okay, wir haben's verstanden.

12. SZENE

Lichtwechsel. Spieler 5 am Mikro. Während Spieler 5 das Märchen erzählt, zieht sich Spielerin 2 Discoklamotten an, High Heels, eine Perücke, sie schminkt sich etc. = Milea 2.

SPIELER 5 Da ging das Mädchen auf die Straße und lief und lief immer weiter und als es dunkel wurde, lief sie immer noch, denn sie wusste nicht, wie sie einen Fuß vor den anderen setzte, so groß war ihre Traurigkeit und auch den Mond, der schon lange aufgegangen war, sah sie nicht, denn sie blickte nicht auf, weil sie nichts mehr sehen wollte von dieser Welt. Hinter ihr wurden die Lichter der Stadt immer kleiner, bis nur noch das bleiche Mondlicht ihren Weg erhellte, der nun an einer Mauer entlang führte. Mit einem Male hörte sie leise Musik erklingen und ihr Herz wurde ein wenig leichter und sie blickte auf und sah ein eisernes Tor und dahinter lag ein Kirchhof, dort spielte die Musik zum Tanz. Und wie sie sich fragte, wer an diesem Ort der Toten wohl tanzen wolle, sah sie eine blasse Jungfrau, die sich anmutig aus ihrem Grab erhob, und noch eine andere und immer mehr kamen aus den Gräbern und begannen einen Reigen zu tanzen, geschmückt mit bunten Bändern und Kränzen im Haar und im Tanz wurden ihre Wangen rosig und die leeren Augen begannen zu leuchten und es war, als durchpulste sie wieder das blühende Leben. Denn es waren die Willis, die sie dort sah, das sind die verdammten Geister der gestorbenen Bräute. Die Bänder flogen, und immer hitziger glühten die Wangen, immer fiebriger funkelten die Augen der verfluchten Mädchen, lauter und wilder spielte die Musik. Das Mädchen konnte den Blick nicht abwenden, so betörend war ihr Anblick, so berauschend ihre Schönheit, so mitreißend ihr Tanz ...

DAF: „Verschwende deine Jugend" setzt ein, Lichtwechsel auf Discobeleuchtung mit Stroboskop, Milea 2 beginnt ekstatisch zu tanzen, Blanca 1, noch mit der Cola aus Szene 11 in der Hand, sieht ihr zu, dann geht sie nach vorne, setzt sich an die Rampe, Milea 2 hört auf zu tanzen, geht zu ihr, setzt sich neben sie und schminkt sich nach, die Musik wird leiser.

MILEA 2 Blanca? Du bist doch Blanca, oder?

Blanca 1 sieht sie fragend an, dann erkennt sie sie.

BLANCA 1 Milea?

Sie umarmen sich.

MILEA 2 Wie geil, du bist auch hier. Blanca. Wie lange schon?

BLANCA 1 Drei Monate.

MILEA 2 Und? Viel besser, oder? Lebt deine Oma noch?

BLANCA 1 Ja, Gott sei Dank.

MILEA 2 *(lacht)* Deine böse, alte Mach-deine-Hausaufgaben-und-wasch-dich-Oma.

BLANCA 1 Sie ist nicht böse.

MILEA 2 Nein, sie ist toll.

Milea 2 gibt Blanca 1 ihr Schminktäschchen.

MILEA 2 Hier, bedien dich.

BLANCA 1 Ich will nicht.

MILEA 2 Komm schon, das sind alles gute Sachen, alles ganz teures Zeug. Nimm etwas Lippenstift, okay?

Blanca 1 nimmt sich Lippenstift, Milea 2 hilft ihr.

Du hast so einen tollen Mund, weißt du das? Und deine Haut, du bist schön braun.

BLANCA 1 Ich habe draußen gearbeitet.

MILEA 2 Du musst was mit deinen Händen machen, die sind ganz rau.

BLANCA 1 Ich arbeite.

MILEA 2 Ja, aber sie gehen kaputt davon. Alles ist schön an dir und dann hast du Hände wie ein Bauer. Entschuldige, nein, du hast Arbeit, das ist toll. Du warst immer fleißig. Ich war immer faul. Aber Gott sorgt auch für die Faulen. Ich erzähle Unsinn, ich bin so froh, tanzen zu können, die Musik, hier zu sein, das geht nicht oft. Und du?

BLANCA 1 Nur heute. Eine Ausnahme. Ich muss sparen.

MILEA 2 Du kannst viel mehr verdienen, weißt du das? Wo wohnst du?

BLANCA 1 Nicht weit von hier.

MILEA 2 Hier ist es nicht gut, viel zu viele Leute. Ich gehe nach Dortmund, ich kann da als Kellnerin arbeiten, wir sind fünf Mädchen, wir wohnen dort zusammen, verdienen gut und die Arbeit ist leicht.

Sie zeigt ihre Hände.

Siehst du? Modellage, das bezahlt uns der Chef. Ich durfte mir das Muster selbst aussuchen. Siehst du, wie das glitzert? *(lacht)*

BLANCA 1 Wer ist dein Chef?

MILEA 2 Ich kann dir Tilo vorstellen. Wenn er dich mag, wer weiß, vielleicht bietet er dir auch einen Job an?

BLANCA 1 Er ist hier?

MILEA 2 Ja, er begleitet uns und fährt uns nachher nach Hause. Er macht sich bestimmt schon Sorgen, wo ich bleibe, ich muss zurück. Kommst du?

BLANCA 1 Ich komme nach, okay?

MILEA 2 Ich erzähle ihm von dir, okay?

BLANCA 1 Okay.

Milea 2 geht, Blanca 1 bleibt sitzen, Spieler 4 steht auf und geht zum Kleiderständer.

SPIELER 4 Ich mach Tilo.

BLANCA 1 Den brauchen wir nicht.

SPIELER 4 Warum nicht?

BLANCA 1 Glaubst du, ich bin so dumm? Glaubst du das wirklich?

SPIELER 4 Ich biete mal was an, okay?

BLANCA 1 Für sowas habe ich keine Zeit.

Blanca 1 beginnt Kartons mit Kleidern auf die Bühne zu schleppen, rollt die Kleiderstange heran, Spielerin 2 zieht sich einen Watton an, streift sich darüber eine Trainingsjacke, stonewashed Jeans. Währenddessen erzählt Spielerin 3.

SPIELERIN 3 Man weiß, warum dieses Mädchen nach Dortmund geht, ein Blick auf sie genügt. Man weiß, warum sie dieses Angebot gemacht hat. Weil sie etwas Geld dafür bekommt, Geld, um ihre Schulden zu bezahlen. Wenn man erst einmal Schulden hat, kommt man nicht mehr hoch. Man muss misstrauisch sein.

Man muss wissen, dass der, der nichts hat, den, der etwas hat, bestehlen wird, wenn er es kann. Man muss wissen, dass der, der zuerst da war, von denen nimmt, die nach ihm kommen. Man muss wissen, dass der Arme nicht die Reichen hasst, sondern die anderen, die nichts haben.

13. SZENE

Die Bühne steht voller Kartons mit Kleidung, eine Kleiderstange, es ist die Kleiderkammer der Diakonie. Spielerin 2 spielt Annika 2 eine Hochschwangere, sie wühlt in dem Karton mit den Babysachen, Blanca 1 hat sich einen Karton mit Jacken geholt, probiert eine an, versucht es mit einer anderen. Annika 2 hat eine große Plastiktüte bei sich, die sie näher an sich heranzieht, die Anwesenheit von Blanca 1 scheint, sie unruhig zu machen.

ANNIKA 2 Bist du Zigeunerin?
Blanca 1 wirft nur einen kurzen Blick auf Annika 2 und sucht dann weiter.
Verstehst du mich?
BLANCA 1 Ich bin keine Zigeunerin. Es gibt keine Zigeuner mehr.
ANNIKA 2 Oh doch. Früher sind die immer hierhergekommen, die ganze Sippe, und haben alles rausgeschleppt, alle guten Sachen. Und dann haben die es weiterverkauft. Das geht doch nicht. Das ist doch voll Kacke. Warum soll es die denn nicht mehr geben? Ich sehe die immer noch in der Stadt, das werden immer mehr.
BLANCA 1 Roma, die heißen Roma.
ANNIKA 2 Mir doch egal, wie die heißen. Das sind Zigeuner. Du aber nicht?
BLANCA 1 Nein.
ANNIKA 2 Wo kommst du her?
BLANCA 1 Frage ich dich, woher du kommst?
Beide wühlen weiter, Annika 2 sieht immer wieder zu Blanca 1 hinüber.
ANNIKA 2 Oder Jugoslawien?
BLANCA 1 Gibt es auch nicht mehr.
ANNIKA 2 Ja, super, total witzig, echt.
Annika 2 hat einen rosafarbenen Strampler mit Bärchenmotiv aus dem Karton gefischt, hält ihn entzückt hoch.
Ist das süß, total süß, oder?
BLANCA 1 Hast du schon ein Kind?
ANNIKA 2 Wieso willst du das jetzt wissen?
BLANCA 1 Das ist für Kinder von einem Jahr, nicht für Neugeborene.

ANNIKA 2 Ja, das weiß ich doch. Das ist trotzdem süß, finde ich.

Annika 2 fischt einen anderen Strampler heraus, wirft verstohlen einen Blick zu Blanca 1.

BLANCA 1 Nein, auch nicht.

ANNIKA 2 Habe ich dich gefragt?

Annika 2 wirft den Strampler wieder in den Karton, fischt andere Babykleider heraus.

Das geht aber.

BLANCA 1 Fragst du mich das?

ANNIKA 2 Geht das?

Blanca 1 geht zu Annika und sucht im Karton, nimmt einige Teile heraus.

Hast du Kinder?

BLANCA 1 Weiß man doch.

Annika 2 hat ihre anderen Plastiktüten an sich herangezogen, Blanca 1 wirft ihr den Stapel Babykleidung auf den Schoß.

ANNIKA 2 Ich nehme alles mit, dann habe ich immer was zum Wechseln und muss nicht so oft waschen.

Annika 2 nimmt eine Plastiktüte heraus und stopft die Babykleider hinein, dann versucht sie sämtliche Tüten aufzunehmen, aber sie schafft nicht alle, sie versucht es auf verschiedene Weisen, setzt sich dann ratlos hin. Blanca 1 hat sich inzwischen ein Kleid herausgesucht, hält es vor sich hin. Annika 2 beobachtet sie, traut sich aber nicht, sie direkt anzusprechen.

ANNIKA 2 Das ist dieser verkackte Sandwichmaker, der ist so schwer. Ohne den würde es gehen, aber den brauche ich zum Kochen. Der ist total praktisch. Von der Diakonie. Der tut es auch noch total.

Blanca 1 reagiert nicht, wühlt weiter und sucht sich Kleider aus. Annika 2 holt aus einer der Tüten einen großen Erdbeerjoghurt heraus.

Hast du Hunger? Ich kann dir das hier geben. Aber dafür musst du mir helfen, die Tüten zu tragen.

BLANCA 1 *(lacht)* Dafür?

ANNIKA 2 Ich habe kein Geld mehr, weil die Arschlöcher mir wieder nur einen Gutschein gegeben haben. Sonst könnte ich jetzt auch mit dem Taxi nach Hause. Das wäre voll easy. Immer geben die einem die Scheißgutscheine. Die müssen einem doch Geld geben. Ich muss doch jetzt für zwei essen. Und das ist voll peinlich, wenn man da mit einem Gutschein steht an der Kasse, die gucken einen immer so an. Auch die anderen Leute da, Gutschein geht gar nicht. Dabei bin ich schwanger.

Blanca hat sich für ein paar Kleider entschieden und packt sie ein.

BLANCA 1 Okay, wohnst du weit weg?

ANNIKA 2 Nein, ist nicht weit. Nur bis Ecke Fichtestraße. Dann schaffe ich es alleine. Nicht in die Wohnung, nur bis zur Straßenecke.

BLANCA 1 Hast du Angst, ich klaue dir dein Kind?

ANNIKA 2 Ich kenne dich ja nicht. Man kann doch nicht Leute, die man nicht kennt, in die Wohnung lassen.

BLANCA 1 Warum redest du dann die ganze Zeit mit mir?

Annika 2 wühlt in den Tüten, holt eine Tiefkühlpizza heraus.

ANNIKA 2 Oder Pizza? Ich kann uns Pizza machen. Aber nur wenn du mir hilfst.

Blanca nimmt die Tüte mit dem Sandwichmaker und eine der großen Lebensmitteltüten, Annika 2 den Rest, sie gehen los. Annika 2 sieht zu den anderen Schauspielern.

ANNIKA 2 Ihr seid dran.

SPIELER 4 Was denn?

ANNIKA 2 Wohnung? Meine Wohnung? Soll ich jetzt hier alles alleine machen, oder was? Hallo? Ich bin schwanger!

Spieler 4, Spielerin 3 und Spieler 5 holen von den Seiten die Matratzen und schichten sie aufeinander zu einem Sofa, dann stellen sie die Kartons zusammen und platzieren darauf ein Fernsehergehäuse. Annika 2 stellt die Taschen ab und lässt sich erschöpft auf das Sofa fallen. Blanca 1 steht daneben und wartet. Spieler 5 bringt Annika 2 Cola und Chips.

SPIELER 5 Prekariat mit Cola, Chips und Fäkalausdrücken, ist das nicht zu stereotyp?

ANNIKA 2 Bloß weil du das für stereotyp hältst, heißt das nicht, dass ich hier keine verkackte Cola trinke.

Annika 2 drückt auf die Fernbedienung, Lichtwechsel, man hört den Sound einer RTL-Nachmittagssendung.

BLANCA 1 Und jetzt?

ANNIKA 2 Kannst du das machen? Ich bin total müde, ich kann nicht mehr.

BLANCA 1 Wie?

ANNIKA 2 Küche ist dahinten. Ich kann jetzt nicht Pizza machen.

BLANCA 1 Es ist deine Küche. Ich werde hier nicht arbeiten.

ANNIKA 2 Dann lass es eben. Ich hab gesagt, ich bin müde, sprech ich Chinesisch, oder was? Ich bin schwanger, das macht total schlapp.

BLANCA 1 Dann gehe ich jetzt.

ANNIKA 2 Hier, willst du Chips? Setz dich doch hin, du machst so einen Stress. Ich mach das ja alles noch.

BLANCA 1 Was?

ANNIKA 2 Die Pizza. Oder machst du die, ja? Kannst du das?

Blanca 1 stellt die Tüten ab.

BLANCA 1 Ich gehe.

ANNIKA 2 Nein, warum denn? Du kannst doch noch bleiben. Wir gucken fern und ruhen uns aus. Ich muss mich ausruhen. Dann kann ich alles machen, aber jetzt nicht.

Annika 2 sieht fern, Blanca 1 steht einen Moment unschlüssig da, dann geht sie mit den Tüten zum Requisitentisch.

BLANCA 1 Das ist alles dreckig hier.

ANNIKA 2 Das geht dich nichts an. Das ist meine Küche.

Blanca 1 kommt wieder herein.

Kannst du die Pizza in den Ofen schieben? Machst du das bitte? Ich schaff das jetzt nicht, du kannst auch eine ganz für dich haben, weil du mir geholfen hast. Ja?

Blanca 1 geht zum Requisitentisch und holt zwei Pizzen.

Du kannst auch Cola haben, aber du musst dir ein Glas holen. Wegen dem Baby. Wenn du krank bist und ich kriege das auch, dann ist das total gefährlich für das Baby.

BLANCA 1 Ich bin nicht krank.

ANNIKA 2 Das weiß man ja nicht immer.

BLANCA 1 Ich will keine Cola.

Sie essen Pizza, der Fernseher läuft.

Wo ist dein Mann?

ANNIKA 2 Geht dich einen Scheißdreck an.

BLANCA 1 Warum hilft der nicht?

ANNIKA 2 Der ist eben weg und weg ist weg, okay? Und der kommt auch nicht mehr oder nur vielleicht, was weiß ich denn und warum willst du das denn wissen?

BLANCA 1 Weil du hier lebst wie ein Schwein.

ANNIKA 2 Selber Schwein.

Fernseher, Pizza.

ANNIKA 2 Wie Marco noch da war, hat es hier auch so ausgesehen, das war noch schlimmer und wenn ich wieder fit bin, dann sieht das hier ganz anders aus, dann ist nämlich das Kind da und dann kann man nicht so leben, weil dann das Kind krank wird. Das mache ich dann alles. Aber jetzt doch noch nicht, jetzt ist es ja geschützt, weil es im Bauch ist, deswegen sehe ich auch aus wie ein Schwein, aber das ist ja nicht meine Schuld und das habe ich Marco auch gesagt und jetzt fängst du auch noch an ...

BLANCA 1 Ich habe nicht gesagt, dass du wie ein Schwein aussiehst. Und wenn das dein Mann gesagt hat, dann ist er ein Schwein.

ANNIKA 2 Marco ist voll lieb, du kennst den doch gar nicht.

Fernseher, Pizza. Blanca 1 steht auf.

BLANCA 1 Ich muss gehen, ich habe noch einen langen Weg heute Abend.

ANNIKA 2 Kannst du noch bleiben? Mir ist heute echt nicht gut.

BLANCA 1 Das kommt heute nicht.

ANNIKA 2 Woher willst du das denn wissen?

BLANCA 1 Das sieht man.

ANNIKA 2 Was du immer alles siehst und weißt, du bist echt oberschlau, ja? Aber ich merke doch, wenn es komisch ist.

BLANCA 1 Welche Woche bist du?

ANNIKA 2 Das steht irgendwo, ich hab da einen Zettel vom Arzt, der muss irgendwo liegen. Ich sollte da eigentlich nochmal hin, aber ich habe gehört, dass die dann auch gucken, wie es zuhause aussieht.

BLANCA 1 Der Arzt?

ANNIKA 2 Die nehmen einem dann das Kind weg, wenn man Pech hat.

Blanca 1 steht auf und geht los. Annika 2 macht den Fernseher leiser.

ANNIKA 2 Kommst du wieder?

BLANCA 1 Könnte ich machen.

ANNIKA 2 Machst du das?

Blanca 1 geht. Annika 2 macht den Fernseher wieder an.

14. SZENE

Blanca 1 geht zum Requisitentisch, holt dort ihre große Tasche, von hinten fragt Spieler 5.

SPIELER 4 Was gibt das denn jetzt?

BLANCA 1 Ich ziehe bei Annika ein, das hat sie gestern angeboten, als ich bei ihr vorbeigeschaut habe. Es ist viel näher an meiner Arbeit als das alte Zimmer.

SPIELER 4 Das ist unrealistisch.

BLANCA 1 Was? Dass ich eine Deutsche treffe? Dass ich das mache?

SPIELER 4 Nein, dass sie das macht.

SPIELER 5 Und überhaupt, deutsche Hartzerschlampe gegen Migrantin, wollt ihr das erzählen?

SPIELERIN 2 Willst du mir jetzt sagen, wie ich meine Rolle spielen soll? Solche Typen wie du, die begegnen mir doch gar nicht.

SPIELER 5 Wem?

SPIELERIN 2 Annika. Und Blanca auch nicht.

SPIELER 5 Wieso denn nicht?

SPIELERIN 2 Sowas hier kriegst du gar nicht mit. Die einzigen Ausländer, die du triffst, verkaufen dir Gemüse oder Gebrauchtwagen.

ANNIKA 2 Wir machen weiter. Und du hör mal zu, Klugscheißer, ich wohne mit denen in einem Viertel, du nicht, deine Probleme sind nicht meine Probleme, meine Ausländer sind nicht deine Ausländer, meine Vorurteile sind nicht deine Vorurteile, kapiert?

SPIELER 5 Dann spiel sie wenigstens nicht so flach.

SPIELERIN 2 Ich bin nicht flach! Ich habe einen begrenzten Wortschatz, du Kackbratze! Außerdem fange ich gerade erst an.

BLANCA 1 Können wir jetzt endlich weitermachen?

SPIELERIN 2 Braucht man jetzt Abitur, um Gefühle zu haben, oder was.

BLANCA 1 Hast du's dann?

Blanca 1 geht nach vorne, stellt ihre Tasche ab, setzt sich neben Annika.

ANNIKA 2 Sag mal, wenn du hier einziehst, müssen wir das wegen der Miete klären.

BLANCA 1 Was?

ANNIKA 2 Also, ich will keine Miete von dir, aber wenn Marco das mitkriegt, wird der stinkwütend und du verbrauchst hier ja auch Strom und Wasser und so.

BLANCA 1 Du willst, dass ich dir helfe, dass ich einkaufe und putze und dann soll ich Miete bezahlen?

ANNIKA 2 Nein, keine Miete, aber du verdienst ja schließlich Geld, oder? Du bist ja nicht so richtig arm.

Blanca 1 trägt ihre Tasche zurück zum Requisitentisch, Annika 2 steht auf.

ANNIKA 2 Jetzt bleib da, wir reden doch!

BLANCA 1 Dann sag gefälligst, was du willst. Jetzt!

ANNIKA 2 Kapierst du das nicht? Du bist doch sonst so oberschlau! Ich hab doch nur gesagt, dass du dem Marco sagen sollt, dass du Miete zahlst, sonst wird der stinkwütend. Du sollst Essen machen und mir helfen. Ich will nur, dass klar ist, dass du da bist, wenn ich Hilfe brauche.

BLANCA 1 Das habe ich doch gesagt. Traust du mir nicht?

ANNIKA 2 Doch, klar und du machst das dann auch.

BLANCA 1 Ich habe gesagt, ich helfe, aber ich muss am Tag arbeiten, das weißt du.

ANNIKA 2 Ja, aber wenn etwas ist und du bist nicht da? Wenn was passiert?

BLANCA 1 Was soll denn passieren? Du bist schwanger, Milliarden Frauen sind schwanger und die arbeiten, die machen den Haushalt, die kümmern sich um die Kinder, die haben manchmal sogar ihre Männer im Griff, was weiß ich, die liegen nicht auf dem Sofa wie du und jammern. Dann lass dir eben kein Kind machen, wenn du das nicht kannst. Vielleicht bist du ja gar nicht schwanger, sondern einfach nur fett von der ganzen Scheiße, die du in dich reinfrisst, fett vom Auf-dem-Sofa-Liegen, fett vom Jammern.

Annika 2 setzt sich auf das Sofa, nimmt reflexhaft die Chipstüte, wirft sie dann nach Blanca 1, trifft sie nicht, sie nimmt die Colaflasche, stellt sie wieder hin, sie sitzt sehr aufrecht, sie weiß nicht weiter.

ANNIKA 2 Dann hau doch ab, wenn du mich so Scheiße findest, du hast doch keine Ahnung. Hast du schon mal ein verdammtes Balg gekriegt? Nein, hast du nicht. Du willst mich bloß ausnutzen, deshalb bist du hier. Du ziehst hier ein und dann lässt du mich hier verrecken, du willst doch nur die Wohnung. Ihr wollt immer alles von uns und dann sagst du jaja, und wenn ihr den Fuß in der Tür habt, dann nehmt ihr uns alles weg. Klar, du kannst arbeiten, klar, du hast es drauf. Wenn es mir schlecht geht, ist das für dich nur Jammern, klar, du willst mir gar nicht helfen, du willst hier nur wohnen.

BLANCA 1 Ja, ich will hier wohnen.

ANNIKA 2 Du gibst es sogar zu!

BLANCA 1 Dafür helfe ich dir, das ist so abgemacht. Und dann mache ich das auch gut. Wo ist das Problem. Wenn du mir nicht traust, ist das deine Sache. Wenn du jammern willst, auch. Wenn du nur faul rumliegen willst, auch. Ich werde das machen, was wir abgemacht haben.

Während des folgenden Dialogs steht Blanca 1 irgendwann auf, geht zum Requisitentisch und bereitet ein Essen vor.

ANNIKA 2 Wenn man schwanger ist, kann alles Mögliche passieren, wenn man da was Falsches macht, dann kommen die Kinder krank oder behindert zur Welt. Da gibt es überhaupt nichts zu lachen, echt. Wenn das Kind da ist, werde ich natürlich arbeiten, was denkst du denn, glaubst du denn, dann bleibe ich hier? Nee, nee, das Baby kommt dann in den Kindergarten und dann arbeite ich und Marco ist dann auch wieder da, weil wenn der das Baby sieht, dann ist der ja auch stolz, der kann bloß Schwangere nicht ab, weil die so Kacke aussehen und schlecht riechen, darauf kann der eben nicht, das können eben nicht alle Männer, ist so, echt, aber wenn man dann eine Familie ist, ist das anders und dann muss uns der Staat auch eine richtige Wohnung geben, nicht so ein verkacktes Rattenloch. So ist das nämlich. Genau. Ich habe einen Plan. Von wegen faul und jammern.

Blanca 1 kommt mit zwei Schüsseln und Löffeln, gibt Annika 2 eine.

Was soll das denn?

BLANCA 1 Das ist Suppe.

ANNIKA 2 Sowas esse ich nicht, das ist total eklig, ich brauche was Richtiges, ich muss doch für zwei essen!

BLANCA 1 Wenn du nur Scheiße frisst, wird dein Kind schwachsinnig und dann siehst du aus wie ein Schwein, ein Schwein, dass ein fettes Ferkel wirft.

ANNIKA 2 Ich will was Richtiges essen!

BLANCA 1 Du isst das jetzt!

Annika 2 beginnt widerstrebend zu essen, Blanca 1 geht vor an die Rampe, Lichtwechsel.

15. SZENE

Lichtwechsel, Blanca 1 sitzt vorne an der Rampe, hinten geht Frau 3 = Mutter 3 an das Mikro. Telefondialog.

MUTTER 3 Und? Geht es dir gut?

BLANCA 1 Ja, alles gut. Wie geht es Großmutter?

MUTTER 3 Gut, alles gut hier. Aber du? Was machst du?

BLANCA 1 Ich habe neue Arbeit gefunden, ein Zimmer in einer Wohnung.

MUTTER 3 Gut, sehr gut. Wir sind alle sehr stolz auf dich. Wann kann Vasile kommen? Kannst du ihm Arbeit besorgen?

BLANCA 1 Das ist schwierig.

MUTTER 3 Dann soll er kommen und sucht sich etwas. Du kannst dich ja schon einmal umhören.

BLANCA 1 Er kann auch nicht bei mir wohnen, das ist nur für Frauen.

MUTTER 3 Dann besorg ihm etwas anderes, du machst das schon. Kannst du etwas mehr Geld schicken nächsten Monat?

BLANCA 1 Ich will es versuchen.

MUTTER 3 Dein Vater ist krank, wir müssen den Arzt bezahlen, die Medikamente sind teuer.

BLANCA 1 Ich versuche es.

MUTTER 3 Was soll ich deinem Bruder jetzt sagen?

BLANCA 1 Ich versuche es. Ich muss jetzt Schluss machen, es ist teuer.

MUTTER 3 Du musst dir einen Computer kaufen, dann können wir über Computer telefonieren, das kostet dann nichts, hat Vasile gesagt.

BLANCA 1 Ich melde mich.

Lichtwechsel. Währenddessen hat sich Spieler 4 hinten auf Marco 4 umgezogen, er sitzt neben Annika 2 auf dem Sofa, Blanca 1 holt eine Tüte mit Einkäufen vom Requisitentisch, geht Richtung Sofa, Marco 4 steht auf und stellt sich ihr in den Weg.

MARCO 4 Was ist das denn für eine?

ANNIKA 2 Die hat für mich eingekauft. Lass sie rein.

MARCO 4 Wie jetzt?

ANNIKA 2 Die kauft ein und macht sauber. Lass sie doch mal durch.

Marco 4 geht einen Schritt beiseite, Blanca 1 geht an ihm vorbei, stellt die Tüten ab und beginnt auszupacken.

MARCO 4 Was läuft hier denn? Du lässt hier einfach so eine Albanerschlampe rein? Das ist doch voll gefährlich, ruckzuck hast du hier die ganze Sippe hocken und dann bist du schneller draußen, als du gucken kannst, echt, dich kann man nicht alleine lassen.

ANNIKA 2 Dann lass mich eben nicht alleine.

MARCO 4 Ich hab dir das doch erklärt.

BLANCA 1 Du bist Marco, oder?

MARCO 4 Woher weiß die meinen Namen?

ANNIKA 2 Weil die für mich einkauft und putzt. Hörst du schwer? Außerdem ist die anders, das ist nicht so eine Ausländerin, wie die sonst sind.

MARCO 4 Kriegt die Geld von dir? Oder wieso macht die das?

ANNIKA 2 Die kann hier wohnen dafür. Und bald zahlt sie auch Miete, das habe ich schon verhandelt.

MARCO 4 Die wohnt hier? In meinem Zimmer? Bloß weil die einmal die Woche für dich zu Lidl latscht, bekommt die hier ein Zimmer in Toplage für lau?

ANNIKA 2 Ist doch nur, bis du wiederkommst. Die hat auch keinen Schlüssel.

MARCO 4 Kontrollierst du die Quittungen? Die zweigt sich bestimmt was ab.

Blanca 1 kommt mit einer Quittung, hält sie Marco 4 hin.

BLANCA 1 Geh in die Küche, ist alles da, was da draufsteht.

MARCO 4 Mit dir rede ich grade nicht, klar?

ANNIKA 2 *(zu Blanca 1)* Hast du Hackbraten? Ich hab totalen Hunger auf Hackbraten.

BLANCA 1 Ja, ich habe Hackbraten.

ANNIKA 2 Hast du auch Hunger auf Hackbraten?

Blanca 1 geht wieder in die Küche und packt weiter aus, Marco 4 sieht ihr beunruhigt nach.

MARCO 4 Nein, ich muss nur die Post haben, da muss was vom Amt dabei sein.

ANNIKA 2 Da ist nichts gekommen.

MARCO 4 Muss aber da sein. Scheiße. Das ist wichtig.

ANNIKA 2 *(zu Blanca)* Hast du was gesehen?

MARCO 4 Man, ich hab nicht ewig Zeit, ich muss diesen Brief haben, ich muss weiter.

ANNIKA 2 Wo musst du denn hin?

MARCO 4 Ist wichtig.

ANNIKA 2 Und kommst du wieder?

MARCO 4 Stress mich nicht immer so, ich versuche was zu organisieren, aber das ist kompliziert. Ich muss jetzt los, ich bin schon spät dran. *(zu Blanca)* Und du hörst mir jetzt mal zu, Ayşe: Schmarotzen ist hier nicht. Du zahlst ab sofort Miete, zweihundert im Monat, bar Kralle, an mich. Glaub bloß nicht, dass du mit dem bisschen Putzen und Kochen durchkommst. Du zahlst, sonst kriegst du eine Anzeige, ist das klar? Also, nächstes Mal zweihundert plus fünfzig für die Zeit, die du schon hier bist, kapiert?

BLANCA 1 Du bist der Vater?

MARCO 4 Geht dich das irgendwas an?

BLANCA 1 Wenn ein Mann einer ein Kind macht, dann bleibt er, weil das sein Kind ist und seine Frau. Unsere Männer wissen das. Die haben noch Ehre. Die hauen nicht ab und kommen wieder, um das Maul aufzureißen.

MARCO 4 Was sagst du da, Schlampe? Was?

BLANCA 1 Wenn mich nur ein Hauch von deinem Atem berührt, hole ich meine Brüder und die finden dich, die finden jeden, sei dir sicher.

Marco 4 steht vor Blanca 1, er weiß nicht, wie er reagieren soll.

ANNIKA 2 Die hat keine Brüder, das sagt die nur so. Ihr dürft nicht streiten, okay?

Marco 4 holt seine Jacke vom Sofa und geht.

Jetzt ist er weg, wegen dir, du kannst doch nicht einfach meinen Mann vertreiben, du hast alles kaputt gemacht, du bist ja total ...

BLANCA 1 Das ist ein Stück Scheiße. Und wenn du nicht lernst, zwischen einem Mann und einem Stück Scheiße zu unterscheiden, wirst du immer an solche geraten.

ANNIKA 2 Wenn ich das Kind habe, wird nicht mal ein Stück Scheiße bei mir vorbeikommen, weil das Kind dann da ist, und mit Kind geht gar nichts mehr, weil das immer da ist, und wenn das groß genug ist, um alleine zu sein, bin ich schon alt, dann ist alles vorbei, alles, alles ...

Blanca 1 setzt sich neben Annika 2, Annika 2 legt ihren Kopf auf den Schoß von Blanca 1, Stille.

ANNIKA 2 Willst du das Kind haben? Ich schaffe das nicht, ich wollte das auch gar nicht richtig, ich wollte das nur, dass ich auch mal was habe, was mir gehört ...

BLANCA 1 Halt den Mund.

ANNIKA 2 Machst du nachher Hackbraten?

BLANCA 1 Ja.

ANNIKA 2 Bei euch sind die Männer besser? Echt?

BLANCA 1 Nein.

Annika 2 schläft ein, Blanca 1 bettet ihren Kopf auf das Sofa, legt ihr eine Decke über und geht.

16. SZENE

Lichtwechsel, Blanca 1 an der Rampe.

BLANCA 1 Es geht mir gut, ich habe ein Zimmer in der Stadt, für das ich nicht bezahlen muss, dadurch kann ich Geld sparen. Die Arbeit in der Fabrik ist schwer, aber das macht mir nichts. Ich kann Geld schicken und etwas sparen. Ich lerne immer besser Deutsch. Ich habe ein paar Frauen kennengelernt, die als Putzfrauen arbeiten, es ist ein Ring, ein Putzfrauenring. Ich kann mich dort einkaufen. Wenn eine von ihnen zurückgeht, kaufe ich ihren Platz. Dann kann ich tagsüber in der Firma arbeiten und nachts Putzen. Dann kann irgendwann Vasile kommen und wenn er auch etwas findet, können wir eine eigene Wohnung mieten. Wenn ich das zehn Jahre lang mache, ist ein Anfang gemacht, dann wird es leichter. Alles ist gut.

Spielerin 3 fragt von hinten.

SPIELERIN 3 Ist das alles?

BLANCA 1 Nein.

SPIELERIN 3 Soll ich das ...?

BLANCA 1 Ja.

Spielerin 3 kommt nach vorne, nimmt das Blancakostüm und setzt sich neben Blanca 1.

BLANCA 3 Alles Rassisten, Schweine und faule Hunde, oder? Beschimpfen uns und kassieren nur vom Staat, halten immer nur die Hand auf, ohne einen Handschlag zu tun. Ist doch so.

BLANCA 1 Ist so.

BLANCA 3 Und dann auf uns rumhacken, wie dieses Arschloch, das sich wichtigmacht mit seinen Briefen vom Amt und was er alles macht, nichts macht er, das Maul reißt er auf, keine zwei Tage würde der bei uns überleben.

BLANCA 1 Ist so.

BLANCA 3 Wohnung wird bezahlt, Gutscheine für Essen, Geld, und wenn sie einen Braten im Ofen hat, kriegt sie dafür auch noch Geld vom Staat, keinen Euro hat die bisher in ihrem Leben verdient, nicht einen.

BLANCA 1 Ist so.

BLANCA 3 Die sollte man alle abschieben und nicht uns, wir arbeiten, wir können arbeiten, aber für die sind wir an allem schuld, für diese fetten, saufenden, fressenden ...

BLANCA 1 Vielen Dank, es geht schon wieder. Das hat gut getan.

Währenddessen hat sich Spieler 4 wieder auf Todor 4 umgezogen, er kommt zu Blanca 1 und 3.

TODOR 4 Blanca? Da steckst du, ich suche dich schon ewig, immer verschwindest du, puff, wie eine Märchenfee.

BLANCA 1 *(zu Blanca 3)* Kannst du das machen?

TODOR 4 Was ist? Sprichst du nicht mehr mit mir? Sind wir jetzt zu fein dafür? Denke immer daran, wer dich hierher gebracht hat.

Blanca 3 steht langsam auf, stellt sich vor Todor 4, dann gibt sie ihm eine schallende Ohrfeige, schubst ihn vor sich her.

BLANCA 3 Was ist, wo ist mein Geld? Wie oft willst du mich noch belügen? Wie kannst du es wagen, mich noch einmal anzusprechen. Soll ich zur Polizei gehen? Ja? Gut, gehen wir zur Polizei, sofort.

TODOR 4 Ich war auf dem Klo und als ich wiederkam, warst du weg. Warum bist du gegangen?

BLANCA 3 Das soll ich glauben? Wie alt bin ich? Bin ich ein dummes Kind, dem man alles erzählen kann? Du bist abgehauen, ich habe die Bedienung gefragt.

TODOR 4 Was, glaubst du der mehr als mir.

Blanca 3 holt ihr Handy heraus.

BLANCA 3 Ich rufe jetzt die Polizei.

TODOR 4 Ich will dir ein Geschäft vorschlagen.

BLANCA 3 Ich mache keine Geschäfte mit dir.

TODOR 4 Du wohnst doch bei der Deutschen, oder? Das sind drei Zimmer, oder?

BLANCA 3 Woher weißt du das?

TODOR 4 In dem Haus wohnen auch Freunde von mir, alle Wohnungen sind gleich. Bei dem wohnen zehn Leute und jeder zahlt hundert Euro im Monat für den Schlafplatz. Angemeldet sind dreißig und das kostet auch Geld. Da kommt etwas zusammen. Ich kenne die Leute, die suchen, du hast den Raum, gibst deiner Deutschen was ab und sie muss ja nicht wissen, wie viel wir für eine Vermittlung bekommen.

BLANCA 3 Wie viel?

TODOR 4 Vierzig für den Tipp. Wir teilen und du beteiligst mich noch an der Miete. Ich besorge die Leute, du machst den Rest. Wenn es gut läuft, kann man eine andere Wohnung dazumieten und dann ...

BLANCA 3 Gib mir fünfzig.

TODOR 4 Du müsstest mir fünfzig geben für die gute Idee.

BLANCA 3 Ich kann es ohne dich machen, es war einfach meine Idee, was willst du dagegen tun?

TODOR 4 Das kannst du nicht.

BLANCA 3 Gib mir sechzig. Das ist doch schnell wieder drin, hast du selbst gesagt.

TODOR 4 Ich müsste zur Bank gehen.
BLANCA 3 Gib mir siebzig, dann können wir nächste Woche anfangen.
Todor 4 holt seinen Geldbeutel heraus, gibt ihr sechzig Euro.
Ich rede mit ihr, gib mir deine Nummer, es dauert ein paar Tage, sie ist schwierig.
Todor 4 schreibt ihr seine Nummer auf.
TODOR 4 Hand drauf?
Blanca 3 gibt ihm die Hand. Todor 4 geht, Blanca 3 geht zu Blanca 1, gibt ihr das Geld und den Zettel.
BLANCA 1 Danke.
Blanca 1 nimmt den Zettel und wirft ihn weg. Blanca 3 gibt Blanca 1 die Kostümteile zurück.

17. SZENE

Blanca 1 packt den Fünfziger ein, nimmt den Zehner und geht zum Requisitentisch, legt den Zehner hin und nimmt sich eine CD mit türkischer Popmusik und zwei kleine Flaschen Wodka, entfernt sorgfältig die Cellophanhülle, legt die CD in den Ghettoblaster, laute türkische Popmusik ist zu hören, Blanca 1 trinkt den ersten Wodka, tanzt, dreht die Musik auf, brüllende Lautstärke, Annika 2 kommt, sie ruft etwas, was man bei dem Krach nicht verstehen kann, sie ruft lauter. Blanca 1 ignoriert sie.

ANNIKA 2 Mach den Scheiß aus, habe ich gesagt!
Blanca 1 trinkt den zweiten Wodka, Annika 2 geht zum Ghettoblaster, macht die Musik aus.
Haben sie dir ins Hirn geschissen? Ich bin schwanger! Das schadet dem Kind! Und so ein Türkengejalle will ich schon gar nicht!
BLANCA 1 Mach das wieder an, sofort!
ANNIKA 2 Bist du behindert, oder was!
Blanca 1 tritt das Sofa um, rastet komplett aus, Annika 2 bringt sich in Sicherheit, Blanca 1 wirft die Pizzakartons, schreit, Annika 2 beginnt zu weinen.
ANNIKA 2 Bitte, bitte, hör auf, Entschuldigung, hör auf, bitte ...
BLANCA 1 Mach das nicht nochmal, hörst du?
Blanca 1 schiebt die Matratzen wieder zusammen und setzt sich wieder. Annika 2 geht zu Blanca 1, setzt sich mit einem Sicherheitsabstand neben sie.
ANNIKA 2 Alles wieder gut, ja?
BLANCA 1 Alles wieder gut.

Sie sitzen einen Moment schweigend zusammen. Annika 2 steht auf und macht die Musik wieder an, sie hören Blancas CD, wippen mit, das kann eine Weile dauern. Eventuell beginnen sie dazu zu tanzen.

ANNIKA 2 Blanca, komm, ich glaube, das geht los, das tut alles so weh, verfickte Kacke.

BLANCA 1 Stell dich nicht an, du bist nicht die erste Frau, die ein Kind kriegt.

ANNIKA 2 Ich will aber nicht ins Krankenhaus, da nehmen die mir das Kind weg.

BLANCA 1 Wegen sowas muss man nicht ins Krankenhaus. Hast du die Telefonnummer einer Hebamme?

ANNIKA 2 Du musst meine Mutter anrufen, sofort, da, auf dem Handy, wenn du die eins drückst, das ist meine Mutter.

SPIELER 5 Ihr wollt hier jetzt aber nicht eine Geburt spielen, oder?

BLANCA 1 Nein.

ANNIKA 2 Jetzt ruf sie doch an, mach schon!

BLANCA 1 Ja. So schnell geht das auch nicht mit dem Baby.

ANNIKA 2 Ruf sie an, verdammte Kacke!

Annika 2 schreit. Währenddessen geht Spielerin 3 zur Kleiderstange und zieht sich eine Kittelschürze an, darüber eine alte Lederjacke, setzt sich.

MIETER 4 Ruhe! Kann in diesem beschissenen Haus nicht einmal Ruhe sein!

BLANCA 1 Halt du doch das Maul.

ANNIKA 2 Was sagt sie? Kommt sie? Kann sie jetzt kommen?

Spielerin 3 = Mutter 3.

MUTTER 3 Ich kann nicht einfach so von der Arbeit weg.

BLANCA 1 Ihre Tochter Annika bekommt ein Kind.

MUTTER 3 Das auch noch, das war klar.

BLANCA 1 Können Sie kommen?

MUTTER 3 Ist dieses Arschloch von Marco auch da?

BLANCA 1 Nein.

Mutter 3 kommt zu den beiden Frauen.

MUTTER 3 *(zu Annika 2)* Für sowas bin ich wieder recht.

ANNIKA 2 Mama, das tut so beschissen weh.

MUTTER 3 Du wirst es überleben. *(zu Blanca)* Und wer bist du?

BLANCA 1 Blanca, ich wohne hier.

ANNIKA 2 Könnt ihr verdammt nochmal aufhören zu labern, ihr müsst euch um mich kümmern, ich, ich kriege das Kind, ich ... aua ...

MUTTER 3 Bring mir mal die Schüssel und Handtücher.

Annika 2 brüllt sehr laut, ihr Schrei geht über in „Cry Baby" von Janis Joplin, die Bühne ist rot erleuchtet. Man legt Annika 2 das Baby vom Requisitentisch in den Arm, deckt sie zu, dann nimmt sich die Mutter 3 eine Zigarette und geht vor an die Rampe, Lichtwechsel und Musikende, sie winkt Blanca 1 zu sich heran. Blanca 1 setzt sich neben sie, Mutter 3 bietet ihr eine Zigarette an, Blanca 1 lehnt ab, Mutter 3 raucht.

BLANCA 1 Gratuliere zu Ihrer Enkelin.

MUTTER 3 Danke. Heulen könnte man.

Stille, Rauchen.

MUTTER 3 Wo kommst du her?

BLANCA 1 Bulgarien. Ich bin Romni.

MUTTER 3 Ich hab eine von euch in der Schicht. Gute Arbeiterin. Hast du Arbeit?

BLANCA 1 Griesbach, am Sortierband.

MUTTER 3 Gut.

Stille, Rauchen.

Die Große macht keine Probleme, arbeitet bei Metro im Lager. Aber Annika? Hopfen und Malz ist da verloren. Und dann hat sie sich diesen Marco angelacht. Großmaul. Schnorrer. Stinkfaul. Kennst du ihn?

Blanca 1 nickt.

Dann brauche ich dir nichts zu erzählen. Hast du Kinder?

Blanca 1 schüttelt den Kopf.

Du bist eben nicht blöd. Erst mal was aufbauen.

Blanca 1 nickt. Mutter 3 holt einen Fünfzig-Euro-Schein aus der Tasche, gibt ihn Blanca 1.

Hier, kauf ein, was nötig ist. Weißt du, was man alles braucht?

Blanca 1 nickt.

Du kannst mich anrufen, wenn irgendwas Dringendes ist. Aber nur dann, verstanden?

Mutter 3 steht auf.

Ich muss zurück, ich kann nicht einen ganzen Tag von der Arbeit wegbleiben.

Mutter 3 geht nach hinten, bleibt noch einen Moment bei der schlafenden Annika 2 stehen, sie wirkt, als wolle sie noch etwas sagen, dann geht sie nach hinten und legt ihre Mutterkleider ab, setzt sich wieder. Lichtwechsel.

18. SZENE

Annika 2 wacht auf, nimmt das Baby in den Arm, Blanca 1 geht zu ihr.

ANNIKA 2 Wo warst du denn? Ich brauche doch jetzt Hilfe!

BLANCA 1 Ich hatte Spätschicht, das weißt du. Ich habe wegen gestern schon fast meinen Job verloren.

ANNIKA 2 Dann nimm dir Urlaub!

BLANCA 1 Das geht nicht!

ANNIKA 2 Das Kind hat die ganze Zeit geschrien.

BLANCA 1 Aber jetzt schläft es. Das ist gut.

ANNIKA 2 Weißt du, wie lange das gedauert hat?

Blanca 1 sieht nach dem Baby.

BLANCA 1 Warum hast du nicht die Windel gewechselt?

ANNIKA 2 Das geht doch nicht, wenn das Kind schreit. Ich hab Angst gehabt, dass ich ihm wehtue. Und es hat dauernd so gezappelt. Vielleicht hat es irgendwas?

BLANCA 1 Ja, eine dumme Mutter!

Annika 2 bricht in Tränen aus.

ANNIKA 2 Du darfst mich nicht anschreien, ich bin total müde, das war ein Albtraum heute, ich kann das einfach nicht, ich habe immer Angst, dass ich dem Kind wehtue oder es fallen lasse oder dass es aufhört zu atmen ...

BLANCA 1 Das ist nicht aus Zucker.

ANNIKA 2 Und jetzt machst du mich noch fertig!

BLANCA 1 Ich bin auch müde, ich habe gearbeitet.

Stille. Blanca 1 setzt sich.

ANNIKA 2 Marco muss das Kind sehen. Es sieht ihm total ähnlich.

BLANCA 1 Keine Sorge, das wächst sich aus.

ANNIKA 2 Wenn er das Kind sieht, kommt er wieder, dann ist er bestimmt stolz, weil er Vater ist, das ist so in der Natur.

BLANCA 1 Setz dich und sei still, okay?

ANNIKA 2 ... und ich lasse ihn auch bestimmen, wie das Kind heißt, er muss da von Anfang an dabei sein, das ist wichtig, sonst denkt er, ich will ihn nicht mehr und haut ab ...

BLANCA 1 Gut, dann ruf ihn eben an.

ANNIKA 2 Nein, er muss es sehen. Kannst du mitkommen? Ich bin noch so wackelig.

BLANCA 1 Ich gehe aber nicht mit rein.

ANNIKA 2 Nur hinbringen.

Annika 2 steht auf, holt das Kind.

BLANCA 1 Jetzt?

ANNIKA 2 Freitagnacht ist gut, Freitag ist er immer viel besser drauf als Samstag.

BLANCA 1 Es ist mitten in der Nacht und wenn er besoffen ist ...

ANNIKA 2 Er ist ganz lieb, wenn er was getrunken hat und wenn er dann das Kind sieht ...

Annika 2 hat sich angezogen, hat das Baby in eine Decke gewickelt, gibt es Blanca 1, beginnt sich hastig zu schminken und zu frisieren.

BLANCA 1 Weißt du überhaupt, wo er wohnt?

ANNIKA 2 Ich erkenne das Haus wieder, es ist nicht weit von hier.

BLANCA 1 Wollen wir das nicht alles morgen machen?

ANNIKA 2 Nein, jetzt! Wir gehen jetzt!

Annika 2 nimmt Blanca 1 entschlossen das Kind ab, stellt sich mit dem Rücken zum Publikum.

19. SZENE

Hinten beginnen die anderen wieder die Burger-King-Szenerie aufzubauen, Blanca 1 setzt sich an die Rampe und beginnt zu erzählen.

BLANCA 1 Sie lief voraus, ich trug das Baby und ich war mir nicht sicher, ob Annika wusste, wohin sie gehen soll, sie rannte fast, erkannte mal ein Haus, das es dann doch nicht war, aber ganz in der Nähe, das käme ihr bekannt vor, ich ging einfach hinterher, vielleicht brauchte sie das gerade einfach, durch die Nacht zu gehen, um dem Vater das Kind zu zeigen, gottseidank schlief das Baby wie ein Stein, sie hatte es vermutlich den ganzen Tag wachgehalten mit ihren Versuchen, eine Mutter zu sein, und dann sah ich plötzlich, dass ihr Blut die Beine hinunterläuft, sie schrie, ich sagte ihr, dass das normal ist, das passiert nach der Geburt, wir sollten nach Hause gehen, aber sie jammerte nur, dass sie so Marco nicht unter die Augen treten könne, das sei ja so eklig und dann heulte sie los, ich drückte sie auf eine Bank, wir machen das schon, gab ihr das Baby und ging in den Burger King, vor dem wir gelandet waren, bleib hier, ich komme gleich wieder, dann ging ich hinein, wartete, bis keiner mehr auf dem Klo war und räumte den Handtuchspender aus.

Blanca 1 geht zum Requisitentisch und rupft eine Handvoll Papiertücher aus einer Kleenexbox, währenddessen legt Annika 2 die Babypuppe neben einen der Bistrotische, geht nach hinten und legt das Annikakostüm ab und schminkt sich ab.

Als ich nach draußen kam, war sie weg. Wie vom Erdboden verschluckt. Ich suchte eine Weile nach ihr, aber ich fand sie nirgends. Ich ging später zur Wohnung, aber dort war sie nicht. Ich habe in dieser Nacht in einer Pension für Bauarbeiter geschlafen, es war das erste Mal in Deutschland, dass ich irgendwo schlafe, wo mich keiner stören kann. Ich war froh, dass ich meine Papiere und alles Wichtige immer bei mir habe. Ich war immer misstrauisch, weil mir Annika nie einen Schlüssel gegeben hatte. Ich bin am nächsten Tag wieder dorthin und da sah ich Licht im Fenster.

Blanca 1 steht auf und holt ihre karierte Tasche mit den Klamotten.

Meine Tasche stand vor der Tür, jemand hatte sie schon durchwühlt und ein Regenschauer hatte die obersten Kleider nass gemacht, aber es war alles noch da. Ich bin zu einer Frau gezogen, die ich bei der Arbeit kennengelernt habe, sie wollte nur wenig Geld für den Schlafplatz und ließ mich ansonsten in Ruhe.

Als ich unter dem Fenster stand, hörte ich kein Babygeschrei, irgendwie hat sie es wohl doch geschafft, mit dem Kind klarzukommen, und vielleicht war dieser Idiot ja auch bei ihr, egal. Für mich war es ein Schritt, ich habe besser Deutsch gelernt. Ich habe besser verstanden, wie dieses Land funktioniert. Ich lerne die Regeln. Ich verdiene Geld, ich öffne die Tür, auch wenn ich weiß, dass ich selbst nie durch diese Tür gehen werde.

Aber meine Kinder, sie werden auf eine Schule gehen und den Beruf lernen, den sie wollen. Sie werden es besser haben und ihre eigenen Kinder werden nicht mehr danach fragen, woher ihre Großmutter gekommen ist, das ist zu lange her, sie sind Deutsche mit einem ungewöhnlichen Nachnamen, mit gewöhnlichen Berufen, nein, mit Berufen, in denen sie viel Geld verdienen, und ihre Kinder treffen sich zu prächtigen Familienfeiern in großen Hotels mit gutem Essen und sie reichen Bilder herum, die einer gefunden hat von der verrückten Urgroßmutter, und sie können sich das alles gar nicht mehr vorstellen, aber sie haben Respekt, ihr verdanken wir alles, Santa Blanca, die Verrückte, die losgezogen ist, und ihr Segen ruht noch auf ihnen allen.

Wenn man mich fragt, woher ich komme, sage ich jetzt immer Italien, weil das die Leute lieber mögen. Mir ist es egal, ich bin alles, was sie wollen, solange man mich in Ruhe lässt. Ich habe viel zu tun, vieles liegt vor mir.

Hinten steht Spieler 5 = Mitarbeiter 5 auf, fängt an zu brüllen.

MITARBEITER 5 Du-te! Out cu tine. Imediat. Sau chem poliția! Hard a auzi? Vei pleca. Sau, în căutarea de beat-uri? Ieși afară!

Blanca 1 sieht sich erschrocken um, dann steht sie auf, legt das Blancakostüm ab und geht nach hinten. Währenddessen fragt Spielerin 3 = Mitarbeiterin 3.

MITARBEITERIN 3 Sag mal, musst du da immer so rumschreien? Geht das nicht ein bisschen freundlicher?

MITARBEITER 5 Mit Freundlichkeit kommst du bei denen nicht weiter.

MITARBEITERIN 2 Feierabend?

MITARBEITER 4 Okay, Feierabend.

Musik setzt ein, sie beginnen das Lokal sauber zu machen, die gleiche Szenerie wie zu Beginn des Stückes.

Fade to black.

Die Entdeckung der Leichtigkeit

Was ist schon leicht im Leben? Gar nichts. Zumindest nichts, was der Rede wert wäre. Wir können es uns zwar leicht machen, die Dinge leicht von der Hand gehen lassen oder gar auf die leichte Schulter nehmen. Aber das bewahrt uns letztlich nicht vor einer grausamen Erkenntnis: Das Leichte ist immer das Schwerste. Leicht sind leider Gottes noch nicht einmal diejenigen Angelegenheiten, die wenigstens der Theorie nach leicht sein könnten und es (verdammt noch mal!) auch sein sollten. Das Aufbauen von IKEA-Möbeln, beispielsweise. Das Wechseln von Mobilfunkanbietern. Die Steuererklärung. Das Schneeschippen. Nichts leichter als das!, lockt man uns. Aber alles gelogen. Denn alles, grundsätzlich alles kann schiefgehen – angefangen bei den Herausforderungen des Alltags bis hin zu den grundlegenden Erfahrungen, die Millionen von Menschen vor uns gemacht haben und die dennoch seit Anbeginn der Zeiten keinen Deut leichter geworden sind: Liebe und Partnerschaft, die Wirrnisse der Jugend, die Kämpfe des Erwerbslebens, das Altern in Frieden. Nur der Tod geht meistens nicht schief. Zwischen all diesen Fährnissen sind wir auch noch gehalten, Position zu beziehen in Gesellschaft und Politik, Meinungen zu haben über Dinge, von denen wir nur wenig verstehen, Verhältnisse zu bewerten, zu wahren oder zu verändern, die uns mitunter chaotisch und unbeherrschbar erscheinen. Die Einsicht, dass angesichts dieser Übermacht das Scheitern im Allgemeinen eigentlich der Normalzustand sein müsste, ist in unserer Zeit erstaunlich wenig verbreitet. Zugegeben – es gibt im Leben auch Dinge, die man ab einem gewissen Alter mit spielerischer Leichtigkeit beherrscht. Doch in der Regel ist es andersherum: Die Dinge beherrschen uns.

Wenn schon im Alltag die Last des Lebens schwer auf unseren Schultern wiegt, dann könnten uns wenigstens Kunst und Literatur mit Leichtigkeit erfreuen. Es gibt ja immerhin die „leichte Muse“, wenngleich niemand so recht weiß, was damit überhaupt gemeint sein soll. Ist das Leichte das Triviale, Populäre, das anstandslos Konsumierbare? Das Prinzip der Leichtigkeit in der Literatur ist wenig erforscht. Das mag unter anderem daran liegen, dass zumindest die westliche Tradition das Leichte als literarische Eigenschaft heute eher geringschätzt. Wir denken an Schund- und Arztromane, an rasch aufs Papier geworfene Krimis und Boulevardstücke. Doch das war nicht immer so. Im 18. Jahrhundert erfreuten sich die Qualitäten, die wir heute mit sogenannter leichter Kost assoziieren (zum Beispiel Oberflächlichkeit, Unwahrscheinlichkeit, Unterhaltsamkeit), eines hohen Stellenwerts als ästhetische Kategorien des literarischen „Mainstreams“ –

man denke nur an Swift, Diderot oder Voltaire. Erst die Ästhetiken des 19. Jahrhunderts forderten von der Literatur Tiefe und Schwere sowie die gänzliche Hingabe an die „ernste Behandlung der Alltagsrealität", wie Erich Auerbach schrieb. Auch wenn das Leichte spätestens mit dem Beginn der Postmoderne im 20. Jahrhundert wieder eine teilweise Rehabilitation erfuhr, so neigen wir doch heute nach wie vor dazu, auf literarische Werke eine Art „Arbeitswerttheorie" anzuwenden: Je mehr der Autor beim Schreiben schuftet, je mehr der Leser sich den Kopf zerbricht, desto wertvoller das Werk.

Es ist nicht unwichtig, sich die historische Bedingtheit dieser Sichtweise vor Augen zu führen und zugleich zu erkennen, dass der literarischen Leichtigkeit eine gewisse transhistorische Qualität zukommt. Leichtigkeit – ob als Merkmal des Textes oder Erfahrung des Lesens, ob als hohe Kunst oder vermeintlicher Schund – ist eine Konstante in der Literatur: eine Konstante freilich, die sich gerade durch ihre Inkonstanz, ihre Veränderlichkeit und Vielgestaltigkeit auszeichnet. „Wir können sagen, dass zwei entgegengesetzte Bestrebungen einander das Feld der Literatur durch die Jahrhunderte hindurch streitig machen", formulierte Italo Calvino 1985 in seiner Vorlesung „Sechs Vorschläge für das nächste Jahrtausend". Eine sei bemüht, der Sprache „das Gewicht, die Dichte und die Konkretheit der Dinge zu geben", während die andere versuche, aus ihr „ein gewichtloses Element zu machen, das über den Dingen schwebt wie eine Wolke oder besser gesagt wie ein feiner Staub oder noch besser wie ein Feld von Magnetimpulsen".

Was also – wenn sich das überhaupt bestimmen lässt – macht das Leichte aus? Der neuseeländische Literaturwissenschaftler Bede Scott, von dem auch die oben stehenden historischen Betrachtungen stammen, ist einer der wenigen, der dieser Frage eine eingehende Untersuchung gewidmet hat. In seinem Buch „Über die Leichtigkeit in der Weltliteratur" („On Lightness in World Literature", 2013) schreibt er: „Es ist nicht so sehr der Inhalt einer Narration, der diese Qualität erzeugt, als vielmehr ihre Haltung gegenüber diesem Inhalt, ihr Existenzstil, ihr ‚Tonfall'. Narrativer Tonfall wird häufig recht eng als Haltung des Erzählers gegenüber seinem Publikum definiert, [...] aber ich würde den Begriff lieber in einem weiteren Sinne verwenden als die eine Narration beherrschende affektive Orientierung, ihre dominante Gefühlsstruktur *vis-à-vis* der Welt, die sie beschreibt und des Publikums, das sie adressiert." (Übers. d. Verfassers) Scott verknüpft diese Definition mit fünf charakteristischen Eigenschaften leichter Literatur, die er an verschiedenen Werken untersucht: Oberflächlichkeit, Respektlosigkeit, Unwahrscheinlichkeit, Lesbarkeit und Trivialität. Dabei betont er jedoch, dass seine Beschreibung nicht als eine den Ausdruck gänzlich erschöpfende Festlegung missverstanden werden sollte. Leichtigkeit, schreibt er, „besäße nicht mehr die Freiheit, Grenzen zwischen verschiedenen Kulturen, Zeitaltern und Genres zu überwinden", wenn wir die

„sonderbar freischwebenden Tendenzen" dieser literarischen Qualität auszulöschen versuchten.

Mit der Leichtigkeit ist es also so eine Sache – in der Literatur ebenso wie im Leben. Es gibt sie, zweifellos. Aber sie ist eine scheue Erscheinung, entzieht sich der klar umrissenen Definition ebenso wie dem schuldfreien Genuss. Eine Rarität, vielleicht sogar eine Kostbarkeit wird die literarische Leichtigkeit dann, wenn sie sich, wie Calvino forderte, mit Genauigkeit paart. Denn Leichtigkeit und Genauigkeit sind nicht dasselbe (auch wenn zum Beispiel der Schriftsteller Thomas Brussig in einem Essay emphatisch für das Gegenteil und gegen Calvino ins Feld zieht). Das leichte Schreiben ist weit verbreitet, das wird jeder bestätigen können, der beispielsweise in der Buchhandlung die Regalreihen der Sturmküsten-Ostfriesen-Nordsee-Dünenkrimis abschreitet. Auch mag das alles unterhaltsam sein. Genau beobachtet und geschrieben ist es (das behaupte ich und kann es auf Anfrage gerne an einzelnen Beispielen belegen) meist nicht.

Einer, der die Kombination von Leichtigkeit und Genauigkeit in der deutschen Theaterliteratur dagegen wie vielleicht kein Zweiter beherrscht, ist der Autor Lutz Hübner mit seiner Koautorin Sarah Nemitz. Vier Beispiele davon sind in diesem Band versammelt. Damit wäre eigentlich schon alles gesagt, denn das Leichte – man denke an das Merkmal der „Lesbarkeit" – bedarf ja keiner weiteren Erläuterung. Oder doch? Es ist aus verschiedenen Gründen dennoch lohnenswert, die vier Theaterstücke genauer zu untersuchen und miteinander in Beziehung zu setzen. Zum einen fehlt in der Untersuchung Scotts, die sich auf methodisch-eklektische Weise mit Truman Capote, Joaquim Maria Machado de Assis, Voltaire, P. G. Wodehouse und Sei Shōnagon beschäftigt, ein dramatischer Text. Zum anderen wäre genauer zu klären, auf welche Weise, mit welchen Verfahren und Strategien Hübners Texte überhaupt ihre Qualität der Leichtigkeit erzeugen. Denn dass Leichtigkeit sich weder im Leben noch in der Literatur von alleine einstellt, haben wir ja bereits festgestellt.

Lutz Hübner gilt als handwerklich sicherer Konstrukteur von Theaterstücken, die sich durch plastische Figuren, exakte Dialogführung und einen wachen Sinn für die theaterpraktische Umsetzung auszeichnen. Zugleich verzichte er, so der weitgehende Konsens der Kritiker, im Allgemeinen auf formale Experimente und habe ein sicheres Gespür für populäre Themen.

Auf den ersten Blick scheinen sowohl „Wunschkinder" als auch „Willkommen أهلاً و سهلاً" diesem Erfolgsmodell zu entsprechen. „Wunschkinder" ist ein Stück über den Generationenkonflikt in Zeiten der „Generation Gap Year". Es erzählt von den Schwierigkeiten der Rebellion und Selbstfindung für eine Jugend, die es leicht und schwer zugleich hat – von dem Zuviel an Möglichkeiten ebenso wie von dem harten

Kampf derer, die am Rande leben. Obwohl eine Coming-of-Age-Geschichte dabei im Mittelpunkt steht, erfahren wir eigentlich mehr über die Eltern als über ihre Kinder. „Die Eltern denken alle, sie würden [ihren Kindern] Autonomie ermöglichen, und in Wirklichkeit wird sie unmöglich – durch alles, was sie tun", gibt der Autor 2016 anlässlich eines Gesprächs mit Anselm Weber, dem Regisseur der Uraufführung, zu Protokoll. „Der Terror der Fürsorge, so könnte man das nennen." Die Reaktionen des Publikums während und nach den Aufführungen zeigen, dass viele Besucher die beschriebenen Probleme und – wer weiß – vielleicht auch sich selbst auf der Bühne wiedererkennen.

„Willkommen أهلاً و سهلاً widmet sich einem weiteren Thema mit hohem Wiedererkennungswert: Es greift in die Mitte der sogenannten Willkommenskultur, beschreibt Deutschland in der Verunsicherung der europäischen Flüchtlingskrise und zeigt nebenbei ein urbanes Modell des Zusammenlebens, das sich von der Studentenkommune der späten 1960er Jahre ebenso weit entfernt hat wie von der finanzoptimierten Zweck-WG der „Generation Praktikum". Anhand der fünf Bewohner einer luxuriösen Altbauwohnung in Düsseldorf stellt Hübner zusammen mit seiner Koautorin Sarah Nemitz Lebensentwürfe vor, die modern vor allem in ihrer betonten Lässigkeit wirken: Da ist Sophie, die Kreative, Doro, die Coole, Benny, der Nachwuchsakademiker, Jonas, der Banker, und die junge Anna, als einzige noch Studentin. Alle sind locker, alle sind gut drauf, alle können über alles reden – das hat man, als Teil der Bildungselite, schließlich gelernt. Dann verrutscht das Gleichgewicht, und die Lässigkeit ist schnell zum Teufel. Hübner exerziert am WG-Tisch (von Vitro natürlich) vor, was aktuell an Verunsicherungen, Meinungen und Vorurteilen durch die Köpfe der Bürger und Bürgerinnen im liberal-städtischen Milieu rollt. Flüchtlingen helfen, klar, das wollen alle. Nur wie, wie weit und vor allem wie nah heranlassen, das ist die Frage.

Formal sind beide Stücke zunächst vom Befund her „unauffällig"; sie entsprechen mit klaren Handlungsführungen, plausiblen Figuren und wirklichkeitsnahen Dialogen dem Paradigma des realistischen Dramas. Allerdings gibt es dabei kleine Unterschiede. „Wunschkinder", in enger Zusammenarbeit mit dem Regisseur als Auftragsarbeit entstanden, enthält eine Tendenz zur Verdichtung und Versprachlichung der geschilderten sozialen Milieus, die einer auch visuell reduzierten Umsetzung zumindest entgegenkommt und auf eine realistische Ausgestaltung (Möbel, Räume, Türen) leicht verzichten kann. Das gilt auch für „Willkommen أهلاً و سهلاً, aber in schwächerem Maße. Ganz klassisch hält sich dieses Stück an die Einheit von Raum, Zeit und Handlung der geschlossenen Dramenform, und es zitiert sogar mit der WG-Küche den beliebtesten Schauplatz der bürgerlichen Boulevardkomödie, den Salon.

Damit wären die wichtigsten Bedingungen für das Eintreten dessen erfüllt, was Scott (mit Roland Barthes) die „Lesbarkeit" eines Textes nennt: Zum einen sind Verständlichkeit, Linearität und strukturelle Kohärenz gegeben, zum anderen dominiert in beiden Theaterstücken der sogenannte proairetische Code, also die Verkettung derjenigen Elemente, die unser Verlangen als Zuschauer nach vorne, auf die Auflösung der Handlungskonflikte treiben. Dass wir das Drama dabei nicht im wörtlichen Sinne „lesen", sondern es als Zuschauer erlebend wahrnehmen, erhöht nur die Wirkung der treibenden, Spannung erzeugenden Elemente.

Gerade deswegen muss man fragen: Warum wirken diese Stücke leicht? Denn die Schwere des Seins, von der eingangs die Rede war, die jederzeit lauernde Möglichkeit (und das Eintreten) des Scheiterns, die Herrschaft der Dinge und Verhältnisse über uns – sie sind ja hier nicht ausgespart. Im Gegenteil: Wir begegnen Heidrun, einer psychisch kranken Frau, die sich mit Mühe über Wasser hält und ein vampiristisches Verhältnis zu ihrer Tochter pflegt. Wir begegnen einer ungewollten Jugendschwangerschaft, einer Kämpferin am Rande des Existenzminimums und einem Wohlstandskind, das keinen Sinn in seinem Leben sehen kann. Wir erleben in der WG-Küche, wie (vergleichbar übrigens mit dem Film „Perfetti sconosciuti" von Paolo Genovese) aus aufgeklärten Großstädtern Hass und Bigotterie, Egoismus und Fremdenfeindlichkeit hervorbrechen, noch bevor die letzte Flasche veganer Rotwein geleert ist. Mit einem Satz, wir erleben alles, was uns im Leben bedrücken würde. Was ist daran leicht?

Die Antwort liegt vermutlich tatsächlich in dem, was Scott den „narrativen Tonfall" nennt, also die Haltung des Erzählers gegenüber der beschriebenen Welt und seinem Publikum. Das ist schon allein deshalb bemerkenswert, weil in beiden Stücken natürlich gar keine Erzählinstanz auftritt. Wie könnte sie auch – das Fehlen einer erzählenden, vermittelnden Kommunikationsstruktur ist für das Drama als literarische Gattung konstitutiv, und Hübner tut zugunsten der „Lesbarkeit" seiner Bühnenhandlungen nichts, um diese Gattungsgrenzen zu überschreiten. Wie also kann ein „narrativer Tonfall" ohne Narration entstehen? Hier hilft Scotts Erweiterung des Begriffs weiter. Denn als „affektive Orientierung" prägt der Tonfall in diesem Fall vor allem das Verhältnis des Textes (oder Autors) zu seinen Figuren, und erst vermittels dieser zum Publikum. Ganz gleich, ob Sophie sich über Achmeds Kanakenwitze mokiert oder Doro ihren Ressentiments gegenüber Arabern freien Lauf lässt – ob Marc sich in Selbstmitleid suhlt oder Gerd seine kleinliche Leistungsideologie durchdekliniert: Alle haben stets die Sympathie oder doch wenigstens das Verständnis ihres Verfassers auf ihrer Seite. Man spürt, dass der Autor alle seine Figuren zu Wort kommen lassen will, auch wenn sie sich untereinander ständig unterbrechen und selten zuhören. Hübners Stücke kennen keine falschen Standpunkte, sie kennen nur viele gegensätzliche Meinungen und Lebensentwürfe, die alle ein bisschen richtig und falsch sind. Genau das ist ihre Stärke. Denn durch diese affektive Orientierung der „Menschenfreundlichkeit", der sich von der Figurenzeichnung auf den Zuschauer überträgt, entsteht nicht nur Leichtigkeit, sondern auch Genauigkeit, dramatische Spannung und inhaltliche Komplexität. Das Chaos der Verhältnisse erscheint gebannt und zugleich vergrößert unter dem Brennglas eines Autors, der Gutmütigkeit nicht mit Kritiklosigkeit verwechselt. Hübner selbst sagt dazu: „Es muss immer die Möglichkeit geben, nicht verschlungen zu werden von der Brutalität der Geschichte. Aber man darf sie trotzdem auch nicht leugnen. Bösartigkeit und Menschenliebe müssen in einem Stück immer eine Balance finden."

Viele dieser Beobachtungen lassen sich auf „Abend über Potsdam" übertragen. Und doch ist der Fall hier etwas anders gelagert. Zum einen spielt „Abend über Potsdam" nicht in der Gegenwart, was dem Stück zwar im Hübner'schen Gesamtwerk keine Alleinstellung verschafft (man denke an „Wallenberg", „Tränen der Heimat" oder „Der Maschinist"), aber immerhin auffällt. Die Beschäftigung mit historischen Stoffen ist im literarischen deutschen Gegenwartstheater (im Performance-Bereich sieht es anders aus) geradezu eine Rarität. Zum anderen ist die Prämisse des Stückes höchst ungewöhnlich: Hübner verwendet das 1930 entstandene Hauptwerk gleichen Namens der Berliner Malerin Lotte Laserstein (1898–1993) als Ausgangspunkt einer Verwandlung, in deren Verlauf die im Gemälde gebannten Figuren gleichsam zum Leben erwachen und wieder in ihre Geschichten eintreten – ganz so, als hätte man den im Bild verdichteten Moment herausgelöst und rückwirkend wieder eingefügt in das Kontinuum von Zeit und Raum. In Stephen Sondheims Musical „Sunday in the Park with George" findet sich ein ähnliches Verfahren in Bezug auf das Bild „Ein Sonntagnachmittag auf der Insel La Grande Jatte" von Georges Seurat; auch dies zwei Werke, denen wir augenblicklich Leichtigkeit attestieren würden. Allerdings stellt sich bei Hübner der Vorgang weitaus komplexer dar: Mit jedem Schritt, in dem sich das Bild der Malerin nach dem anfänglichen Tableau über den Dächern Potsdams seiner Vollendung nähert, verstricken sich die Figuren tiefer in die politischen Verhältnisse ihrer Zeit, werden willentlich oder unwillentlich zu Zeugen, Gegnern oder Mittätern der heraufziehenden Diktatur. Dabei hat Hübner zusammen mit seiner Koautorin Sarah Nemitz zwar genau recherchiert, welche Umstände der Entstehung des Bildes zugrunde lagen und welche Freunde der Malerin darauf zu sehen sind. Das Eigentümliche des Stückes liegt aber gerade nicht darin, dass wir etwa durch die Handlung des Dramas die historischen Fußnoten zur Entstehung des Gemäldes erhalten würden – das könnte ein Museumsführer besser. Es zeigt sich vielmehr in der Faszination mit den Oberflächen selbst. Hübner und Nemitz gelingt es, die in ungewissen Vorahnungen schwebende, zwischen Schwermut und Leichtsinn changierende Aura des Bildes zu bewahren, indem sie es nicht erklären, sondern der Oberfläche des Bildes weitere, erfundene Oberflächen hinzufügen. Die wachsende Nazibegeisterung Bodos, die Liebe Lise Henkels zu ihrem SA-Mann, der ostentative Pragmatismus Trautes: Dies alles sind wieder nur Oberflächen, die die Figuren sich selbst, einander und dem Publikum zur Schau stellen. Was dahinter liegt, lässt sich nur erahnen; was noch kommen wird, weiß niemand. Ernst bringt dies auf den Punkt, wenn er mit Blick auf das fertige Bild sagt: „Das sind wir. Was wir waren. Was wir sind. Nicht wissend, was wir sein werden."

Die Verlebendigung des zweidimensionalen Bildes, die Hübner und Nemitz in „Abend über Potsdam" ausführen, vertieft auf diese Weise die in ihm enthaltene Geschichte, ohne ihre Leichtigkeit zu beschädigen – um einen Satz zu zitieren, den der Theatermacher Holger Berg einmal gesagt hat: „Jeder Schnitt in die Tiefe fördert nichts zutage als wieder neue Oberflächen. Die Wahrheit liegt an der Oberfläche, im Sichtbaren." Oberflächlichkeit bedeutet hier (anders als bei Scott, der das Phänomen vor allem im Zusammenhang mit Truman Capotes „Frühstück bei Tiffany" diskutiert) nicht Abwesenheit, sondern eher eine Art Aufhebung oder Verschiebung von Sinn.

„Phantom (Ein Spiel)" schließlich steht am Ende der vorliegenden Sammlung, und das aus gutem Grund: Es unterscheidet sich formal am stärksten von den anderen drei Theaterstücken und auch von der Mehrzahl von Hübners sonstigen Werken. Was hier als Erstes ins Auge springt, ist der relativ große Umfang der Nebentexte. Hübner und Nemitz kommen beide aus der deutschsprachigen Theaterpraxis. Sie beschränken ihre Regie- und Szenenanweisungen daher im Allgemeinen auf das Notwendigste und verstehen alles, was darüber hinausgeht, eher als Inspiration denn als Direktive. Anders in „Phantom (Ein Spiel)": Hier zeigt sich in den Nebentexten und häufigen Sprecherwechseln eine sorgfältig orchestrierte theatrale Konstruktion, die für das Stück insgesamt konstitutiv ist.

Was daraus entsteht, ist als formaler Effekt aus dem Arsenal der Postdramatik eigentlich wohlbekannt: Körper und Figuren der Spieler lösen sich voneinander ab, der Prozess der Verfertigung des Theatralen rückt in den Fokus der Wahrnehmung, das Spiel gibt sich als solches preis. Für einen Autor wie Lutz Hübner, den man immerhin als „Anti-Pollesch des deutschen Theaters" bezeichnet hat, ist das ein erstaunlicher Schritt und auch, so könnte man meinen, eine Abkehr vom Prinzip der Leichtigkeit (bei allen sonstigen Vorzügen ein Merkmal, das man im postdramatischen Theater häufig vergeblich suchen wird). Aber es lohnt sich, genauer zu unterscheiden. Denn zunächst einmal ist der spielerische Umgang mit den Konventionen, den Hübner und Nemitz vorstellen, nichts weiter als eine Variante der von Scott mit „Respektlosigkeit" benannten ludischen Tradition in der Literatur. Ähnliches findet sich mittlerweile in vielen Theatertexten sowohl dramatischer als auch postdramatischer Tendenz; der Grad der Respektlosigkeit hält sich somit in Grenzen. Die Besonderheit liegt vielmehr in der Funktion dieser formalen Setzung. Das Spielerische verweist hier nämlich nicht primär auf die Konstruktion des Theaters selbst, sondern auf die der dargestellten Realität. Hübner ist ein viel zu begabter und passionierter Geschichtenerzähler, um die Handlung seines Dramas, den Plot zugunsten der Darstellung des theatralen Akts selbst zu vernachlässigen. Es geht nicht primär darum, dem Text das Bewusstsein seiner Autopoiesis einzuschreiben, sondern vielmehr um die Perspektivierung der Aussicht auf Welt, die das Stück bietet. Der Effekt der Selbstreferenzialität tritt demgegenüber in den Hintergrund. Er ist vorhanden, aber er ist nicht die Hauptsache.

Durch diese spezielle Verwendung bestimmter formaler Mittel gelingt Hübner und Nemitz das Kunststück, den „proairetischen Code“ ihrer Handlung intakt zu lassen und zugleich die Konstruktion des Zeigens von Welt, die er vornimmt, als solche zu thematisieren. Die Richtung dieses Doppelschritts zielt auf die inhaltliche, nicht auf die formale Seite. Wir erleben eine Geschichte aus dem ungleichen Europa unserer Zeit, eine Geschichte von Armut und Migration, Überlebenskunst und Verzweiflung. Aber Hübner und Nemitz thematisieren dabei vor allem ihre eigene Rolle (und damit auch die des Publikums) als außenstehende Zuschauer der dargestellten Realität. Während sie von der abwesenden Blanca erzählen, enthüllen sie mehr über uns, unsere Vorurteile, Projektionen und Ängste, als uns lieb sein mag. Die Leichtigkeit, mit der diese spielerische Konstruktion zwischen Sein und Zeigen changiert, wirkt dabei jeglicher Moralhuberei entgegen, bezieht aber doch Position. Es ist interessant, dass Hübner und Nemitz damit den Versuchen Martin Crimps (zum Beispiel in „Angriffe auf Anne“) oder der spielerischen Gesellschaftskritik Caryl Churchills weitaus näher stehen als den Arbeiten vieler deutscher Autoren.

Nichts ist leicht im Leben, für Menschen wie Blanca schon gar nicht. Die Stücke von Lutz Hübner und Sarah Nemitz erzählen ein ums andere Mal von der Komplexität der Entscheidungen, die wir treffen müssen, vom Chaos der Welt in Zeiten großer Veränderungen und von der Schwierigkeit, miteinander zu reden, sich selbst und andere zu erreichen. Sie tun dies mit einer Leichtigkeit, Wärme und Menschenliebe, die uns eben an diesen Schwierigkeiten nicht verzweifeln lässt. Und sie tun dies vor allem mit einer einer höchst unterschiedlich geformten, komplex strukturierten theatralen Ästhetik, die sich hinter der Leichtigkeit der Texte gerne verbirgt. Sie stimmt eben doch, die alte Theaterregel: Das Leichte ist immer das Schwerste.

Alexander Leiffheidt
Dramaturg am Schauspielhaus Bochum

Foto Theater der Zeit

LUTZ HÜBNER, 1964 in Heilbronn geboren, studierte Germanistik, Philosophie und Soziologie in Münster. 1986 begann er eine Ausbildung zum Schauspieler an der Hochschule des Saarlandes für Musik und Theater in Saarbrücken. Engagements führten ihn unter anderem an das Saarländische Staatstheater Saarbrücken und das Badische Staatstheater Karlsruhe. Von 1990 bis 1996 arbeitete Hübner als Schauspieler und Regisseur am Rheinischen Landestheater Neuss und dem Theater der Landeshauptstadt Magdeburg. Seit 1996 ist er freiberuflicher Schriftsteller und Regisseur.

SARAH NEMITZ, in Düsseldorf geboren, wuchs in Köln auf. Dort studierte sie Tanz am Institut für Bühnentanz, anschließend Germanistik, Philosophie und Kunstgeschichte, bis sie sich dem Theater zuwandte. Als Schauspielerin war sie von 1989 bis 1993 am Rheinischen Landestheater Neuss tätig. In dieser Zeit erhielt sie den Preis als beste Nachwuchsdarstellerin des Theatertreffens NRW. Es folgten Engagements unter anderem am Theater der Landeshauptstadt Magdeburg und dem Theater Bielefeld sowie Engagements bei Film- und Fernsehproduktionen. Seit 2001 ist sie gemeinsam mit Lutz Hübner als Schriftstellerin tätig.

Lutz Hübner und Sarah Nemitz leben und schreiben in Berlin. Ihre Stücke, für die sie mit zahlreichen Preisen ausgezeichnet wurden, sind vielfach übersetzt worden und werden in der ganzen Welt gespielt.

DIALOG 6
Klappen-Broschur mit
180 Seiten
Format: 140 x 240 mm
ISBN 978-3-934344-46-4
EUR 12,00

Das Herz des Boxers | Nellie Goodbye
Hotel Paradiso | Bankenstück